ARD-Ratgeber Recht

Herausgeber
Matthias-Josef Zimmermann
Otto N. Bretzinger

dtv
nomos

Eine Produktion des Westdeutschen Rundfunks Köln
und des Südwestrundfunks

Der Ratgeber erläutert die rechtlichen Fragen, die mit einer Eigentumswohnung zusammenhängen. Der Leser erhält einen Überblick über Vor- und Nachteile dieser Eigentumsform. Das Buch begleitet ihn vom Kauf über die Ersteigerung der Wohnung bis zur Finanzierung des Kaufpreises. In allen Einzelheiten werden die Rechte und Pflichten des Wohnungseigentümers aufgezeigt. Neben der Frage, welche Versicherungen sich für eine Eigentumswohnung empfehlen, behandelt das Buch auch die steuerliche Seite, egal, ob die Wohnung vom Eigentümer selbst genutzt oder vermietet wird.

Dr. Paul Kaller lehrt an der Universität Mainz.

Paul Kaller

Eigentumswohnung

Das Buch zur Fernsehserie
ARD-Ratgeber Recht

Deutscher Taschenbuch Verlag

Originalausgabe
Deutscher Taschenbuch Verlag GmbH & Co. KG
Friedrichstraße 1a, 80801 München

Druck und Bindung: Druckerei C. H. Beck, Nördlingen
Satz: factor liborum
Umschlagkonzept: Balk & Brumshagen
Titelbild: © Mauritius / Stock Image
ISBN 3-423-58059-3

Liebe Leserin, lieber Leser,
liebe Zuschauerin und lieber Zuschauer des Ratgeber Recht,

täglich erreichen uns in der Redaktion viele Briefe von Menschen, die uns um Rechtsrat bitten und um Hilfe nachsuchen. Leider ist es uns nicht möglich, auf individuelle rechtliche Probleme unserer Zuschauer einzugehen. Unsere Aufgabe sehen wir vor allem darin, für unsere Zuschauer Rechtsprobleme, juristische Fragen und Antworten allgemeinverständlich aufzuarbeiten. Um Ihre ganz persönlichen Rechtsprobleme juristisch zu lösen, haben wir weder die nötige Kompetenz, noch sind wir dazu berechtigt.

Aus diesem Dilemma hilft uns nunmehr die vorliegende Buchreihe heraus, die unter Verantwortung der ARD-Fernsehredaktion von dtv und dem Nomos Verlag herausgegeben wird. Ein allgemeinverständlich geschriebenes, dazu erschwingliches Buch zu den juristischen Problemen, die in unseren Sendungen immer wieder thematisiert werden, scheint uns eine gute Alternative zu unseren manchmal halbherzigen Ratschlägen oder gar Formbriefen, die wir bisher an unsere Zuschauer verschicken mußten. Für Ratsuchende in den Verbraucher-Zentralen ist diese Reihe ein vertiefendes Ergänzungsangebot zu deren bereits vorliegenden Publikationen.

Mit Hilfe der von namhaften Juristen geschriebenen Ratgeber-Bücher kann sich der Interessierte nun selbst orientieren und Probleme, samt deren Lösungen, die in unseren Sendungen oft nur angerissen werden können, weiter vertiefen. Besonderen Wert haben wir darauf gelegt, daß die Reihe nicht allein für fachsimpelnde Juristen taugt, sondern dem juristischen Laien – und das sind unsere Zuschauer ja in der Mehrzahl – als Handwerkszeug dienen kann. Der problembezogene Aufbau der Bücher gewährleistet einen sicheren Zugriff auf die jeweilige Rechtsfrage und die entscheidenden Hintergrundinformationen. Musterbriefe von Experten geben wertvolle Hilfestellung. Tips und Ratschläge helfen dem Leser, sich eine günstige Rechtsstellung zu verschaffen.

Wir hoffen, daß Sie in diesem Buch wie auch in allen weiteren Ausgaben der Ratgeber Recht-Reihe die Ihnen durch unsere Sendung vertraute Verständlichkeit finden, daß diese Bücher Ihnen somit helfen, Ihre ganz persönlichen rechtlichen Probleme zu lösen.

Matthias-Josef Zimmermann   Redaktion ARD-Ratgeber Recht

Inhalt

A. **Vorüberlegungen** 15

I. Vor- und Nachteile der Eigentumswohnung 15

1. Eigentumswohnung als Alterssicherung 20
2. Geschlossener Immobilienfonds 21
3. Wohnungseigentum 22
4. Checkliste für den Kauf einer Servicewohnung/ Seniorenwohnung in der Rechtsform des Wohnungseigentums 23

II. Weniger bekannte Formen von Wohneigentum 26

1. Dauerwohnrecht und Dauernutzungsrecht 26
2. Erbpacht 28

B. **Der Erwerb der Eigentumswohnung** 33

I. Der Kauf 33

1. Was sich hinter den Angeboten verbirgt 33
2. Was Wohnungsbeschreibungen verraten, oder: Die Geheimsprache der Immobilienbranche 43

2.1. Beispiele von Wohnungsbeschreibungen 44

2.2. Was hinter Abkürzungen und Beschreibungen steckt 46

a) Gebräuchliche Abkürzungen 46

b) Gebräuchliche Wohnungsbeschreibungen 48

3. Die Besichtigung von Eigentumswohnungen 52

3.1. Vom Nutzen einer Besichtigung 52

3.2. Auf die Lage kommt es an: Checkliste für Lage und Infrastruktur der Eigentumswohnung: 55

3.3. Auf Schadstoffe und Baumängel achten 60

3.4. Checkliste für das Aufspüren von Bauschäden 64

4. Qadratmeter-Preise von Eigentumswohnungen im städtischen Vergleich 69

4.1. Preise für Neubauten 69

4.2. Preise für Altbauten 71

5. Finanzierung der Eigentumswohnung mit Darlehen 74

5.1. Bank/Sparkasse 74
5.2. Versicherungen 75
a) Versicherungsdarlehen 75
b) In Verbindung mit einer Lebensversicherung: sogen. Lebensversicherungshypothek 75
6. Finanzierung der Eigentumswohnung mit Bausparvertrag 77
6.1. Die Bausparfinanzierung 77
a) Vorüberlegungen 77
b) Wie das Bausparen funktioniert 79
c) Einzelheiten zum Bausparvertrag 81
d) Die verschiedenen Tarife, oder: wer die Wahl hat, hat die Qual 82
e) Der Standardtarif 82
f) Der Schnelltarif 83
g) Der Options- und Langzeittarif 83
h) Die Höhe der Bausparsumme 84
i) Bausparen wird durch den Staat gefördert: Arbeitnehmersparzulage 85
j) Bausparen wird durch den Staat gefördert: Bausparprämie/Wohnungsbauprämie 86
6.2. Lohnt sich der Bausparvertrag zur Finanzierung einer Immobilie? 87
a) Übersicht von Modellrechnungen 88
b) Modellrechnung: Wann lohnt sich ein Bausparvertrag? 89
7. Die neue staatliche Bausparförderung als Finanzierungsmöglichkeit 91
8. Die Tricks der Geldinstitute: Abschläge und versteckte Gebühren 92
8.1. Wenn der Beleihungswert der Wohnung zu niedrig angesetzt wird 92
8.2. Wenn die Beleihungsgrenze zu niedrig angesetzt wird 94
8.3. Nebenkosten, an die Sie denken sollten 95
9. Die Abwicklung des Kaufs der Eigentumswohnung 97

II. Die Ersteigerung einer Eigentumswohnung 99

1. Versteigerungsarten 100
2. Zuständig ist immer das Amtsgericht 100

3. Wie Sie von einer Versteigerung erfahren 101
4. Vorbereitung auf den Versteigerungstermin 104
5. So verhalten Sie sich im Termin richtig 105
5.1. Bis Ende der Bieterstunde 106
5.2. Nach Ablauf der Bieterstunde 107
6. Räumung des ersteigerten Objekts, oder: Was tun, wenn ein Mieter das Objekt bewohnt 107
7. Eigentumserwerb und Eintragung im Grundbuch 108
8. Gewährleistung 108
9. Mit welchen Kosten Sie bei einer Ersteigerung rechnen müssen 109
10. Zahlung des Meistgebotes 109
11. Was passiert, wenn Sie die Immobilie ersteigert haben, aber nicht bezahlen? 110

C. Ihre Rechte und Pflichten als Wohnungseigentümer 111

I. Wie entsteht eine Wohnungseigentümer-Gemeinschaft? 111

II. Was gehört zum Sondereigentum, was zum Gemeinschaftseigentum ? 112

1. Definition: Sondereigentum 112
2. Definition: Gemeinschaftseigentum 113
3. Checkliste: Was gehört zum Sondereigentum, was zum Gemeinschaftseigentum ? 113

III. Was versteht man unter einem Sondernutzungsrecht? 122

IV. Auch in der Eigentumswohnung gilt: Rücksicht auf den Nachbarn 123

V. Eigentümerversammlung 128

VI. Ablauf der Wohnungseigentümerversammlung 129

VII. Beschluß und Vereinbarung 132

VIII. Hausordnung 135

IX. Anfechtung von Eigentümerbeschlüssen 140

X. *Bauliche Veränderungen: Was ist erlaubt, was verboten?* 142

1. Grundsätzliches 142
2. Bauliche Veränderungen nach Beschluß 144
3. Checkliste von A bis Z: Bauliche Veränderungen – was ist erlaubt, was verboten? 145

XI. *Haftung der Wohnungseigentümer* 151

XII. *Problem: Haftung für Nebenkosten beim Verkauf einer Wohnung* 152

XIII. *Instandhaltungsrücklage* 154

XIV. *Wie kostet die Verwaltung von Wohnungseigentum?* 157

XV. *Die Kosten, die ein Wohnungseigentümer anteilig tragen muß* 160

XVI. *Die Verwaltung des gemeinschaftlichen Eigentums von A bis Z* 162

D. **Die finanzielle Behandlung von Wohnungseigentum durch den Staat/das Finanzamt: Förderung und Belastung** 176

I. *Nur bei Eigennutzung der Wohnung: Förderung, oder wie der Erwerb von Wohneigentum vom Staat gefördert wird* 176

1. Neue Förderungsform seit 1.1.1996 177
2. Eigenheimzulage und Kinderzulage 177
3. Neubau und Altbau werden gefördert 179
3.1. Was ist ein Neubau ? 179
3.2. Was ist ein Altbau 180
4. Wenn sich Ihr Einkommen während der Förderungsdauer erhöht ? 180
5. Förderung junger Familien durch die Kreditanstalt für Wiederaufbau (KfW) 181
6. Bauen oder Kaufen mit der Riester-Rente 182
7. Papierkrieg muß sein: Antrag auf Förderung nur auf amtlichen Vordrucken 183
8. Termin der Auszahlung der Eigenheimzulage 183

II. Die steuerliche Seite, wenn Sie die Eigentumswohnung vermieten wollen ... 184

1. Die steuerrechtliche Behandlung der Miete ... 184
2. Was sind Werbungskosten? ... 185
3. Was zählt zu den Werbungskosten? ... 185
3.1. Kosten für Instandhaltung und Renovierung ... 185
3.2. Nebenkosten ... 185
3.3. Finanzierungskosten ... 186
4. Abschreibung: Wichtig sind Anschaffungs- und Herstellungskosten ... 186
4.1. Definition: Herstellungskosten ... 186
a) Wenn Sie selbst Bauherr sind ... 187
b) Wenn Sie die ETW schlüsselfertig kaufen ... 187
5. Zur Abschreibung (nur möglich bei Vermietung) ... 187
5.1. Die lineare Abschreibung ... 188
5.2. Die degressive Abschreibung ... 189
a) Alte Regelung ... 189
b) Neue Regelung ... 190
5.3. Sonderabschreibung in den neuen Bundesländern läuft aus ... 191

III. Mit welchen steuerlichen Belastungen der Erwerb der Eigentumswohnung verbunden ist ... 192

1. Die Grunderwerbssteuer ... 192
2. Die Erbschafts- oder Schenkungssteuer ... 194
2.1. In welchen Fällen ist Erbschafts- oder Schenkungssteuer zu zahlen ? ... 194
2.2. Es stehen Ihnen Freibeträge zu ... 194
2.3. Einzelheiten zur Erbschaftssteuer / Steuertabelle ... 195
3. Grundsteuer ... 198
4. Einkommenssteuer ... 201
5. Vermögenssteuer ... 204

Glossarium ... 206

Verzeichnis der Musterbriefe und -formulierungen ... 243

Stichwortverzeichnis ... 245

Abkürzungen

a.A.	anderer Ansicht
a.a.O.	am angegebenen Ort
ABl.	Amtsblatt
Abs.	Absatz
AG	Amtsgericht
AGB/AGBs	Allgemeine Geschäftsbedingung/en
AGBG	Gesetz zur Regelung des Rechts der Allgemeinen Geschäftsbedingungen
Art.	Artikel
BBauG	Bundesbaugesetz
Bd.	Band, beziehungsweise Bände.
BGB	Bürgerliches Gesetzbuch
BGBl.	Bundesgesetzblatt
BGH	Bundesgerichtshof
BGHZ	Entscheidungen des Bundesgerichtshofs in Zivilsachen
bzw.	beziehungsweise
d.h.	das heißt
EG	Europäische Gemeinschaft
EStG	Einkommenssteuergesetz
Etw	Eigentumswohnung
EU	Europäische Union
EuGH	Gerichtshof der Europäischen Gemeinschaften
f/ff	folgende/fortfolgende
GE	Gemeinschaftseigentum
GG	Grundgesetz
gem.	gemäß
ggf.	gegebenenfalls
grds.	grundsätzlich
h.M.	herrschende Meinung
Hrsg./hrsg.	Herausgeber/herausgegeben.
i.d.F.	in der Fassung
i.d.R.	in der Regel
KFZ	Kraftfahrzeug
LG	Landgericht
m^2	Quadratmeter
Mio.	Million/Millionen
n.F.	neue Fassung
Nr.	Nummer/Nummern
o.a.	oben angegeben (e), (r)
o.ä.	oder ähnliches

o.g.	oben genannte (r)
OLG	Oberlandesgericht
qm	Quadratmeter
s.	siehe
S.	Satz, Seite/Seiten.
SE	Sondereigentum
sog./sogen.	sogenannt (e), (r)
TE	Teileigentum
TOP	Tagesordnungspunkt
u.a.	unter anderem
u.ä.	und ähnliches
u.U.	unter Umständen
v.	vom
vgl.	vergleiche
VO	Verordnung
WE	Wohnungseigentum
WEG	Wohnungseigentumsgesetz
z.B.	zum Beispiel
Ziff.	Ziffer (n)
ZPO	Zivilprozeßordnung
Zs.	Zeitschrift
ZVG	Gesetz über die Zwangsversteigerung und Zwangsverwaltung

A. Vorüberlegungen

Eigentum als Einstieg in die Immobilie

Die Bezeichnung »Eigentums«-Wohnung (ETW) besagt an sich schon, daß es sich bei einer solchen Wohnung um mehr als nur um Miete handeln muß. Allerdings herrscht landläufig die Ansicht, eine Eigentumswohnung verschaffe bei weitem nicht die Rechte, wie sie etwa der Eigentümer eines Einfamilienhauses hat.

Über Querelen der einzelnen Eigentümer einer Wohnungsanlage untereinander oder mit dem Verwalter wird zuweilen durch die Presse berichtet, sodaß vielfach die ETW nur als Einstieg in die Immobilie verstanden wird, verbunden mit der Absicht, die Wohnung später zu verkaufen oder zu vermieten und gegen das Einfamilienhaus »einzutauschen«.

I. Vor- und Nachteile der Eigentumswohnung

§§

Volles Eigentum

Grundsätzlich verschafft Ihnen der Kauf einer Eigentumswohnung volles Eigentum an der Immobilie.

Dies zeigt sich auch darin, daß die Eigentumswohnung steuerlich, rechtlich aber auch praktisch einem Eigenheim in der Form des Ein- oder Zweifamilienhauses gleichgestellt ist.

So wie ein Einfamilien- oder Zweifamilienhaus kann die Eigentumswohnung gekauft, verkauft, verschenkt und vererbt werden.

Sie ist als Immobilie auch selbständig belastbar, d.h. Sie können wie bei einem Ein- oder Zweifamilienhaus Grundpfandrechte in der Form der Grundschuld oder der Hypothek zur Sicherung eines Darlehens bestellen.

Ebenso können Sie an der Eigentumswohnung ein Vorkaufsrecht eintragen lassen; ebenso ein Einsitz- bzw. Nießbrauchrecht.

Eigenständige Immobilie

Die Eigenständigkeit der Eigentumswohnung als Immobilie zeigt sich neben der bereits erwähnten steuerlichen Behandlung auch bei der Förderung des Erwerbs von Immobilien: Ebenso wie ein Haus kann die Eigentumswohnung mit öffentlichen und nicht öffentlichen Mitteln gefördert werden. Nach §§ 2 und 26, Abs. 2 Wohnungsbaugesetz (WoBauG), wonach die Eigentumswohnung die gleiche Berechtigung hat wie das Eigenheim.

Tip

pro und contra

Trotz dieser Gleichstellung von Eigenheim und Eigentumswohnung gibt es zwischen beiden Immobilienformen doch erhebliche Unterschiede, die sich am leichtesten durch die Aufzählung von Vor- und Nachteilen der jeweiligen Immobilienform feststellen lassen.

Einheiten in jeder Größe

Ein wichtiger Vorteil der Eigentumswohnung (ETW) besteht darin, daß Sie jede nur erdenkliche Wohnfläche erwerben können: So z.B. haben Sie die Möglichkeit, ein Studentenappartement, welches aus einem Zimmer, einer Kochecke und einem Badezimmer besteht mit einer Wohnfläche von ca. 18 m^2 Wohnfläche zu erwerben.

Sie können aber auch genauso gut eine Fünf-Zimmer-Wohnung mit 150 m^2 erwerben.

Das Angebot an Eigentumswohnungen ist so gestaffelt, daß jeder Haushalt – unabhängig von der Zahl der Familienmitglieder – Wohnungseigentum finden kann.

Gerade Single-Haushalte werden sich für eine Ein- oder Zwei-Zimmerwohnung interessieren.

Dagegen weisen Einfamilienhäuser meist eine Wohnfläche zwischen 90 und 150 m^2 bei 3 bis 5 Zimmern auf. Es liegt auf der Hand, daß ein Einfamilienhaus für einen Single-Haushalt wohl nur in seltenen Fällen in Frage kommt.

Sie sehen also, daß das Angebot der Eigentumswohnungen hinsichtlich Größe und Preise sehr viel differenzierter ist, als beispielsweise bei einem Haus. Eigentumswohnungen können der Größe des Haushaltes angepaßt werden und ermöglichen es insbesondere Familien, die nur über geringe Mittel und Einkommen verfügen, eine Immobilie je nach persönlicher finanzieller Lage erwerben zu können.

Sehr gute Wohngegend

Ein weiterer Vorteil der ETW gegenüber dem Haus besteht darin, daß sich ETW-Anlagen oft in sehr guten Wohngegenden befinden: Würde man hier ein Einfamilienhaus erwerben wollen, so würde man schnell an die finanzielle Leistungsfähigkeit stoßen (Grenze!), weil man hier bereits durch den hohen Grundstückspreis überfordert wäre. Kauft man dagegen an einem derart teuren Standort eine ETW in einer Wohnanlage mit insgesamt 8 Wohnungen, so teilen sich 8 Eigentümer den Grundstückspreis.

Rücksichtnahme erforderlich

Sie sollten allerdings auch bedenken, daß eine Eigentumswohnung im Vergleich zum Einfamilienhaus Nachteile aufweist. Bei einer Anlage mit ETW leben Sie stets mit den unterschiedlichsten Menschen, mit unterschiedlichen Einstellungen und Lebensauffassungen sowie Lebenserfahrung nebeneinander. Die besondere Problematik liegt darin begründet, daß alle Eigentümer gleichberechtigt nebeneinander stehen, weshalb Konfliktstoff oftmals nicht vollständig ausgeräumt werden kann.

Im Prinzip sind Sie bei einer Eigentumswohnung auch nicht wesentlich besser gestellt als ein Mieter: Lediglich die Sicherheit vor Mieterhöhung und Kündigung zeichnet Sie als Eigentümer gegenüber einem Mieter aus.

Eigentumswohnung ist nichts für Empfindliche

Falls Sie lärmempfindlich sein sollten, so ist die ETW für Sie sicherlich nicht die richtige Wohnform. Ihre Miteigentümer werden sich stets hinter den vermeintlichen Rechten verstecken, die Stereoanlage besonders laut hören zu dürfen, Grillfeste auf dem Balkon feiern zu dürfen, nachts Duschen und Baden zu dürfen usw.

Denken Sie auch daran, daß Sie mit den anderen Eigentümern meist für sehr lange Zeit nebeneinander und zusammen leben müssen, weil man eine Eigentumswohnung in der Regel nicht so häufig wechselt wie eine Mietwohnung.

Beachten Sie auch bitte, daß die Wohnverhältnisse in einer Eigentumswohnung auch wechseln können. Haben z.B. Miteigentümer die Eigentumswohnung nur zur Kapitalanlage gekauft, so müssen Sie mit u.U. wechselnden Mietern Vorlieb nehmen.

§§

Besonderheiten bei Verwaltung

Neben dem Gebrauch und der Nutzung ergeben sich vor allem bei der Verwaltung von Eigentumswohnungen im Vergleich zum Eigenheim Besonderheiten, weil hier die Gemeinschaftsbezogenheit stets im Vordergrund steht und die Interessen der einzelnen Wohnungseigentümer erst in zweiter Linie zu berücksichtigen sind.

Dies erfordert zwangsläufig besondere Rücksichtnahmen, die auch gesetzlich vorgeschrieben sind. Neben dem Gesetz gibt auch die sog. Gemeinschaftsordnung den Rahmen für das Miteinander und Nebeneinander der einzelnen Wohnungseigentümer.

Tip

Gemeinsame Verwaltung

Ein Vorteil der ETW gegenüber dem Eigenheim besteht in der gemeinsamen Verwaltung der Wohnungsanlage. Durch das Wohnungseigentumsgesetz aber auch die Gemeinschaftsordnung wird z.B. eine Verwaltung der Immobilie, wodurch der einzelne Eigentümer ›zumindest bei größeren Anlagen‹ nicht zu den Diensten herangezogen werden kann, die beim Eigenheim als lästig empfunden werden. So z.B. kümmert sich der Verwalter um die Reinigung des Bürgersteiges, Beseitigung von Schnee- und Eisglätte, die Pflege des Rasens und der gesamten Außenanlage überhaupt usw.

Kein Reparaturstau

Durch die Verwaltung, die von der Wohnungseigentümergemeinschaft kontrolliert wird, ist auch gewährleistet, daß die Immobilie ständig instand gehalten wird, so daß es hier nicht zu einem sog. Reparaturstau kommen kann. Aus den monatlichen Umlagen der einzelnen Eigentümer werden kleinere Reparaturen und Renovierungen bezahlt.

Vorteile im Alter

Sollte sich ein größerer Reparaturbedarf ergeben, wie z.B. Sanierung des Daches, des Außenputzes, der Heizungsanlage usw., so wird die Wohnungseigentümergemeinschaft eine sog. Sonderumlage beschließen, womit die einzelnen Eigentümer anteilsmäßig an den durch die monatliche Umlage eingehenden Geldern nicht mehr gedeckten Aufwendungen beteiligt werden.

Denken Sie auch daran, daß Sie im Alter ein Eigenheim nicht mehr so gut bewirtschaften und pflegen können wie in jungen Jahren. Sie müssen sich nämlich hier um all die Dinge kümmern, die bei einer Wohnungseigentumsanlage soeben als Aufgaben des Verwalters beschrieben wurden.

Bei einer Eigentumswohnung ist es also mit ziemlicher Sicherheit gewährleistet, daß der Werterhalt der Immobilie durch die ständige Pflege und Aufsicht der Gemeinschaft über den baulichen Zustand gewährleistet wird.

Bei einem Einfamilienhaus hängt dies allein von dem einzigen Eigentümer ab, so daß im Falle von Krankheit oder hohem Alter – wenn Sie sich als Eigentümer nicht mehr um alles kümmern können – ein baulicher und damit auch preislicher Verfall nicht auszuschließen ist. Gerade die Sicherheit, die die Immobilie im Alter bringen soll, wird zumindest beim Eigenheim im genannten Fall nicht mehr voll gewährleistet.

Diese Sicherheit bringt aber mit großer Gewißheit die Eigentumswohnung, weil hier die Verwaltung anstelle der einzelnen Eigentümer tätig wird.

1. Eigentumswohnung als Alterssicherung

Tip

Der neueste Renner sind sogenannte Seniorenimmobilien in der Form als Wohnanlage oder Pflegeheim. Es hat sich erwiesen, daß der Fehlbestand an seniorengerechten Wohneinheiten enorm groß ist. Vor allem in den neuen Bundesländern finden sich keine Wohnungsanlagen, die dem Standard nach ein seniorengerechtes Wohnen erlauben.

Servicewohnen

Es werden im wesentlichen zwei verschiedene Anlagenformen angeboten: Das sog. Servicewohnen bietet Senioren ein separates Appartement in einer Wohnanlage an, wobei zusätzlich individuelle Dienste vom Reinigen des Appartements, der Versorgung mit Mahlzeiten bis zur vollständigen medizinischen Pflege in Anspruch genommen werden können.

Daneben gibt es die klassischen Pflegeheime.

Beide Anlageformen bieten dem Investor unterschiedliche Chancen und Risiken, zielen aber beide auf eine Absicherung im Alter ab.

Große Nachfrage

Das Servicewohnen ist ein Markt mit relativen großen Wachstumschancen für den Anleger, weil hier eine Nachfragelücke geschlossen wird zwischen den konventionellen Pflegeheimen und den altengerechten, jedoch unbetreuten Wohnungen.

Es ist kein Geheimnis, daß Seniorenheime ein negatives Image haben und deshalb auch viele Interessenten abstoßen.

Die altengerechten, aber unbetreuten Wohnungen bedeuten in der Praxis, daß ein vermehrt pflegebedürftiger Mensch eines Tages aus seiner Wohnung ausziehen und letztendlich in das nicht geliebte Seniorenheim umziehen muß.

So haben findige Investoren erkannt, daß das Altenwohnheim langfristig vom Servicewohnen abgelöst werden wird.

Was bietet eine Anlage mit Servicewohnungen?

Tip

Rundumversorgung

Eine Servicewohnung muß in der Ausstattung und Betreuung den alten Menschen gerecht werden und insbesondere eine Reihe von Merkmalen aufweisen. So z.B. müssen sich in den Fluren doppelseitige Handläufe befinden, in den Wohnungen ebenerdige Duschwannen, breite Türen, im Haus Aufzüge für die höheren Etagen, Fernbedienungen für Licht- und Elektrogeräte.

An Dienstleistungen sind erforderlich ein von allen Räumen aus bedienbarer Notruf, eine Wohnungsreinigung, Wäsche-, Einkaufs- und Reparaturdienst, Behördenhilfe, Arztbetreuung, Sport- und Gymnastikangebote im Haus sowie bei Bedarf Pflegeleistungen je nach Anspruch des Bewohners.

Bezahlbare Preise

Für den Mieter ist eine Servicewohnung durchaus bezahlbar, weil ihr Mietpreis nur etwa 20 % über dem Preisniveau für Kleinwohnungen liegt. Es kommt hinzu, daß die Pflegekosten seit April 1996 direkt mit der Pflegeversicherung abgerechnet werden können, sofern die gesetzlichen Voraussetzungen erfüllt sind.

§§

Die Rechtsform von Servicewohnungen

Servicewohnungen werden dem Kapitalanleger in der Form des geschlossenen Immobilienfonds oder in der Form des Wohnungseigentums angeboten.

2. Geschlossener Immobilienfonds

Beim geschlossenen Immobilienfonds erwerben Sie als Anleger Anteile an der Gesellschaft, der die Wohnungsanlage gehört.

Steuervorteile

Die Besonderheit liegt darin, daß Sie steuerlich so behandelt werden, als wären Sie Eigentümer einer Wohnung.

Ein weiterer Vorteil des geschlossenen Fonds liegt darin, daß Sie sich bereits ab 10.000 EURO beteiligen können.

Ein Nachteil dieser Anlageform sind die zum Teil extrem hohen Vertriebskosten, die an den Außendienst-Immobilienmakler gezahlt werden.

Es kommt hinzu, daß Sie diese Anlage in der Regel nur sehr ›teilweise unter finanziellen Verlusten‹ wieder verkaufen können.

3. Wohnungseigentum

Tip

Vorteile

Wesentlich interessanter als die Beteiligung an einem geschlossenen Fonds ist das Wohnungseigentum an Servicewohnungen. Hierbei werden Sie als Investor Eigentümer einer ganz bestimmten Seniorenwohnung.

Aus diesem Grund haben Sie auch bei einem späteren Verkauf keine Probleme.

Es kommt hinzu, daß Sie nicht ein Anrecht auf das Wohnen erwerben, sondern bereits beim Kauf wissen, daß Sie in Ihrer gekauften Seniorenwohnung leben können. Sie haben also bereits beim Kauf Ihre eigenen vier Wände für das Alter.

Bedenken Sie allerdings, daß Sie als Anleger eine Seniorenwohnung erwerben, die zunächst vermietet wird. Erst im Alter möchten Sie diese Wohnung nutzen. In der Zwischenzeit dient Sie Ihnen als Kapitalanlage und als eine Möglichkeit, Steuern zu sparen.

Belegungsrecht

Es liegt damit auf der Hand, daß es relativ schwer ist, den richtigen Zeitpunkt für die Selbstnutzung Ihrer eigenen Seniorenwohnung zu wählen. Sie müßten also hierbei den jeweiligen Mietvertrag mit dem Bewohner so gestalten, daß Sie zum gewünschten Zeitpunkt selbst einziehen können.

Da dies jedoch sehr schwer sein dürfte, bzw. sich Termine aus verschiedenen Gründen verschieben können, sind die Angebote an Servicewohnungen in der Rechtsform des Wohnungseigentums meist mit einem sogen. Belegungsrecht für eine vergleichbare Wohnung gekoppelt. Das heißt, daß Sie jederzeit (ggf. nach Eintragung auf einer Warteliste) eine Wohnung beziehen können, die Ihrer Eigentumswohnung in der Seniorenanlage entspricht. Freilich schließt dies nicht aus, auch ihre eigene Wohnung beziehen zu können.

4. Checkliste für den Kauf einer Servicewohnung/ Seniorenwohnung in der Rechtsform des Wohnungseigentums

Viele Faktoren zu beachten

Wie bei jeder anderen Eigentumswohnung auch sollten Sie sich vor dem Kauf einer Servicewohnung über einige wichtige Faktoren informieren. Damit eine Servicewohnung für die spätere Nutzung aber auch als Kapitalanlage besonders attraktiv ist, müssen zusätzlich zur Eigentumswohnung noch weitere Voraussetzungen erfüllt sein.

Lage

Bei einer Servicewohnung sollten Sie genauso viel Wert auf die Lage der Wohnung legen wie bei einer normalen Eigentumswohnung. Gerade für ältere Menschen müssen Geschäfte, der Nahverkehr, Ärzte, Apotheker, Einkaufsmöglichkeiten aber auch Parks u. a. Freizeiteinrichtungen bequem zu Fuß erreichbar sein.

Sie sollten auch darauf achten, wie stark Kaufkraft und Mietniveau der gewählten Region sind: Dies kann ein entscheidender Faktor für die Vermietbarkeit Ihrer Seniorenwohnung bis zum eigenen Bezug im Alter sein.

Ebenso sollten Sie darauf achten, ob sich bereits ähnliche Wohnungsanlagen in der Gegend befinden oder solche im Bau oder in der Planung stehen.

Wohnungsgröße

Gerade wenn Sie die Servicewohnung zunächst als Kapitalanlage wählen, sollten Sie darauf achten, daß die Einheit nicht zu groß ist. Ein- bis Dreizimmerwohnungen lassen sich nämlich sehr viel leichter vermieten als größere Einheiten. Denken Sie auch daran, daß beim späteren Selbstbezug eine größere Wohnung sehr viel mehr Geld kostet für die laufende Pflege, so z.B. die Reinigung.

Zwar reichen für eine Person 25 bis 30 m² Wohnfläche bei einem Appartement, doch empfiehlt es sich zur Bequemlichkeit im Alter wenigstens eine Zwei-Zimmer-Wohnung mit einer Mindestfläche von 50 m² zu wählen.

Preis

Die Preise sind oft weit überhöht. Als Käufer einer solchen Wohnung sollten Sie immer von Rentabilitätsgesichtspunkten ausgehen und einen jährlich zu erzielenden Mietertrag ansetzen, der nach Abzug aller Kosten einer Rendite von etwa 4 % des Kaufpreises entspricht. Kostet die Wohnung z.B. 125.000 EURO, so müßte eine Miete von 5.000 EURO pro Jahr oder etwa 400 EURO pro Monat erzielbar sein. Liegt die tatsächlich erzielbare Miete darunter, so ist der Kaufpreis für die Wohnung zu hoch: hier sollten Sie entweder mit dem Anbieter über den Kaufpreis verhandeln oder sich ein anderes Angebot suchen.

Geschlossener Immobilienfonds

Bei dieser Anlageform müssen Sie ein besonderes Augenmerk auf Provisionen für den Vertrieb und die Beratung achten: Dies kann leicht 15 % der Gesamtsumme ausmachen: Dies ist die Regel!

Damit gehen lediglich 85 % des tatsächlich eingezahlten Kapitals in das Grundstück, Gebäude und die Ausstattung.

Pflegeangebot

Prüfen Sie sehr genau, welche Pflegeleistungen der Anbieter der Wohnung im Leistungspaket für Sie bereit hält. Lassen Sie sich auch die Kosten für die einzelnen Pflegeleistungen schriftlich nachweisen. Auf diese Weise sind Sie vor späteren Überraschungen geschützt.

Besonders wichtig ist hierbei, daß das Pflegeangebot nicht von solchen Kräften erbracht wird, die vom Verwalter eingesetzt werden. Da Sie bei der Form des Servicewohnens als Wohnungseigentum auch die Bewirtschaftungskosten zu tragen haben, würden Sie in einem solchen Fall sogar das Betriebsrisiko der Pflege (Wirtschaftlichkeit, Löhne und Gehälter) tragen müssen.

Am besten eignet sich als Vertragspartner beim Servicewohnen ein Unternehmen, welches sich schon längere Zeit auf dem Markt befindet und die Pflegeleistungen auf eigene Rechnung und damit zu eigenem Risiko erbringt.

Förderung

Beachten Sie in jedem Fall, daß die Pflegeversicherung nicht für die Kosten des Wohnens aufkommt, sondern nur für die tatsächlich erbrachte und abgerechnete Pflege.

Ansonsten sind die Förderungsmöglichkeiten die gleichen wie bei jeder Eigentumswohnung auch. Zusätzlich kann das jeweilige Bundesland, die Stadt oder der Kreis dem Bauherren besondere Förderkonditionen gewähren, so z.B. die Bereitstellung eines kostengünstigen Grundstückes oder eines zinsgünstigen Darlehens.

§§

Steuervorteile

Ebenso wie bei der Eigentumswohnung können Sie einmalige Werbungskosten, Abschreibungen und Kreditzinsen als Verluste aus Vermietung und Verpachtung in Ihrer Steuererklärung geltend machen. Insgesamt könnte die Rentabilitätsberechnung für eine Servicewohnung wie folgt aussehen: Gehen wir einmal davon aus, daß Sie eine 60 m^2 große Seniorenwohnung erwerben, die Miteigentum an der Pflegestation, am Restaurant sowie an der Tiefgarage einschließt.

Aufstellung der Kosten

Kaufpreis inklusive Nebenkosten	181.077 EURO
Darlehen[1]	148.077 EURO
- Eigenkapital	33.000 EURO
- Zinsaufwand	89.688 EURO
+ Mieteinnahmen[2]	90.064 EURO
+ Steuerersparnis[3]	46.807 EURO
- Restschuld nach zehn Jahren	128.188 EURO
+ Wohnungswert nach zehn Jahren[4]	163.534 EURO
= Überschuß nach zehn Jahren	49.528 EURO

1) Laufzeit 10 Jahre, 92 % Auszahlung, 7,9 % Effektivzins, 1 % Tilgung

2) Anfangs 685 EURO pro Monat, jährlich um 2,5 % steigend

3) Saldo aus degressiver Abschreibung und Zinsaufwand sowie Mieteinnahmen, 100.000 EURO zu versteuerndes Einkommen (Splittingtabelle)

4) Wiederverkauf zum Einstandspreis ohne Nebenkosten

Eine Wertsteigerung, wie sie bei Immobilien fast selbstverständlich ist, wird hierbei nicht berücksichtigt, da Wertsteigerungen für die Zukunft nicht feststehen.

II. Weniger bekannte Formen von Wohneigentum

Dauerwohnrecht/Erbpacht

Sicher haben Sie schon einmal bei irgendeiner Gelegenheit etwas von einem sogenannten Dauerwohnrecht und einer sogenannten Erbpacht gehört, wissen aber nicht ganz genau, was darunter zu verstehen ist und welche Vor- und Nachteile diese Formen des Wohneigentums gegenüber einer Eigentumswohnung enthalten.

1. Dauerwohnrecht und Dauernutzungsrecht

§§

Das WEG kennt nicht nur das Wohnungseigentum oder Teileigentum, sondern auch das Dauerwohnrecht und Dauernutzungsrecht.

Dauerwohnrecht

Nach der Definition des WEG kann ein Grundstück in der Weise belastet werden, daß derjenige, zu dessen Gunsten die Belastung erfolgt, berechtigt ist, unter Ausschluß des Eigentümers eine bestimmte Wohnung in einem auf dem Grundstück errichteten oder zu errichtenden Gebäude zu bewohnen oder zu nutzen (Dauerwohnrecht, § 31, Abs. 1 WEG).

Wenn man diese juristische und damit komplizierte Formulierung auflöst, so bedeutet dies, daß in einem Grundstück das Recht eingetragen werden kann, ein Gebäude oder einen Teil dieses Gebäudes als Wohnung zu nutzen und dabei den Eigentümer des Grundstücks von der Benutzung dieser Wohnung auszuschließen.

Kein Eigentum am Grundstück

Es wird also deutlich, daß Ihnen bei einem Dauerwohnrecht zwar das Gebäude bzw. die Wohnung gehört, nicht jedoch das Grundstück. Umgekehrt gehört dem Eigentümer des Grundstücks nicht die Wohnung bzw. das Gebäude auf seinem Grundstück.

§§

Wie jede Eigentumswohnung so ist auch das Dauerwohnrecht vererbbar und kann auch verkauft werden (§ 33, Abs. 1 WEG).

Darüber hinaus haben Sie bei einem Dauerwohnrecht ebenso wie bei einer Eigentumswohnung die Befugnis zur Vermietung oder zur Verpachtung (§ 37 WEG).

Dauernutzungsrecht

Sollen die Räume nicht Wohnzwecken dienen, so handelt es sich nicht um ein Dauerwohnrecht, sondern um ein Dauernutzungsrecht. Dies ist eine Parallele zum Wohnungseigentum bzw. zum Teileigentum: Während das Wohnungseigentum so wie das Dauerwohnrecht auf Wohnzwecke ausgerichtet ist, bezieht sich das Teileigentum ebenso wie das Dauernutzungsrecht auf eine Verwendung zu anderen Zwecken als Wohnzwecken, so z.B. als Bürofläche. Für das Dauernutzungsrecht gelten die Vorschriften für das Dauerwohnrecht in entsprechender Weise (§ 31, Abs. 3 WEG).

§§

Abgeschlossenheit ist erforderlich

Das Dauerwohnrecht kann nur dann bestellt werden, wenn die Wohnung eine in sich abgeschlossene Einheit bietet (§ 32, Abs. 1 WEG).

Die Bestellung erfolgt in der Weise, daß sich der Eigentümer des Grundstücks und der Dauerwohnberechtigte einigen müssen und die Bestellung des Dauerwohnrechts in Abteilung II des Grundbuches eintragen lassen (§ 873 BGB).

Wichtig ist, daß das Gebäude noch nicht errichtet sein muß, jedoch muß wenigstens eine Bauzeichnung vorhanden sein.

Erlöschen des Dauerwohnrechts

Das Dauerwohnrecht erlischt entweder durch Ablauf der vereinbarten Zeit oder durch Aufhebung (§ 875 BGB).

Die Besonderheit und damit eine Parallele zum Wohnungseigentum besteht darin, daß das Dauerwohnrecht nicht mit dem Tod des Berechtigten endet und auch nicht durch die Kündigung des Grundstückseigentümers oder des Berechtigten beendet werden.

Es ist auch keine außerordentliche Kündigung vorgesehen.

In der Praxis hat sich das Dauerwohnrecht nicht durchgesetzt und spielt keine nennenswerte Rolle.

2. Erbpacht

Tip

Bei der Erbpacht errichtet der Berechtigte sein Gebäude auf einem fremden Grundstück und ist so gleichzeitig Pächter und Eigentümer in einer Person.

Der Vorteil gegenüber der Eigentumswohnung besteht darin, daß der Erbpachtberechtigte das Grundstück, auf dem das Gebäude errichtet wird, nicht erwerben muß und somit wegen des nicht zu zahlenden Grundstückskaufpreises billiger zu seinen eigenen vier Wänden kommt.

Als Ausgleich dafür, daß eine andere Person sein Grundstück für die Erbpacht zur Verfügung stellt und der Erbpachtberechtigte den Kaufpreis für dieses Grundstück spart, muß er dem Grundstückseigentümer den sogenannten Erbbauzins für die Nutzung des fremden Grundstückes zahlen.

Das Gebäude allerdings errichtet er und unterhält er auf seine eigenen Kosten: Es ist volles Eigentum des Erbbauberechtigten.

Lange Laufzeit

Die Verträge über Erbpacht laufen in der Regel über einen Zeitraum zwischen 66 und 99 Jahren.

Bei Ende des Vertrages fällt das Gebäude an den Eigentümer des Grundstücks: Allerdings hat er für diesen Vorteil dem Erbbauberechtigten eine finanzielle Entschädigung zu zahlen.

Er kann aber auch eine Verlängerung des Vertrages anbieten. Lehnt der Erbbauberechtigte dies jedoch ab, dann fällt sein Gebäude an den Grundstückseigentümer, ohne daß in diesem Fall die genannte Entschädigung bezahlt werden müßte.

Erbbaurecht ist veräußerbar

Das Erbbaurecht macht den Erbbauberechtigten nahezu so beweglich wie den Eigentümer von Wohneigentum: Er kann sein Recht verkaufen oder auch vererben. Man muß allerdings beachten, daß im Erbbauvertrag die Klausel eingebaut werden kann, wonach ein Verkauf oder ein Vererben des Erbbaurechts der Zustimmung des Grundstückseigentümers bedarf. Freilich kann diese Zustimmung nur aus einem wichtigen Grund verweigert werden.

Erbbauzins

Für die Zurverfügungstellung des Grundstücks muß der Erbbauberechtigte dem Grundstückseigentümer einen jährlich fällig werdenden Erbbauzins zahlen, dessen Höhe zwischen den Parteien frei vereinbart wird.

Allerdings wird sich die Höhe am Grundstückswert orientieren, so daß der Erbbauzins in ländlichen Gebieten wesentlich geringer sein wird als im innerstädtischen Bereich.

Alle drei Jahre darf eine Erhöhung des Erbbauzinses verlangt werden, jedoch nur dann, wenn sie »unter Berücksichtigung aller Umstände des Einzelfalls nicht als unbillig anzusehen ist«. Entscheidend ist hierbei eine Änderung der allgemeinen wirtschaftlichen Verhältnisse, wobei hauptsächlich auf die Steigerung der Lebenshaltungskosten und die Erhöhung des Grundstückswertes abgestellt wird.

Wichtigster Punkt bei Erbpacht: Die finanzielle Seite

Ob es sich lohnt, eine Eigentumswohnung im Erbbau zu erwerben, richtet sich letztendlich nach der Höhe des zu zahlenden Erbbauzinses.

Mit welcher finanzieller Belastung Sie rechnen müssen

Man kann davon ausgehen, daß der Grundstückseigentümer für die Bereitstellung seines Grund und Bodens eine angemessene Kapitalverzinsung erzielen will, die jährlich zwischen 5 und 7 % des Bodenwertes tragen wird.

Fall

Gehen wir einmal davon aus, daß Sie eine Eigentumswohnung im ländlichen Bereich in einem 6-Familienhaus erwerben, welches im Erbbau auf einem 1.000m²-Grundstück errichtet wurde. Nehmen wir weiter an, daß dieses Grundstück einen Wert von 50.000 EURO hat und der Eigentümer bei der Berechnung des Erbbauzinses von einer Kapitalverzinsung in Höhe von 6 % ausgeht, so sind dem Grundstückseigentümer jährlich 3.000 EURO zu zahlen, so daß auf Ihre Eigentumswohnung jährlich 500 EURO fallen, die Sie als Erbbauzins dem Grundstückseigentümer bezahlen müßten.

Befindet sich ein Grundstück in der genannten Größe in einer Stadt wie z.B. München, Berlin, Wiesbaden oder Stuttgart, so hat diese Parzelle einen Wert in Höhe von etwa 500.000 EURO. Bei ebenfalls angenommenen 6 % Kapitalverzinsung würde der Erbbauzins für das gesamte Grundstück jährlich 30.000 EURO betragen, so daß Sie als Eigentümer einer Wohnung in einem solchen Gebäude einer Großstadt nicht mit jährlich 500 EURO Erbbauzins rechnen müßten, sondern mit jährlich 5.000 EURO !

Es kommt also letztlich auf den Standort der Immobilie an.

Ist Erbbau billiger gegenüber dem Erwerb des Grundstücks?

Experten haben ausgerechnet, daß Erbpacht über die gesamte Laufzeit von beispielsweise 66 oder 99 Jahren in jedem Fall teurer ist als der Kauf des Grundstückes.

Dies gilt in erhöhtem Maße vor allem dann, wenn der Zins für Darlehen mit beispielsweise zwischen 6 und 7 % nahezu genauso hoch ist, wie die vom Grundstückstückseigentümer erwartete Kapitalverzinsung zwischen 5 und 7 %.

Beachten Sie hierbei, daß ein Darlehen in der Regel nach 29 Jahren getilgt ist, so daß das Grundstück Ihnen nunmehr lastenfrei gehört, während Sie oder Ihre Erben beim Erbbau den Zins nahezu noch weitere 70 Jahre zu bezahlen haben, ohne daß Sie oder Ihre Erben jemals Eigentümer werden.

Der entscheidende Nachteil des Erbbaurechts liegt darin, daß der Eigentümer einer Wohnungsimmobilie auf den entscheidenden Vorteil der Immobilie verzichten muß: Der erhebliche Wertgewinn gerade durch die Steigerung des Bodenwertes schlägt nicht auf den Wohnungseigentümer durch, dessen Eigentumswohnung sich auf einem Erbbaugrundstück befindet.

Im übrigen gehört die Eigentumswohnung irgendwann einmal dem Eigentümer des Grundstücks.

Besondere Vorsicht ist geboten, wenn Sie eine Eigentumswohnung auf einem Erbbaugrundstück kaufen wollen, die vielleicht in den 50er oder 60er Jahren gebaut wurde. Hier kann es sein, daß bei einer Laufzeit der Erbpacht von beispielsweise nur 66 Jahren noch während der ihrer Nutzung der Eigentumswohnung die Immobilie an den Grundstückseigentümer fällt, wofür Sie lediglich eine Entschädigung erhalten.

Beachten Sie also insbesondere bei einer gebrauchten ETW noch die Restlaufzeit der Erbpacht und bedenken Sie, daß Sie in ihrer ETW auch noch als Rentner lange Zeit leben möchten. Es ist für jeden Wohnungseigentümer sicherlich unerträglich, wenn er noch bei seinen Lebzeiten das nahe Ende seines Eigentums heranrücken sieht und erkennen muß, daß seine ETW letztlich nicht ihm, sondern dem Grundstückseigentümer gehört.

Tip

Erbpacht meiden

Im Prinzip möchte ich vom Erwerb einer ETW zur Erbpacht dringend abraten, da dies nicht die Eigentumsform ist, die man sich vorstellt: Letztendlich hat der Erbbauberechtigte keine Möglichkeit, das Grundstück, auf dem sich seine ETW befindet, zu erwerben, wogegen seine ETW mit 100%iger Sicherheit irgendwann einmal dem Grundstückseigentümer gehört, so daß alle Aufwendungen, wie z.B. die Kaufpreiszahlung für die ETW, verlorenes Kapital sind.

Ganz realistisch betrachtet ist die Erbpacht lediglich ein besonders lang laufender Mietvertrag mit Kündigungsschutz.

B. Der Erwerb der Eigentumswohnung

I. Der Kauf

1. Was sich hinter den Angeboten verbirgt

Immobilienmakler

Wenn man Zeitungsmeldungen verfolgt, so gewinnt man den Eindruck, daß die Branche der Immobilienmakler und Bauträger zuweilen nicht den allerbesten Ruf genießt. Es entsteht der Eindruck, daß diese keinerlei gesetzlichen Beschränkungen unterliegen und die genannten Berufe quasi von jedermann ohne irgendwelche Ausbildung ausgeübt werden können.

Zwar gibt es für Immobilienmakler und Bauträger kein besonderes Berufsbild, insbesondere keine Vorschriften hinsichtlich der Ausbildung.

Allerdings unterliegt der genannte Personenkreis doch einer ganzen Reihe von gesetzlichen Einschränkungen, die jedoch zuweilen von einigen schwarzen Schafen nicht beachtet werden und somit eine ganze Branche in Verruf bringen können.

§§

Makler müssen ehrlich sein

Wesentliche Vorschriften für Makler und Bauträger enthält das Gesetz gegen den unlauteren Wettbewerb (UWG) sowie die Preisangabenverordnung (PrAngVo): Danach steht für Immobilienmakler und Bauträger die Verpflichtung, keine unwahren oder irreführenden Angaben zu machen: Grundsätzlich müssen die genannten Gewerbetreibenden in ihren Zeitungsannoncen deutlich darauf hinweisen, daß es sich bei ihnen um Immobilienmakler handelt. Hiermit soll den möglichen Interessenten an einer Immobilie deutlich gesagt werden, daß die Vermittlung mit Kosten verbunden ist. Dies wird jedermann einleuchten, da niemand davon ausgeht, daß ein Gewerbetreibender kostenlos arbeiten kann.

Vermittlungsprovision

Die Kosten für die Vermittlung einer Immobilie betragen im allgemeinen 5 %, zusätzlich 16% gesetzliche Mehrwertsteuer, also insgesamt 5,80 % des Kaufpreises.

Bei einer Eigentumswohnung zum Preise von 125.000 EURO müssen Sie also mit Vermittlungskosten in Höhe von 7.250 EURO rechnen, wenn die Immobilie von einem Makler angeboten wird.

Wollen Sie diese Kosten sparen oder scheuen Sie aus anderen Gründen die Vermittlung durch einen Makler, so sollten Sie von vorn herein sämtliche Annoncen von Immobilienmaklern meiden und sich statt dessen die Annoncen von Privatpersonen anschauen: Diese werden üblicherweise dadurch kenntlich gemacht, daß sie den Zusatz »von Privat«, »Privatangebot« bzw. »von Privat an Privat« kenntlich gemacht werden.

Wer steckt hinter der Annonce?

In manchen Fällen verstecken sich Immobilienmakler – um ihre Vermittlungshonorare zu verschleiern – hinter Chiffreanzeigen oder hinter Annoncen, in denen lediglich eine Telefonnummer angegeben ist. Dies ist ein klarer Verstoß gegen das Gesetz gegen den unlauteren Wettbewerb und damit nicht zulässig. Kommt auf diese Weise jedoch die Vermittlung eines Objektes und anschließend der Kauf desselben zustande, so brauchen Sie u.U. keine Maklergebühr zu zahlen, da der Makler gegen eine für ihn wichtige Rechtsvorschrift verstoßen und bei Ihnen als Kaufinteressent den Eindruck erweckt hat, es handele sich um eine private und somit kostenlose Vermittlung der Immobilie.

Vorteil fertiggestellter Immobilien

Ist die angebotene Immobilie bereits fertiggestellt, so können Sie als Kaufinteressent i.d.R. die Finanzierung also auch die Beleihung des Objektes nach festen Terminen bestimmen, weil die Eigentumswohnung bereits vorhanden ist und nicht erst gebaut werden muß. Außerdem läßt sich der Zeitpunkt der Bezugsfertigkeit auf den Tag genau bestimmen.

Noch nicht gebaute/fertiggestellte Objekte

Dies ist aber nicht so bei Immobilien, die noch gar nicht fertiggestellt sind. In manchen Fällen werden Eigentumswohnungen »vom Plan weg« verkauft, d.h.: Sie können zwar das Grundstück, auf dem die Wohnungseigentumsanlage erbaut werden soll besichtigen, nicht jedoch das Objekt selbst. In diesem Fall müssen Sie sich hinsichtlich des Zuschnitts und der Ausstattung der Wohnungen nach dem Plan des Architekten richten. Die Erfahrung lehrt außerdem, daß noch nicht fertiggestellte Wohnungsanlagen in vielen Fällen verspätet fertiggestellt werden, daß sie als Käufer während der Bauphase Darlehen in Anspruch nehmen, Zinsen und Tilgung zahlen müssen, jedoch die Eigentumswohnung noch nicht beziehen bzw. vermieten können. Sie müssen in einem solchen Fall also davon ausgehen, daß Sie bis zum Bezug des Objektes noch in Ihrer alten Wohnung bleiben, Miete zahlen und für die neue – in Bau befindliche – Wohnung bereits Zinsen und Tilgung zahlen müssen: Dies kann für Ihre Haushaltskasse eine Doppelbelastung bedeuten!

Hinweis auf Bezugsfertigkeit

Deshalb sind Makler und Bauträger von Gesetzes wegen verpflichtet, in ihren Offerten (also Annoncen in Zeitungen aber auch in Broschüren) darauf hinzuweisen, daß das angebotene Objekt noch nicht fertiggestellt ist bzw. noch gar nicht mit dem Bau begonnen wurde, sondern sich die gesamte Anlage noch im Planungsstadium befindet.

Sie sollten also in jedem Fall auf die entsprechenden Zusätze in den Angeboten achten; hierbei kann es sich um folgende Formulierungen handeln:

Tip

Nach Baugenehmigung fragen

projektiert: dies bedeutet, daß ein Bauträger lediglich erwägt, eine Wohnungseigentumsanlage zu bauen, jedoch mit dem Bau selbst noch nicht begonnen hat. Hier sollten Sie unbedingt danach fragen, ob überhaupt eine Baugenehmigung für das projektierte Objekt vorliegt, bzw. ob diese beantragt wurde.

Liegt eine Baugenehmigung vor?

Hat der Bauträger noch nicht einmal die Baugenehmigung beantragt, so sollten bei Ihnen als Wohnungsinteressent alle Alarmglocken läuten: Hier werden Ihnen in der Regel architektonisch gestaltete Modelle bzw. bunt bebilderte Broschüren, die von Werbefachleuten hergestellt wurden, präsentiert, um Ihnen den Kaufentschluß zu erleichtern. Wenn Sie Glück haben, ist der Bauträger allenfalls Eigentümer des Grundstücks, auf dem die Eigentumswohnungen errichtet werden sollen. Es kommt jedoch auch vor, daß erst der Kauf des Grundstücks geplant ist.

In solchen Fällen liegt es auf der Hand, daß der Bauträger gerade Ihr Geld als Kaufinteressent benötigt, um das Grundstück zu erwerben und die Wohnungseigentumsanlage darauf zu errichten.

z.B.

»In Planung«

Der Hinweis in »Planung« bedeutet meistens, daß die Baugenehmigung vorliegt, jedoch mit dem Bau noch nicht begonnen wurde. Hier können Sie wenigstens davon ausgehen, daß der Bauträger Eigentümer des betreffenden Grundstücks ist, so daß Sie schon sehen können, wo die Immobilie stehen wird.

»Im Bau«

Der Zusatz »im Bau« bedeutet konkret, daß mindestens mit den Ausschachtungsarbeiten der Baugrube begonnen wurde, möglicherweise jedoch bereits das Kellergeschoß oder sogar der gesamte Rohbau des Hauses fertiggestellt ist. In einem solchen Gebäude können Sie zumindest die Lage der Wohnung und den Zuschnitt der einzelnen Räume vor Ort besichtigen und Ihre Phantasie spielen lassen.

»Baubeginn«

Wesentlich zuverlässiger als derart vage Formulierungen sind konkrete zeitliche Angaben, wie z.B. »Baubeginn im Sommer 2003, Fertigstellung im Dezember 2004 sowie Fertigstellung zum 31.12.2003«. Solche Angaben sind für den Bauträger aber auch für den anbietenden Immobilienmakler verbindlich, weil Sie als Kaufinteressent durch die Angabe von festen Terminen bei der Finanzierung, beim Bezug, bei der Vermietung des Objektes bzw. beim Bestellen von Möbeln usw. bereits disponieren und damit finanzielle Aufwendungen tätigen können.

»proj.«

Unzulässig ist es jedoch, wenn in den Angeboten die soeben dargestellten Formulierungen abgekürzt werden, so daß der an einer Wohnung Interessierte zunächst rätseln muß, was sich dahinter verbirgt: Deshalb darf sich in den Angeboten keine Abkürzung wie z.B. »i. Pl.« für »in Planung«, »proj.« für »projektiert«, »B.b. 6.2003« für »Baubeginn im Juni 2003« usw. befinden.

»Wohn-/ Nutzfläche«

Eine Irreführung des potentiellen Käufers bedeutet es auch, wenn statt der Wohnfläche die sogenannte Wohn-Nutzfläche angegeben wird, da hier Kellerräume, der Dachboden und sonstige Abstellflächen zur Wohnfläche hinzu gerechnet werden.

Wohn-/ Nutzfläche

So z.B. weist ein zweigeschossiges Reihenhaus mit einer Gesamtwohnfläche von 100 m² zusätzliche 50 m² an Nutzfläche im Keller sowie weitere 50 m² an Nutzfläche im Dachboden auf, so daß unseriöse Anbieter in diesem Fall in ihren Angeboten eine Wohn-Nutzfläche in Höhe von 200 m² angeben.

Lockangebote

Praktisch in keinem Fall darf die Nutzfläche ohne vorherigen Ausbau zu Wohnzwecken genutzt werden, sodaß diese Quadratmeter immer wesentlich weniger wert sind als die tatsächliche Wohnfläche.

Nach einer gewissen Zeit des Studierens und Besichtigens von Immobilien haben Sie mit Sicherheit eine gewisse Erfahrung gerade in diesem Punkt: Der unerfahrene Immobilieninteressent wird allerdings mit solchen Angaben von Wohn-Nutzflächen angelockt und irregeführt. Aus diesem Grund sind derartige Angaben auch unzulässig.

Endpreise

Ganz wichtig ist es für Sie als Wohnungsinteressent, daß die angegebenen Preise feste Endpreise sind, so daß Sie Ihre Finanzierung entsprechend ausrichten können und nicht mit Preiserhöhungen bzw. Aufschlägen auf den Preis rechnen müssen.

Deshalb sind die gewerblichen Anbieter von Immobilien verpflichtet, feste Endpreise anzugeben.

z.B.

Angabe einer Preisspanne

Zuweilen ist es üblich, daß lediglich ein Rahmen angegeben wird, innerhalb dessen sich die Preise bewegen. So z.B. kann angegeben werden, daß in einem Objekt Eigentumswohnungen zwischen zwei und drei Zimmern in einer Größe von 60 bis 90 m^2 angeboten werden, die sich in einem Preisrahmen zwischen 120.000 EURO und 155.000 EURO bewegen. Eine solche Preisangabe würde grundsätzlich nicht gegen rechtliche Vorschriften verstoßen, da sich hier der Unterschied der genannten Preise aufgrund der Größe der Wohnungen für den Verbraucher deutlich ergibt.

§§

Nicht zulässig wäre es dagegen, wenn ohne Hinweis auf die Größe der Wohnungen lediglich eine Preisskala von 120.000 bis 155.000 EURO angegeben würde.

Preisspanne

Beim Studieren von Zeitungsannoncen und Werbebroschüren stoßen Sie auch mitunter auf Preisangaben pro Quadratmeter-Wohnfläche.

So z.B. kann angeboten werden, daß der Quadratmeter-Wohnfläche in einer Wohnungseigentumsanlage zwischen 1.720 EURO und 2.000 EURO kostet. Gleichzeitig muß hier jedoch ein Bezug zur Wohnungsgröße genannt werden: Beispielsweise muß gesagt werden, daß es sich um 2 bis 3-Zimmerwohnungen in der Größe von 60 bis 90 m^2 handelt.

Tip

Große Wohnung relativ billiger

In solchen Fällen gilt die Faustregel, daß der Quadratmeterpreis bei der größeren Wohnung günstiger als bei der kleineren Wohnung ist. Dies hat seine Ursache darin, daß der prozentuale Anteil der sogenannten Naßzellen (das sind Bäder, Toiletten und Küchen) bei einer kleinen Wohnung gemessen an der Wohnfläche relativ größer ist als bei der größeren Wohnung. Die Fläche für Bäder, Toiletten und Küchen schlagen bei den Baupreisen wesentlich höher zu Buche als die Wohnfläche für Flure, Wohn- oder Schlafräume.

Bei den Angeboten muß auch grundsätzlich der Gesamtpreis der Eigentumswohnung angegeben werden.

§§

Gesamtpreis

Bei einigen Eigentumswohnungsanlagen gehört ein größerer Parkplatz zum Gemeinschaftsobjekt (= gemeinschaftliches Eigentum), der von den einzelnen Wohnungseigentümern bzw. deren Besuchern nach Belieben – als ohne feste Zuweisung und Kennzeichnung – benutzt werden darf.

Wegen der schlechten Parkplatzsituation ist es aber ebenso üblich, daß der einzelnen Eigentumswohnung eine Garage bzw. ein Stellplatz im Freien oder in der Tiefgarage als sogenanntes Sondernutzungsrecht zugeordnet wird.

Dies bedeutet aber, daß zum Kaufpreis der Wohnung auch noch der Kaufpreis für die Garage bzw. der Stellplatz hinzukommt.

Der gewerbliche Anbieter einer Eigentumswohnung muß zur vollständigen Information des Kunden stets den Gesamtpreis also auch einschließlich der Garage bzw. des Stellplatzes angeben.

z.B.

In unserem obengenannten Beispiel könnte die Berechnung und damit Angabe des Gesamtpreises wie folgt lauten:

2-Zimmer-Eigentumswohnung, 60 m^2,	120.000 EURO
zuzüglich Einzelgarage,	12.500 EURO
= Gesamtpreis	132.000 EURO

Alternativ:

2-Zimmer-Eigentumswohnung, 60 m²,	120.000 EURO
zuzüglich Stellplatz in der Tiefgarage	7.500 EURO
= Gesamtpreis	127.500 EURO

PKW-Stellplätze

Verfügt die Wohnungseigentumsanlage über eine genügende Stellfläche für PKWs auf dem eigenen Grundstück und können diese von den einzelnen Eigentümern und deren Besuchern nach Belieben genutzt werden, so besteht u.U. nicht die Pflicht zu einer Eigentumswohnung auch noch einen Stellplatz in der Tiefgarage bzw. eine Garage zu erwerben. Es wird also zu der einzelnen Eigentumswohnung keine bestimmte Garage oder kein bestimmter Stellplatz zugeordnet. In einem solchen Fall haben die Kaufinteressenten lediglich die Möglichkeit einen oder mehrere Stellplätze bzw. eine oder mehrere Garagen zu erwerben.

Da also bei diesem Beispiel keine Pflicht zum Erwerb eines Abstellplatzes oder einer Garage besteht, brauchen diese auch nicht zum Kaufpreis der Eigentumswohnung hinzugerechnet werden, so daß in unserem Beispiel der Endpreis der 3-Zimmer-Eigentumswohnung tatsächlich 120.000 EURO beträgt.

Tip

Exposè anfordern!

Den Angaben in Zeitungsannoncen können Sie als Kaufinteressent in der Regel nur sehr wenige Faktoren entnehmen, da gewerbliche Anbieter vor dem Problem der hohen Kosten von Zeitungsannoncen stehen. Deshalb ist es ratsam sich vor einer Besichtigung ein sogenanntes Exposé des betreffenden gewerblichen Anbieters zukommen zu lassen. Um die Seriosität und auch die Vollständigkeit eines solchen Exposés überprüfen zu können, sollten Sie sich an folgendem Muster, welches sämtliche für einen Kauf entscheidenden Angaben enthält, orientieren:

Wohnungsangebote der Makler: Exposé

Wir bieten an im Alleinauftrag:

Objekt: Eigentumswohnungen in der Richard-Wagner-Str. 12, eine der besten Wohnlagen der Hessischen Landeshauptstadt Wiesbaden.

Lage:

Das Grundstück ist nach Südwesten ausgerichtet und in der Nachbarschaft befinden sich lediglich 1- und 2-Familienhäuser. es handelt sich um eine äußerst ruhige Wohnlage in der Nähe zum Kurpark und zur Innenstadt. Optimale Verkehrsanbindungen sind gewährleistet. Bushaltestelle befindet sich in der Nähe des Objektes. Alle wichtigen Einrichtungen der Infrastruktur, wie z.B. Theater, Kurhaus, Gaststätten, Schulen, Kindergärten und Einkaufszentren befinden sich im Umkreis von 500 m. In der Nachbarschaft befindet sich ein Arzt für Allgemeinmedizin sowie eine Apotheke.

Grundstück:

Auf dem 2000 Quadratmeter-Grundstück befindet sich eine Eigentumswohnungsanlage mit insgesamt 16 Wohnungen, hiervon 8 Zweizimmerwohnungen und 8 Dreizimmerwohnungen.

Das Objekt ist vollunterkellert und mit einer Tiefgarage ausgestattet: Es kann maximal ein Abstellplatz in der Tiefgarage erworben werden. Weitere Abstellplätze befinden sich in ausreichender Anzahl auf dem Grundstück.

Bausubstanz:

Es handelt sich um ein 1985 in massiver Bauweise errichtetes zweieinhalbgeschossiges Gebäude, welches als Mietobjekt erbaut und genutzt wurde. Die Aufteilung in Eigentumswohnungen wurde vor 14 Tagen durch Erteilung der Abgeschlossenheitsbescheinigung der Bauaufsichtsbehörde genehmigt.

Grundriß:

Die Wohnungen verfügen über 2 bzw. 3 Zimmer, einer zusätzlich vom Flur aus begehbaren Küche mit Tageslichtfenster sowie einem Tageslichtbad. Außerdem je Wohnung eine separate Gästetoilette. Zu jeder 2-Zimmer-Wohnung gehört ein Balkon, die 3-Zimmer-Wohnungen sind mit einer vom Wohnzimmer und Elternschlafzimmer aus begehbaren Terrasse ausgestattet.

Wohnfläche:

Wohnfläche der 2-Zimmer-Wohnungen beträgt 60 m^2, der 3-Zimmer-Wohnungen 90 m^2.

Beziehbarkeit:

Das Haus ist noch vollständig vermietet, Wohnungen können jedoch mit Absprache der Mieter freigestellt werden.

Es wird darauf hingewiesen, daß der Erwerber die bestehenden Mietverträge übernehmen muß.

Kaufpreis:

2-Zimmer-Wohnung 120.000 EURO, 3-Zimmer-Wohnung 155.000 EURO, Tiefgaragenplatz 7.500 EURO.

Unsere Provision:

Der Käufer zahlt uns an Provision für die Vermittlung der Eigentumswohnung 5 % des Kaufpreises zusätzlich der gesetzlichen Mehrwertsteuer in Höhe von 16 %, insgesamt also 5,80 %. Die Gebühr wird fällig mit Abschluß des notariellen Kaufvertrages.

Hinweis:

Sollte Ihnen das angebotene Objekt bereits anderweitig bekannt sein, so bitten wir Sie uns dies innerhalb von 14 Tagen mitzuteilen.

Dieses wie auch unsere sonstigen Angebote sind freibleibend und unverbindlich. Zwischenverkauf vorbehalten.

Alle genannten Einzelheiten basieren auf den Angaben des Verkäufers sowie unseren Allgemeinen Geschäftsbedingungen. Ein Irrtum behalten wir uns ausdrücklich vor.

§§

Übertreibungen zulässig

Gelten die soeben genannten Grundsätze auch dann, wenn Privatpersonen ihre Eigentumswohnung zum Kauf anbieten?

Gehen wir einmal davon aus, daß der Eigentümer der Wohnung selbst ein Inserat aufgibt, weil er sich einen größeren Zuspruch und einen schnelleren Verkauf dann verspricht, wenn der Käufer keine Maklerprovision bezahlen muß. Gehen wir weiter davon aus, daß der private Anbieter in seinen Angaben maßlos übertreibt und sowohl Lage, Größe und

Ausstattung des Objektes mit Attributen versieht, die die Immobilie bei näherem Hinblicken nicht aufweist.

Im Gegensatz zum gewerblichen Anbieter darf der private Verkäufer sein Inserat frei gestalten, sodaß auch Übertreibungen zulässig sind.

Wenn noch Fragen offen geblieben sind

Sowohl Zeitungsinserate, Exposés und Broschüren verfolgen den Zweck, potentielle Kaufinteressenten zunächst einmal auf ein Objekt aufmerksam zu machen.

Tip

Fragen stellen!

Falls Sie noch Fragen haben, die diese Unterlagen nicht beantworten können, so sollten Sie vor der Besichtigung des Objektes die offenen Fragen dem Immobilienmakler oder dem Verkäufer der Eigentumswohnung stellen.

Um sich größeren Aufwand und Zeitverlust zu ersparen, reicht eine telefonische Nachfrage aus.

Sämtliche Informationen, die Sie durch die genannten Unterlagen oder die Rückfrage über eine Immobilie erhalten, sind zunächst Grundlage für die Entscheidung darüber, ob das angebotene Objekt grundsätzlich für Sie in Frage kommt oder nicht.

Alle weiteren Details aber auch Fragen in einem persönlichen Gespräch sollten einer Besichtigung des zum Verkauf angebotenen Objektes vorbehalten bleiben.

2. Was Wohnungsbeschreibungen verraten, oder: Die Geheimsprache der Immobilienbranche

»Geheimsprache«

Ähnlich wie die Arbeitgeber in Zeugnissen für die Beurteilung von Mitarbeitern oftmals positiv klingende Formulierungen wählen, bedient sich die Immobilienbranche bei der Beschreibung ihrer angebotenen Leistungen in den Prospekten einer »Geheimsprache«. Wenn Sie die nachfolgenden Beispiele durchgelesen haben, birgt diese Geheimsprache für Sie keine Rätsel mehr.

2.1. Beispiele von Wohnungsbeschreibungen

z.B.

Folgende Inserate wurden dem Immobilienteil einer Wiesbadener Tageszeitung entnommen:

Direkt vom Bauträger – Neubau-Erstbezug

Für Eigennutzer und Kapitalanleger: Im schicken 6 FH – nur 20 Minuten von Wiesbaden entfernt, in einem aufstrebenden Ort – können Sie noch eine herrliche 98 m² große 3 ZW mit riesiger Terrasse, Garage und Stellplatz erwerben. KP 215.300 EURO. Im gleichen Anwesen gibt es noch eine – von insgesamt acht – 2 ZW von 71 m² mit gr. Balkon, Garage u. Stellplatz. KP 160.800 EURO.

Renditeobjekt

! Neubau/bereits fertiggestellt in 1996 !

– Raunheim / zentrale Lage –

3 ZKB, Gäste-WC u. Balkon, 81 m² Wfl., Mietgarantie für 5 Jahre EURO 650 kalt/M.

Schlüsselfertig inkl. TG nur EURO 178.000

– direkt vom Eigentümer –

Luxus pur am Kurpark

in Wiesbaden bietet dieses exklusive Wohndomizil. Hochwertige Innenausstattung prägt den einzigartigen Charakter dieser Maisonette-Wohnung. Wfl. ca. 207 m², mit Südwest-Terrasse, 2 Tageslichtbäder. Inkl. TG-Platz 614.000 EURO.

Samstags bis 17.00 Uhr erreichbar.

5 Jahre Altbausanierungen in Erfurt/Thüringen

Sparen Sie Steuern und kaufen Sie eine Eigentumswohnung in einem sanierten Gründerzeithaus direkt vom Bauträger.

50 % Sonder-AfA

auf die Sanierungskosten bei Fremdvermietung

nur noch bis Ende 1996!

2 Zimmer-ETW in Berlin-Wilmersdorf

Zu verkaufen

In einer der schönster Berliner Wohnlagen. Gute Infrastruktur. Gutes Wertsteigerungspotential durch Hauptstadtbonus. Haus 70er Jahre. Guter Zustand.

44 m², Küche, Bad mit Fenster, Abstellraum, VHB 65.000 EURO.

1 1/2-Zi.-Appartement

Mainz-Mombach, 46 m², EG, Terrasse 25 m², kl., saubere und zweckmäßige Anlage, sofort frei, 84.000 EURO, provisionsfrei.

Von Privat – ETW!

In Kreuznach, langfristig vermietet an ruhige ältere Dame, ab 1. Aug. 2010 frei, 3 1/2 ZKBB., für Familie mit Kindern geeignet, G-WC/Du., Abstellraum u. Keller, 83 m², (1971), EURO 110.000.

Ausgez. Renditeobj. von Privat

Sehr gut vermietete 1 1/2 ZKBB in gepfl. ETW-Anlage in Baden-Baden, 47 m² Wfl., letzt. OG, Bj. 1979, Balkon, Aufzug, div. Gem.-Einr., a. W. TG-Platz, EURO 89.000.

an diese Zeitung unter 11/2480329

Mainz, Appartement

1 ZKB/WC, gr. Südbalk., gepfl. Anlage, beheizbarer Swimmingpool. EURO 75.000 / TG-Stellpl. 7.500 EURO. Günstige Finanzierung möglich.

Nur EURO 2.125/m², projektierte Eigentumswohnung, Frankfurt am Main, Sonderwünsche im Planungsstadium noch möglich, KP für eine 2,5 ZKBB nur 145.000 EURO.

ETW, 1 ZKB, 20 m² mit PKW-Platz

Anlage 80er Jahre, hervorragende Bausubstanz, überwiegend vermietet mit internationalem Mieterpublikum. In Mainz für nur 49.500 EURO.

2.2. Was hinter Abkürzungen und Beschreibungen steckt

a) Gebräuchliche Abkürzungen

z.B.

25 Min. bis Ff./M. = Entfernung bis Frankfurt am Main beträgt 25 Fahrminuten.

Abkürzungen

3 ZKBB = 3 Zimmer, Küche, Bad, Balkon.

3 ZKDWC = 3 Zimmer, Küche, Dusche, WC.

AbstPl. = Abstellplatz.

AbstR. = Abstellraum.

App. = Appartement.

Arzt i.d.N. = Arzt befindet sich in der Nähe.

Aufz. = Aufzug vorhanden.

Auss. = Aussicht.

Balk. = Balkon.

BB = Bad und Balkon

beh. Swimmingpool = beheizbarer Swimmingpool.

Bus i.d.N. = Bushaltestelle befindet sich in der Nähe.

DG = Dachgeschoß.

Du = Dusche

DuBa = Duschbad

EBK. = Einbauküche.

EG = Erdgeschoß.

ETW = Eigentumswohnung.

G = Geschoß.

Gartenant. = Gartenanteil.

gewerbl. = verbunden mit der Angabe einer Telefonnummer/Adresse usw. bedeutet dies, daß sich hinter diesem Inserat ein Makler verbirgt, sodaß Sie für die Vermittlung 5,8 % des Kaufpreises zahlen müßten.

g. Ausst. = gute Ausstattung.

z.B.

Abkürzungen

g. Zust. = guter Zustand.

i.d.N./i.d.N. der FH/Uni usw. = in der Nähe.

k. Makler/o. Makler = kein Makler/ohne Makler: Der Anbieter ist kein Makler, sondern ein Privater, sodaß keine Vermittlungsprovision zu zahlen ist.

k.Prov. o. Prov. = keine Provision/ohne Provision.

kl. Einh. = kleine Einheit: Es befinden sich nur wenige Wohnungen (etwa bis 12) im Haus.

KP = Kaufpreis.

Makler unerw./Makler n. erw. = Anfragen von Maklern sind nicht erwünscht.

mod. = modernisiert.

MwSt. = Mehrwertsteuer.

OG = Obergeschoß: Die Wohnung befindet sich also nicht im Hang- oder Kellergeschoß.

Part. = Parterre.

PartyR. = von allen Bewohnern abwechselnd zu nutzender Partyraum im Haus vorhanden.

PKW-Stellpl. = PKW-Abstellplatz (im Freien oder in der Tiefgarage)

Priv. = (Angebot von) Privat

sep. WC = in der Wohnung ist ein separates (also vom Bad getrenntes) WC vorhanden.

Terr. = Terrasse.

TG = Tiefgarage.

verm. = die Wohnung ist derzeit vermietet.

Wfl. = Wohnfläche.

Whg. = Wohnung.

z.Zt. = zur Zeit.

frisch renov. = die Wohnung/das Haus sind gerade renoviert worden.

renov.bed. = der Zustand des Hauses/der Wohnung erfordert eine Renovierung.

san. 1983/84 = die Immobilie wurde 1983/94 saniert.

san.bed. = die Immobilie ist technisch veraltet (Installationen: Gas, Wasser, Elektro, Heizung, Bad, Fußböden, Dach: also so ziemlich alles !) und müßte auf den neuesten Stand gebracht werden.

Denkmalsch. = die Immobilie steht unter Denkmalschutz und kann nur nach Absprache und Genehmigung durch die Denkmalbehörde renoviert (z.B. Farbe des Außenanstriches) und saniert (z.B. Art und Form der Fenster und der Haustür nach altem Stil).

o. Renov. = die Immobilie soll im unrenovierten Zustand (also abgewohnt) übergeben werden.

unrenov. = die Immobilie soll im unrenovierten Zustand (also abgewohnt) übergeben werden.

b) Gebräuchliche Wohnungsbeschreibungen

z.B.

Am häufigsten finden sich bei Immobilienofferten folgende Beschreibungen:

»zentrale Lage«

Wer möchte nicht gerne in einem Haus wohnen, welches sich in einer zentralen – also verkehrsgünstigen – Lage befindet. Hinter dieser Beschreibung scheint sich nichts negatives zu verbergen, gleichwohl ist dies die gängige Umschreibung für Verkehrslärm in der Umgebung des Gebäudes.

»verkehrsgünstige Lage«

Ähnlich wie »zentrale Lage«. Diese Umschreibung kann auch noch bedeuten, daß Sie hier an einem Verkehrsknotenpunkt wohnen, wobei Sie mit Straßenlärm rund um die Uhr rechnen müssen.

»zentrale, aber ruhige Lage«

Falls die Lage einer Wohnung so beschrieben wird, werden Sie zwar verkehrsgünstig wohnen, müssen aber nicht mit Verkehrslärm in unmittelbarer Nähe der Wohnungseigentumsanlage rechnen.

»Haus in Zentrumslage«

Hier bekommen Sie jeglichen Verkehrslärm und auch die entsprechenden Abgase Tag und Nacht zu spüren. Ruhe- und Erholungssuchende oder empfindsame Menschen sollten ein Objekt mit dieser Einstufung prinzipiell erst gar nicht besichtigen.

Wird ein Ort, in dem sich die Immobilie gar als aufstrebend beschrieben, so müssen Sie mit einer unterentwickelten und unterversorgten Umgebung rechnen, in der Sie auch viele Baustellen vorfinden. Hier sind in aller Regel die Straßen und Wege in einem sehr schlechten Zustand, ebenso die Häuser der Umgebung.

z.B.

»aufstrebender Ort«

»lebhaft, munter und fröhlich«

bedeutet, daß Sie unmittelbar dem Treiben einer Einkaufsstraße, eines Sportplatzes usw. ausgesetzt sind, sodaß Sie nicht von einer ruhigen Lage ausgehen können.

Wenn ein Flughafen in der Nähe angepriesen wird, so kann dies bedeuten, daß sich die Wohnung in der Einflug- bzw. Abflugschneise eines Flughafens befindet.

»soeben fertiggestellte Anlage« – »Renovierung/ Umbau soeben beendet«

In diesem Gebäude müssen Sie damit rechnen, daß Technik und Service noch nicht eingespielt sind. Hier riecht es noch nach Farbe; Möglicherweise sind noch nicht sämtliche Ausbauarbeiten fertig, sodaß Sie mit Belästigungen verschiedenster Art rechnen müssen, die durch den Ausbau entstehen. Darüber hinaus versteckt sich hier ein Hinweis, daß die Zufahrtswege und Gartenanlagen noch nicht fertig sind. Insgesamt bietet ein solches Haus nicht die vollen Annehmlichkeiten, die es einige Zeit später – nach vollständiger Fertigstellung – bieten würde.

»hier können Sie noch nach Lust und Laune ihrer Phantasie freien Lauf lassen/hier können Sie noch gestalten/ für kreative Menschen.« Wahrscheinlich handelt es sich um eine stark heruntergekommene und renovierungsbedürfte/sanierungsbedürftige Bausubstanz, sodaß sie tatsächlich noch gestalten »müssen«. Vorsicht: Dies kann sehr teuer werden.

»die Renovierung können Sie nach eigenen Wünschen vornehmen«: Es muß also renoviert, wenn nicht gar saniert werden. Im Klartext: Sie können nicht sofort einziehen.

z.B.

»bezugsfertig« Der Vorgänger hat die Renovierung selbst übernommen: Es kann noch nach Farbe riechen; Restarbeiten können noch zu erledigen sein.

»Material für die Renovierung kann übernommen werden«: Ihr Vorgänger wollte renovieren, hat dies aber dann aufgegeben. Vorsicht: Genau prüfen, weshalb es aufgegeben hat und was alles zu tun ist.

»für Familien mit Kindern geeignet« – »kinderfreundliches Haus« Hier liegt die Betonung auf »Kinder«, so daß Sie mit erheblichen Störungen rechnen müssen. Die Einordnung in eine solche Kategorie wurde sehr wahrscheinlich deshalb vorgenommen, weil sich bereits zahlreiche Wohnungseigentümer über Belästigungen durch Kinder beschwert haben.

»saubere und zweckmäßige Einrichtung«

Sie müssen damit rechnen, daß dieses Haus im Komfort einer Jugendherberge bzw. einer Obdachlosenherberge entspricht. Es erfüllt gerade den Zweck, dort wohnen zu können. Von einer Komfortwohnung können Sie jedoch nicht ausgehen.

»beheizbarer Swimmingpool« Hier sind zwar die technischen Voraussetzungen für die Beheizung des Badewassers vorhanden, doch will der Makler/Anbieter nicht garantieren, daß das Wasser tatsächlich geheizt wird. Gehen Sie hier vom schlimmsten Fall aus, nämlich, daß Sie – wenn überhaupt – kaltes Badewasser im Pool vorfinden werden, weil die Mehrheit der Wohnungseigentümer die hohen Heizkosten nicht tragen möchte und sich daher gegen eine Beheizung ausgesprochen hat.

Eine solche Formulierung kann auch einen versteckten Hinweis auf einen Reparaturstau beinhalten.

»Komfortwohnung« Sie können erwarten, daß neben der normalen Ausstattung zusätzliche Einrichtungsgegenstände vorhanden sind, wie z.B. ein separates und zusätzliches WC, eine zusätzliche

Dusche, wertvoller Bodenbelag (z.B. Parkett), Bad und WC deckenhoch gefliest usw.

z.B.

»Idylle in ruhiger Lage«

Die Lage ist so ruhig und so abgeschieden, daß sich hier »Fuchs und Hase Gute Nacht sagen«.

»Anlage besonders für junge Leute geeignet«

Hier steht es mit dem Service (Pflege des Gartens, der Gehwege, des Hauses) und mit der Ruhe nicht gerade zum Besten. Sie müssen damit rechnen, daß es in der Anlage ziemlich turbulent zugeht.

Desweiteren spricht die Umschreibung »für junge Leute«, daß Sie gut zu Fuß sein müssen, da es sich um eine weitläufige Anlage handelt mit einem zentralen Parkplatz, sodaß Sie Ihre Einkäufe ziemlich weit tragen müssen.

In einer solchen Anlage fehlt auch möglicherweise ein Lift.

»Anlage besonders für sportliche junge Leute geeignet«

Es gilt das gleiche wie unter der Rubrik »Anlage besonders für junge Leute geeignet«. Diese Beschreibung erinnert an eine mehrere Wochen hintereinander in einer Tageszeitung abgedruckten Annonce: »4-Zimmer-Wohnung, für sportliche junge oder jung gebliebene Leute,...«. Bei näherem Hinsehen stellte sich heraus, daß sich die Wohnung im 5. Stock eines Altbaus ohne Aufzug befindet«.

»Schwimmbad in der Nähe / Tennis Platz in der Nähe / Fitnesszentrum in der Nähe« usw.

Sie können derartigen Hinweisen entnehmen, daß die Anlage nicht über eigene Sport- und Freizeitmöglichkeiten der angegebenen Art verfügt, sondern sich diese in der Nachbarschaft befindet. Selbstverständlich müssen Sie auch mit Benutzungsgebühren rechnen, da diese Anlagen nicht zur Wohnungseigentumsanlage gehören.

Gerade größere Anlagen ab ca. 20 Wohnungen sollten aber über die genannten Freizeiteinrichtungen verfügen!

3. Die Besichtigung von Eigentumswohnungen

3.1. Vom Nutzen einer Besichtigung

Fall

Bei Interesse: Besichtigung

Gehen wir einmal davon aus, daß Sie den Immobilienteil einer Tageszeitung gelesen haben und so auf eine zum Verkauf angebotene Eigentumswohnung aufmerksam wurden.

Nehmen wir weiter einmal an, daß dies Ihr Interesse geweckt hat und Sie sich mit dem Makler oder Verkäufer des Objektes in Verbindung gesetzt und von diesem eine Objektbeschreibung oder ein Exposé erhalten haben.

Weitere Informationen über die zu verkaufende Immobilie haben Sie in einem Telefongespräch erhalten, auf welches in diesem Buch soeben hingewiesen wurde.

Sie sind nun zu der Überzeugung gelangt, daß die angebotene Eigentumswohnung Ihren Erwartungen zu entsprechen scheint.

Nunmehr möchten Sie sich näher über das Objekt informieren, weshalb Sie unbedingt eine Objektbesichtigung vornehmen sollten. Hier können Sie sich an Ort und Stelle über alle für den Kauf wesentlichen Faktoren informieren, wie z.B. über die Lage, Größe des Grundstücks, Bausubstanz, den Grundriß sowie das Umfeld in welchem das Grundstück liegt.

Kein Zeitdruck bei Besichtigung

Aus diesem Grunde sollten Sie eine Objektbesichtigung nicht in Eile und auch nicht ohne gründliche Vorbereitung vornehmen.

Ganz besonders wichtig und daher unumgänglich ist eine eingehende Besichtigung gerade bei Altbauten, weil hier ein bautechnischer Standard galt, der heute in den meisten Fällen als nicht mehr ausreichend angesehen wird: Auf dem Niveau von Altbauten dürften heute Neubauten nicht mehr errichtet werden.

Augen auf bei Altbauten

Aber auch bei neueren Objekten, die Sie als sogenannte gebrauchte Immobilie erwerben ist Vorsicht geboten: Nur wenn Sie eine gerade fertiggestellte Eigentumswohnung erwerben, gilt nämlich eine Gewährleistung von 5 Jahren gegenüber den ausführenden Handwerkern. Das heißt im konkreten Einzelfall, daß Sie als Käufer Ansprüche auf Nachbesserung oder Austausch von eingebauten Gegenständen haben, sofern diese nicht funktionieren. Dies ist vor allem im technischen Bereich (Strom-, Gas-, Wasserversorgung) von erheblicher Bedeutung.

Gewährleistung: 5 Jahre

Bei einer gebrauchten Eigentumswohnung dagegen stehen Ihnen allenfalls Gewährleistungsansprüche gegenüber dem Immobilienmakler oder Verkäufer gegenüber zu, sofern Sie über das Objekt getäuscht wurden bzw. Ihnen Mängel des Objektes verschwiegen wurden. Ansonsten erwerben Sie die gebrauchte Eigentumswohnung so, wie Sie sie besichtigt haben.

»Altbau«: Keine Gewährleistungsansprüche

Bei bereits bewohnten Immobilien sollten Sie darauf Wert legen, daß bei der Besichtigung neben dem Eigentümer auch der Mieter anwesend ist, da dieser seine Wohnung am besten kennt und Ihnen zu Detailfragen eher eine zutreffende Antwort geben kann als der Eigentümer oder etwa der Makler.

Tip

Auf Anwesenheit des Eigentümers achten

Was Sie bei einer neuen Eigentumswohnung, die Sie vom Bauträger kaufen, nicht beachten müssen, sollte Ihnen bei einer gebrauchten Eigentumswohnung eine ausführliche Begutachtung wert sein.

Tip

Genau hinsehen

Sie müssen unbedingt die technische Qualität folgender Faktoren überprüfen:

Schallschutz, Wärmeschutz, Trittschallisolierung, Körperschallisolierung usw.

§§

Mängel im Altbau?

Gerade bei älteren Immobilien, die ursprünglich als Mietshaus gebaut und später vom Eigentümer in Wohnungseigentum umgewandelt wurden, mangelt es hauptsächlich bei den soeben genannten Details.

Dies liegt daran, daß die Rechtslage nach dem Wohnungseigentumsgesetz (es handelt sich hier um § 3 WEG) es zuläßt, daß Altbausubstanz beim Aufteilen in Wohnungseigentum nicht die gleichen hohen technischen Standards aufweisen müssen, wie dies bei Neubauten der Regelfall ist. Zu überprüfen sind bei älteren Gebäuden auch neben den Wohnräumen, Kellerräume und hier vor allem Ecken zwischen den Wänden bzw. zwischen der Wand und der Decke. Hier werden Sie in manchen Fällen Schimmelbildung oder Feuchtigkeit feststellen. Die Ursache kann hier selbstverständlich harmloser Natur sein, so z.B. gerade bei Nebenräumen zu geringe Raumlüftung.

Sollte die Ursache jedoch in einer mangelnden Bauqualität und unzureichenden Isolierung liegen, so ist Vorsicht geboten.

Tip

»Vier Augen sehen mehr als zwei«

Ebenso können Feuchtigkeit und Schimmelbildung durch eindringendes Wasser infolge undichter Fenster, Balkone, Terrassen, Flachdächer, Schornsteine und Entlüftungsschächte usw. entstanden sein.

Grundsätzlich empfiehlt es sich, bei der Besichtigung einer Eigentumswohnung auch andere Personen, so die gesamte Familie mitzunehmen. Auch hier gilt was schon das alte deutsche Sprichwort sagt: »Vier Augen sehen mehr als zwei!« Aber auch Freunde oder Bekannte werden Sie gerne zu einer Besichtigung begleiten, möglicherweise solche Mängel entdecken, die Sie selbst nicht aufspüren.

Haben Sie wegen der Bausubstanz und wegen Auffälligkeiten – z.B. Hellhörigkeit, Feuchtigkeit, Schimmelbildung – Bedenken, so sollten Sie sich nicht davor scheuen, einen Fachmann zu einer erneuten Besichtigung mitnehmen. Adressen von Bausachverständigen erhalten Sie von der zuständigen Industrie- und Handelskammer am Standort der zu verkaufenden Immobilie.

Fachmann mitnehmen

Bitten Sie in einem solchen Fall den Verkäufer bzw. den Immobilienmakler, die Wohnung nochmals mit einem Fachmann besichtigen zu dürfen.

Tip

Lehnt der Makler oder Verkäufer dies ab und drängt Sie zu einer Kaufentscheidung jetzt und heute – möglicherweise unter dem Hinweis auf weitere Interessenten –, so sollten Sie vom Kauf dieser Eigentumswohnung Abstand nehmen und sich weiter auf die Suche nach einem geeigneten Objekt begeben.

Nicht um jeden »Preis« kaufen!

3.2. Auf die Lage kommt es an: Checkliste für Lage und Infrastruktur der Eigentumswohnung:

Wie viele Meter bzw. Kilometer aber auch Fahrminuten mit dem Auto, Bus oder Fahrrad eventuell auch Fußminuten ist die Wohnungseigentumsanlage von den folgenden Einrichtungen entfernt:

Die 3 wichtigsten Faktoren:
1. Die Lage
2. Die Lage
3. Die Lage

Apotheke

Arbeitsplatz der Ehefrau

Arbeitsplatz des Ehemannes

Arzt

Auffahrt zur Autobahn

Bäckerei

Bahnhof

Bank

Fahrradweg

Fitnesscenter

Flughafen

Freizeitpark

Freunde

Gaststätte

Haltestelle von Bus, Bahn

Internetcafé

Kindergarten

Kino

Kiosk

Kirche

Krankenhaus

Kureinrichtungen

Massagepraxis

Metzgerei

Museum

Park

Schule

Schwimmbad

Sonnenstudio

Sozialstation

Sparkasse

Spielkameraden Ihrer Kinder

Supermarkt

Theater

Tierpark

Wald

Zahnarzt

usw. ...

Ebenso in die Checkliste aufzunehmen ist die Straßen- und Parkplatzsituation der Immobilie. Hier empfiehlt es sich, zu notieren, wo sich Immobilie befindet:

✓

In einer Sackgasse

in einer Einbahnstraße

in einer Durchgangsstraße

in einer Stichstraße

an einer Bundesstraße

an einer Bundesautobahn

an einer Bahnstrecke

bei einer Mülldeponie

bei einem Klärwerk

bei einer chemischen Fabrik

in der Nähe eines Flughafens (Flugschneiße)

in der Nähe eines Schießplatzes

bei einem Tennisplatz

bei einem Sportplatz

usw. ...

Tip

Mehrmals hingehen!

Notieren Sie dann zu den Punkten Lärm an bestimmten Tagen und zu bestimmten Uhrzeiten jeweils, ob es sehr ruhig, ruhig, lebhaft oder laut ist. Ebenso ob Sie besondere Gerüche, so z.B. Abgase oder sonstiges Wahrnehmen.

Wichtig ist auch die Ausrichtung der Sie interessierenden Wohnung zur Sonne und zum Lichteinfall: Halten hohe Mauern, Gebüsche oder Bäume eventuell die Zufuhr von Sonnenlicht und Frischluft ab?

Checkliste mitnehmen und abhaken

Notieren Sie auch den Zustand des Hauses. Hier sollten Sie nach den Kriterien »neu, gepflegt, verwohnt, beschädigt oder stark beschädigt« vorgehen und folgende Aspekte berücksichtigen:

Pflegezustand des Grundstückes einschließlich Gehwege, Spiel- und Grünflächen;

Zustand und Erscheinungsbild des Fassade des Hauses, der Balkone, der Tiefgarage, der Gemeinschaftseinrichtungen wie z.B. Sauna, Schwimmbad, Hobbyräume usw., Zustand der Wohnung: Türen, Fenster, Bodenbeläge, Wände, Decken, Zustand der Küche: Bodenfließen, Wandkacheln, Zustand der Objekte, wie z.B. Waschbecken, Dusche und Badewanne, Zustand des Balkons bzw. der Terrasse: Fußbodenbelag, Verkleidung u.ä.; ein weiteres Kriterium ist die Einrichtung von Bad und Küche: Ist die Einrichtung noch zeitgemäß oder unmodern bzw. technisch veraltet? Befinden sich in Küche und Bad noch die alten sogenannten Wasserhähne oder bereits die moderneren Einhebelmischbatterien? Sind die Fließen und Objekte weiß oder farbig gehalten? Sind doppelverglaste Fenster (sogen. Thermopane-Glas bzw. 2-Scheiben-Isolierglas) eingebaut, schließen die Türen gut und auch schallschluckend, ist der Fußbodenbelag wertvoll oder besteht er nur in einem billigen Teppichboden? Sind in den Wohnräumen genügend Steckdosen vorhanden und weist der Sicherungskasten eine größere Anzahl von Stromkreisen auf? Ist der Kühlschrank, ist die Waschmaschine über einen eigenen Stromkreis abgesichert? Befindet sich in der Wohnung ein Telefonanschluß, ein Anschluß für die Gemeinschafts- bzw. Dachantenne, ein Anschluß für Kabelfernsehen, ein BTX-Anschluß usw.

Ist in der Anlage die Verlegung eines DSL-Internetanschlusses möglich? Die Post bzw. T-Online können diesen schnellen Anschluß nämlich noch nicht überall anbieten. Bedenken Sie, daß (nur) diese schnelle Internet-Verbindung mit einer sogen. »Flatrate« genutzt werden kann, bei der Sie außer der monatlichen Grundgebühr keine zeitabhängigen Gebühren zu zahlen brauchen: Mit anderen Worten, Sie können solange im Internet surfen, wie Sie wollen.

Ist ein Empfang auf dem Handy möglich, oder befindet sich die Anlage in einem Funkloch. Dies ist u.a. auch dann wichtig, wenn Sie auf Handy und Autotelefon (beruflich) angewiesen sind.

Tip

Familienrat

Wenn Sie anhand dieser Checkliste wenigstens drei oder vier verschiedene Eigentumswohnungen miteinander verglichen haben, sollten Sie sich im Familienkreis zusammensetzen und über die Auswertung sprechen.

Was ist Ihnen wichtig, was weniger wichtig?

Entscheiden Sie gemeinsam darüber, welche Dinge für sie besonders wichtig, und welche weniger wichtig sind: So z.B. ist ein minderwertiger Teppichbodenbelag leichter zu ersetzen als eine häßliche Kachel im Badezimmer, sind verwohnte Zimmerdecken leichter und preiswerter zu streichen, als die Elektroinstallation zu erweitern und neue Steckdosen zu verlegen, läßt sich der Standort der Immobilie in Bezug auf Nachbar- bzw. Verkehrslärm nicht verändern, läßt sich die Ausrichtung der Wohnräume nach der betreffenden Himmelsrichtung ebenso nicht verändern, wogegen Mängel in der Renovierung sich bei einer Wohnung in einer besseren Lage eher verschmerzen lassen als bei einer solchen in einer lauten und ungünstigen Umgebung.

Prüfen!

Wägen Sie alle Punkt für und wider ab und treffen Sie anschließend aufgrund dieser Checkliste eine Entscheidung darüber, ob und gegebenenfalls welche der besichtigten Eigentumswohnungen für Sie in Frage kommt. Erst wenn Sie diesen Schritt getan haben, sollten Sie sich weitere – für Ihre Kaufentscheidung wichtige Unterlagen – besorgen, die Sie noch vor einen möglichen Kauf zu berücksichtigen haben.

3.3. Auf Schadstoffe und Baumängel achten

Mängel begutachten

Besonders bei Altbauten ist mit einer erheblichen Schadstoffbelastung zu rechnen. Der Grund liegt darin, daß Altbauten vor vielen Jahren unter Verwendung von Materialien errichtet wurden, die heute als gesundheitsschädlich oder gar gefährlich eingestuft und verboten werden. Dies fängt bei der Behandlung von sichtbarem Holz wie z.B. Holzverkleidungen an Wänden, Decken oder Fußböden aus Holz an (Behandlung mit Chemikalien gegen Pilz, Termiten usw.) und hört bei der Verwendung von lösungsmittelhaltiger Farbe zum Streichen der Wohnraumdecken auf.

Schadstoffe enthalten auch Teppichböden älterer Herstellungsjahre.

Tip

Schadstoffmessungen

Es haben sich in den letzteren Jahren Architekten, Chemiker, Biologen und Vertreter ähnlicher Fachrichtungen zusammengetan, und Beratungsbüros für die Messung von Schadstoffbelastungen in Wohnräumen gegründet. Solche Schadstoffbelastungen werden beispielsweise auch von den renommierten Wiesbadener Institut Fresenius (dies ist ein Ableger der Fachhochschule Fresenius) angeboten und kosten bei einer etwa zweitägigen Begutachtung der Immobilie durch Fachleute ca. 1.000 EURO.

Verkäufer soll Gutachten vorlegen

Natürlich können Sie nicht bei jeder älteren Eigentumswohnung solche erheblichen finanziellen Aufwendungen selbst tragen. Deshalb drängen Sie darauf, daß der Verkäufer oder Immobilienmakler Ihnen einen solchen Nachweis über die bauphysikalische Unbedenklichkeit der angebotenen Wohnung vorlegt, wobei dieses Zertifikat neueren Datums sein muß, weil der Verkäufer nach der bauphysikalischen Begutachtung möglicherweise weitere Veränderungen an der Immobilie vorgenommen hat, die ebenfalls Ursache von Schadstoffen sein können.

Sind Sie Allergiker oder in sonstiger Weise gegenüber Schadstoffen im Wohnbereich empfindlich (z.B. gegen

Staubmilben), so sollten Sie ohne bauphysikalisches Gutachten keine Eigentumswohnung älteren Datums erwerben.

Wichtig für Sie als potentieller Käufer einer Eigentumswohnung sind auch die Bewirtschaftungskosten des gesamten Objektes: Hier sollten Sie sich die entsprechenden Aufwendungen der letzten drei bis fünf Jahre belegen lassen.

Reparaturstau vorhanden?

Bereits bei Objekten ab einem Alter von fünf Jahren ergibt sich zuweilen ein sogenannter Reparaturstau: Insbesondere bei Anlagen mit einem schlechten Außenputz sowie mit Flachdächern, ergeben sich schon nach kurzer Zeit Feuchtigkeit und damit Sanierungs- bzw. Renovierungsprobleme, die sich selbstverständlich in Mark und Pfennig niederschlagen. Häufig werden solche Investitionen hinausgeschoben, so daß sich im Laufe der Jahre ein solcher Sanierungs- und Renovierungsbedarf ergibt, daß mancher Eigentümer seine Immobilie lieber verkaufen würde als mehrere Tausend Mark in die Immobilie zu stecken.

Tip

Beschlußbuch einsehen!

Ob ein solcher Renovierungsstau besteht bzw. ob Renovierungen oder Sanierungen für die nächste Zeit anstehen, können Sie dem sogenannten Beschlußbuch entnehmen, welches sämtliche Beschlüsse der Wohnungseigentümergemeinschaft – also auch über Reparaturen – enthält und vom Verwalter geführt wird.

Protokolle

Darüber hinaus sollten Sie aber auch Einblick in die Protokolle der Wohnungseigentümerversammlung verlangen, da in dieses sämtliche Stellungnahmen und Beschwerden von anderen Wohnungseigentümern aufgenommen werden. Hierbei kann es sich um die persönlichen Zustände der Hausgemeinschaft handeln, wie z.B. Aufnahme von Asylanten, ständiger Partylärm usw., aber auch bauliche Mängel, die von einzelnen Wohnungseigentümern gerügt werden.

Diese Protokolle geben Ihnen einen hervorragenden Einblick in den Zustand der Gemeinschaft und auch darüber, ob es sinnvoll ist hier Wohnungseigentum zu erwerben.

Tip

Die soeben genannten schriftlichen Unterlagen sollten Sie unbedingt beim Verwalter einsehen bzw. vom Verkäufer oder Immobilienmakler die entsprechenden Fotokopien verlangen.

Stellen Sie aufgrund dieser Unterlagen fest, daß ein sogenannter Renovierungsstau vorhanden ist, so sollten Sie auf die Vorlage von Kostenvoranschlägen bestehen, damit Sie als möglicher Wohnungseigentümer schon vor Ihrer Kaufentscheidung genau beziffern können, welche Aufwendungen und in welcher Höhe demnächst auf Sie zukommen werden.

Reparaturkosten berücksichtigen

Im Rahmen der Verhandlung über den Kaufpreis können Sie den auf die von Ihnen zu erwerbende Eigentumswohnung entfallenden Anteil der Reparaturen abziehen.

Tip

Verhandeln

Ergibt sich aufgrund der Kostenvoranschläge, die auch manchmal in das Beschlußbuch der Wohnungseigentümergemeinschaft aufgenommen werden, z.B. daß demnächst ein Renovierungsaufwand in Höhe von 8.000 EURO (sogen. Sonderumlage) auf den einzelnen Wohnungseigentümer zukommen wird, so ziehen Sie zunächst einmal diese 8.000 EURO vom verlangten Kaufpreis ab und nehmen den auf diese Weise reduzierten Kaufpreis als Verhandlungsgrundlage für Ihre weiteren Gespräche mit dem Makler oder Verkäufer.

§§

Sind Einbauten vorhanden?

Besondere Vorsicht ist geboten, wenn sich in der angebotenen Eigentumswohnung sogenannte Extras befinden, wie z.B. ein offener Kamin, Kachelofen, Einbauschränke, Deckenverkleidung mit Halogenstrahlern usw.: Diese Gegenstände gehören durch den Einbau und der damit festen Verbindung mit dem Mauerwerk grundsätzlich zur angebotenen Eigentumswohnung und müssen bei der Übergabe auch vorhanden sein.

Protokoll Fotos

Doch kommt es in vielen Fällen vor, daß gerade solche Gegenstände vor der Übergabe ausgebaut werden. Halten Sie bei der Besichtigung deshalb unbedingt fest, welche Einbauten sich in der Wohnung befinden: Ein Protokoll hierüber bzw. angefertigte Fotografien können bei späteren Streitigkeiten mit dem Verkäufer als Beweis dienen.

Tip

Unabhängig vom Zustand der Immobilie sollten sie auch das Umfeld genau in Augenschein nehmen. Begeben Sie sich ruhig mehrmals zum Grundstück der angebotenen Eigentumswohnung und zwar auch an unterschiedlichen Wochentagen zu unterschiedlichen Tageszeiten. Auf diese Art und Weise können Sie sich ein Bild über vorhandene Lärmquellen und damit die Wohnqualität der Wohnung machen. Wichtig hierbei sind insbesondere der Straßenverkehr, Lärm von Flugzeugen, sonstigen Fahrzeugen aber auch der Nachbarn. Zu klären ist auch, ob die Luft in dieser Gegend bestimmte Schadstoffe enthält, etwa durch in der Nähe befindliche Gewerbetreibende, wie z.B. Lokale, Tankstellen usw. oder aber auch vorhandene Parkplätze. Achten Sie auch auf die Parksituation zu unterschiedlichen Zeiten: Zwar werden Sie in den meisten Fällen entweder auf dem Grundstück der Eigentumswohnungsanlage oder aber in der Tiefgarage einen Parkplatz vorfinden, doch gilt dies nicht für Ihre Besucher, die mehr oder weniger auf vorhandene Parkplätze im Straßenraum angewiesen sind.

Belästigung durch Gewerbe?

Ein ganz wesentlicher Faktor bei der Besichtigung ist auch vorhandener Gewerberaum in der Wohnungseigentumsanlage selbst. Es kann sich hierbei einmal um Gaststätten, Geschäfte aber auch Kraftfahrzeugreparaturwerkstätten oder z.B. Schreinereien handeln.

Insbesondere bei größeren Wohnungsanlagen ist es durchaus angebracht, daß Sie auch auf die Gemeinschaftseinrichtungen achten.

z.B.

So z.B. kann der von einem hauseigenen Schwimmbad oder Partyraum ausgehende Lärm durchaus störend sein, wenn er in der von Ihnen gekauften Eigentumswohnung zu hören ist (insbesondere am Feierabend, an Sonn- und Feiertagen und nachts).

Vergleichen und entscheiden

Nach der ausführlichen Beschreibung des Objektes sollten Sie alle gesammelten Fakten und Eindrücke ordnen, bewerten und vergleichen und anschließend entscheiden, ob die besichtigte Eigentumswohnung für Sie in Frage kommt und sie diese kaufen möchten.

Beziehen Sie in der Bewertung und der Diskussion um die Wohnung in jedem Fall auch Ihre Familie ein.

Tip

Es empfiehlt sich folgende Checkliste zu erstellen und zu den einzelnen Punkten schriftliche Bemerkungen zu machen.

Vergleichen

Beachten Sie aber, daß es sich empfiehlt mindestens 3 oder 4 Eigentumswohnungen besichtigt zu haben: Nur auf diese Weise lassen sich Vergleiche ziehen.

3.4. Checkliste für das Aufspüren von Bauschäden

Wände

Risse: Vorhandene Netzrisse im Putz und deren Verlauf können Sie bereits mit bloßem Auge sehen. In einem solchen Fall sollten Sie diese Risse mit Wasser besprühen: Sie zeichnen sich nach Besprühen mit Wasser nämlich dunkel ab. Lange, große Risse sollte ein Statiker überprüfen: es könnte sich um sogen. Setzrisse handeln, die auf ein ungenügend ausgeprägtes Fundament zurückgehen können. Auch wenn am Bau an der falschen Stelle gespart wurde (es wurde z.B. zu wenig Baustahl in den Beton eingegossen). Feine Haarrisse entlang der Mauerfugen entstehen z.B. durch Dehnung des Mauerwerks: Solche Risse verursachen meist keine weiteren Schäden.

Nässe: Blasen und abgeplatzte Stellen, Algen- oder Moosbewuchs sind Zeichen eingeschlossener Feuchtigkeit.

Hohlräume finden Sie durch sanftes Anklopfen mit dem Hammerstiel.

Betonmauern

Sie testen die Festigkeit, indem Sie die Oberfläche mit einem Schraubenzieher ankratzen. Netzrisse finden Sie durch Befeuchten. Die Schadenstiefe können Sie nur mit chemischen Indikatoren feststellen.

Abgeplatzte Stellen weisen auf unzureichende Frostbeständigkeit des Baustoffes hin.

Fachwerk

Feine Anschlüsse zwischen Holz und Gefach dürfen nur elastisch verfugt sein, weil sich unterschiedliche Materialien unterschiedlich stark ausdehnen und bei falscher Verfugung platzen bzw. reißen können.

Auch durch dichte, filmbildende Anstriche entsteht Holzfäulnis.

Keller

Feuchte Kellermauern zeigen bröckelnden Putz oder Stein im Sockelbereich, weiße Salpeterkristalle an den Innenwänden, oft fällt auch der Modergeruch auf. Häufiger Grund: Außen fehlt die Abdichtung, Nässe steigt aus der Erde in Fundament und Kellermauern.

Kleiner Test: Legen Sie zu Beginn der Besichtigung ein Blatt Papier in den Keller und schauen Sie sich dieses gegen Ende der Besichtigung wieder an: Hat es sich gewölbt, so kann dies auf Feuchtigkeit im Keller zurückzuführen sein.

Innenwände

Feuchte Stellen in Räumen weisen auf undichtes Mauerwerk, rissigen Putz hin. Eventuell ist auch die Wasser- oder Heizungsleitung undicht.

Putz

Reiben Sie mit der Hand über den Putz. Bleiben Rückstände hängen, ist der Anstrich verwittert und kreidet.

Abgeplatzter Putz läßt Feuchte ins Mauerwerk eindringen, besonders Holzbalken von Decken sind gefährdet.

Drücken Sie einen Klebestreifen fest auf die Wand, ziehen Sie ihn ruckartig ab. Haften Körnchen daran, ist der Putz nicht mehr ausreichend fest.

Bis 1950 war innen Spalierplatten-Putz üblich: Morsche, feuchte Latten finden Sie durch Anklopfen.

Fenster Beschaffenheit: Bei morschem Rahmen müssen die Fenster unter Umständen ersetzt werden. Mögliche Ursache: Blättlinge (siehe Holzwerk) und Nässe.

Anstrich: Farbe schützt das Holz, abblätternden Anstrich deshalb erneuern. Scharfe Kanten kontrollieren, dort werden Anstriche leicht zu dünn, blättern ab: Mit einem Messer an der Kante entlang schaben, bei Abrieb die Kante vor dem Anstreichen abrunden.

Offene Fugen um die Fenster herum aufstemmen und dichten.

Türen Papierstreifen zwischen Blatt und Rahmen schieben. Fällt er bei geschlossener Tür heraus, per Kerzenflamme suchen, wo es zieht, wo abgedichtet werden muß.

Fußboden Parkett- und Holzdielenböden: Verzogene Hölzer auswechseln, lockere Bohlen festschrauben. Der Belag darf nirgends die Wände berühren (etwa 1 cm Abstand).

Fliesen Durch Klopfen Platten auf Hohlräume prüfen. Rissige, bröckelnde Fugen erneuern. Nahtstellen zu den Wänden, an den Wandecken oder um die Wanne elastisch verfugen, bei Schimmelbefall erneuern.

Holzdecke Biegen sich Holzbalken durch, dann sind sie zu schwach für ihre Last. Balkenköpfe im Mauerwerk können faulen, wenn Nässe durch Risse und Fugen eindringt. Prüfen lassen. ✓

Stahlteile

Rost vermindert Tragkraft der Stahlträger. Zwischen 1890 und 1920 errichtete Häuser haben häufiger durchgerostete Stahlträger in der Kellerdecke.

Auch Stahlträger an Balkonen können durchgerostet sein, ebenso Brüstungselemente aus Eisen. Tragkraft prüfen lassen.

Holztreppen

Sind Holztreppen ausgetreten, können Sie die Stufen durch neue Tritt- und Setzstufen aus Holz oder Spanplatten aufsatteln. Zweite Methode: Ausspachteln und mit Teppich belegen.

Sanitärrohre

Halten etwa 30 Jahre. Alte Bleirohre sollten Sie ersetzen: Gesundheitsgefahr. Legen Sie die neuen Rohre vor die Wand, verkleiden Sie mit Gipsplatten.

Wärmedämmung

Alte Dächer dämmen, auf dichten Anschluß zu Sparren achten. Auskragende Betonplatten von Balkonen sind Wärmebrücken.

Wenn die Außenwände sich innen kalt anfühlen, dämmen die Wände nicht ausreichend, die Heizkosten sind deshalb hoch.

Holzwerk

Schädlinge: Untersuchen Sie die Holzkonstruktionen im und am Haus. Watteartige Gebilde oder Löcher im Holz (rund/oval) weisen hin auf Schädlinge (Pilze oder Insekten).

Hausschwamm erkennen Sie am petrolähnlichen Geruch in den Räumen, an der gelben, braunen oder grauen pilzartigen Schwammbildung auf den Fußböden. Mit Ölfarbe gestrichenes Holz am Türfutter zeigt deutliche Risse. Der Pilz kann durch Mauerwerk hindurchwachsen, greift es aber nicht an. Wo befallenes Holz ausgebaut wurde, möglichst kein Holz mehr einsetzen. Andere Pilze: Weißer Porenschwamm, Blättlinge, Kellerschwamm, Moderfäulepilz.

Hausbock: Beklopfen Sie die Balken. Hölzer, die dumpfer als andere klingen, können befallen sein. Gewißheit gibt das Anbeilen der Kanten. Rieselt Holzmehl heraus, liegt Befall vor. Weitere Insekten: Brauner Splintholzkäfer, gewöhnlicher Nagekäfer.

Dach Nässe: Suchen Sie im Dachstuhl nach feuchten Stellen. Zeitungen auslegen, darauf erkennt man Tropfnässe besser. Gibt es in der Wohnung im oberen Geschoß eine feuchte Wand oder Decke?

Bedachung: Fehlende oder durch Frost gebrochene Dachpfannen ersetzen.

Mörtel an Grat und First: Ist er gerissen oder stellenweise sogar abgeplatzt, können sich Firststeine lösen.

Überprüfen Sie Kehlen auf ihre Dichtigkeit, ebenso

Durchlässe: Antennendurchgang, Dunstrohraufsatz.

Dachrinne: Entfernen Sie regelmäßig Laub und andere Abfälle. Befestigungen testen.

Flachdach: Abdichtung aus Kunststoff- oder Bitumenbahnen überprüfen auf Blasen oder Risse, Dichtigkeit der Klebekanten. Liegt die Kiesschüttung noch gleichmäßig, treten Wasserpfützen auf? Ein- bis zweimal im Jahr überprüfen.

Kamineinfassung: Zeigt die Verbindung zwischen Dachfläche und Kamin Risse, kann Nässe eindringen.

4. Qadratmeter-Preise von Eigentumswohnungen im städtischen Vergleich

4.1. Preise für Neubauten

Standort	**Eigentumswohnungen** (EURO m² Wohnfläche)	
	von	*bis*
Aachen	1.900	2.500
Aschaffenburg	2.100	2.600
Augsburg	2.300	2.400
Bad Harzburg	1.200	2.200
Bad Pyrmont	1.200	2.300
Baden-Baden	2.300	3.500
Bamberg	1.600	2.300
Bayreuth	2.200	2.300
Bergisch-Gladbach	2.000	2.400
Berlin	2.750	4.000
Berlin-Ost	2.000	3.000
Bielefeld	1.900	2.200
Bochum	1.900	2.500
Bonn	2.000	2.250
Bottrop	1.600	2.000
Braunschweig	1.400	2.200
Bremen	1.500	2.100
Bruchsal	1.900	2.200
Celle	1.200	1.900
Chemnitz	1.800	2.300
Cuxhaven	1.200	2.000
Darmstadt	2.500	3.200
Delmenhorst	1.100	1.600
Dortmund	1.650	2.100
Dresden	2.050	2.500
Duisburg	1.750	2.750
Düsseldorf	2.150	2.750
Emden	1.100	1.700
Erfurt	1.800	2.500
Erlangen	2.250	3.000
Essen	1.750	3.250
Flensburg	1.600	1.900
Frankfurt	1.500	4.500
Freiburg	2.400	3.200
Fürth	2.000	2.250
Gelsenkirchen	1.800	2.100
Gera	1.750	2.150

Gießen	1.750	2.050
Gifhorn	1.400	2.100
Goslar	1.250	1.750
Göttingen	1.450	2.150
Hagen	1.750	2.100
Halle/Saale	1.750	2.500
Hamburg	2.500	3.500
Hamm	1.600	1.750
Hanau	2.250	2.750
Hannover	1.750	2.900
Heide	1.600	1.750
Heidelberg	2.500	3.200
Herne	1.600	1.900
Hildesheim	1.250	2.500
Homburg v.d.H.	1.500	1.900
Idar-Oberstein	1.400	1.800
Ingolstadt	2.000	2.300
Karlsruhe	2.100	2.500
Kassel	1.600	2.000
Kempten	1.900	3.000
Kiel	2.300	2.250
Koblenz	1.600	2.100
Köln	2.300	3.500
Konstanz	2.500	3.600
Krefeld	1.500	2.000
Landau	1.800	2.100
Landshut	2.300	3.250
Leipzig	1.950	2.150
Leverkusen	1.900	2.250
Lörrach	1.900	2.400
Lübeck	1.700	2.950
Ludwigshafen	1.750	2.500
Lüneburg	1.400	2.100
Magdeburg	1.500	1.900
Mainz	2.300	2.900
Mannheim	1.950	2.950
Marburg	1.750	2.500
Moers	1.650	1.900
Mönchengladbach	1.650	1.900
Mülheim/Ruhr	1.850	2.250
München	3.250	4.000
Münster/Westfalen	1.900	2.400
Neunkirchen/Saar	1.250	1.450
Neuss	1.900	2.250
Nienburg	1.300	1.850
Norderstedt	1.850	2.600
Nordhorn	1.300	1.650

Oberhausen	1.550	1.800
Offenbach	2.100	2.600
Oldenburg	1.250	1.700
Osnabrück	1.550	2.100
Paderborn	1.400	1.750
Passau	1.600	2.300
Pforzheim	1.800	2.600
Pirmasens	1.350	1.700
Recklinghausen	1.750	2.100
Regensburg	1.850	2.500
Remscheid	1.650	2.050
Rendsburg	1.650	1.800
Rostock	1.650	2.000
Saarbrücken	1.450	2.100
Saarlouis	1.450	1.500
Salzgitter	1.050	1.450
Schleswig	keine Angaben verfügbar	
Schwerin	1.700	2.550
Siegen	1.600	1.750
Solingen	1.800	2.200
Stade	1.050	1.900
Trier	1.750	2.250
Tübingen	2.500	3.000
Wesel	1.500	1.750
Wiesbaden	2.400	4.200
Wolfsburg	1.400	1.750
Wuppertal	1.750	2.250
Würzburg	1.600	2.250

4.2. Preise für Altbauten

Aachen	1.150	1.750
Aschaffenburg	1.500	1.750
Augsburg	1.500	1.800
Bad Harzburg	900	1.750
Bad Pyrmont	850	2.000
Baden-Baden	1.450	2.950
Bamberg	1.400	1.600
Bayreuth	1.650	1.850
Bergisch-Gladbach	800	1.800
Berlin-Ost	keine Angaben verfügbar	
Berlin-West	1.650	2.500

Bielefeld	1.050	1.700
Bochum	1.250	2.000
Bonn	1.250	1.900
Bottrop	1.000	1.650
Braunschweig	900	1.500
Bremen	1.150	1.500
Bruchsal	1.350	1.500
Celle	900	1.500
Chemnitz	1.500	2.000
Cuxhaven	1.000	1.500
Darmstadt	1.450	2.500
Delmenhorst	850	1.350
Dortmund	1.250	1.750
Dresden	1.100	1.850
Duisburg	750	1.650
Düsseldorf	1.500	2.750
Emden	900	1.100
Erfurt	1.500	2.300
Erlangen	1.500	2.000
Essen	1.100	2.350
Flensburg	1.000	1.400
Frankfurt	1.400	2.450
Freiburg	1.750	2.350
Fürth	1.700	2.000
Gelsenkirchen	800	1.650
Gera	1.250	1.750
Gießen	1.000	1.500
Gifhorn	1.750	1.900
Goslar	1.100	1.300
Göttingen	1.250	1.350
Hagen	1.200	1.800
Halle/Saale	1.100	2.000
Hamburg	1.750	3.000
Hamm	900	1.400
Hanau	1.900	2.200
Hannover	1.450	2.000
Heide	900	1.300
Heidelberg	1.750	2.750
Herne	1.000	1.500
Hildesheim	800	1.600
Homburg v.d.H.	1.000	1.300
Idar-Oberstein	1.000	1.250
Ingolstadt	1.400	1.750
Karlsruhe	1.600	1.800
Kassel	1.400	1.900
Kempten	1.300	1.700
Kiel	1.000	2.200

Koblenz	1.000	1.900
Köln	1.100	2.350
Konstanz	1.750	3.250
Krefeld	1.200	1.600
Landau	1.200	1.600
Landshut	1.500	1.750
Leipzig	1.600	1.800
Leverkusen	1.100	1.700
Lörrach	1.000	1.600
Lübeck	1.000	2.000
Ludwigshafen	1.250	1.750
Lüneburg	1.250	1.500
Magdeburg	800	1.500
Mainz	2.100	2.900
Mannheim	1.250	2.000
Marburg	1.250	1.750
Moers	1.200	1.600
Mönchengladbach	1.100	1.500
Mülheim/Ruhr	1.400	1.900
München	2.100	2.750
Münster/Westfalen	1.250	2.100
Neunkirchen/Saar	800	1.100
Neuss	1.000	1.750
Nienburg	1.250	1.750
Norderstedt	1.500	1.750
Nürnberg	1.400	1.650
Oberhausen	900	1.500
Offenbach	1.100	1.600
Oldenburg	1.100	1.400
Osnabrück	1.400	1.900
Paderborn	1.000	1.400
Passau	1.200	1.600
Pforzheim	1.200	2.500
Pirmasens	800	1.100
Recklinghausen	1.200	1.900
Regensburg	1.250	1.800
Remscheid	1.100	1.500
Rendsburg	1.200	1.300
Rostock	1.300	1.800
Saarbrücken	1.100	1.800
Saarlouis	1.000	1.200
Salzgitter	800	1.500
Schleswig	1.500	1.600
Schwerin	1.500	1.700
Siegen	1.200	1.600
Solingen	1.300	1.800
Stade	1.000	2.200

Trier	1.000	1.900
Tübingen	1.600	2.400
Wesel	1.400	1.600
Wiesbaden	1.600	2.500
Wolfsburg	1.300	1.700
Wuppertal	1.000	2.000
Würzburg	1.600	2.200

5. Finanzierung der Eigentumswohnung mit Darlehen

5.1. Bank/Sparkasse

Tip

Klassische Finanzierungsformen

Langfristige Darlehen einer Bank oder Sparkasse gehören zu den klassischen Finanzierungsformen beim Erwerb von Immobilien. Die Besonderheit dieser Finanzierungsart liegt in Folgendem:

- langfristige Finanzierung – meist zwischen 20 und 30 Jahre – bis zur völligen Tilgung des Darlehens
- Beleihung bis zu 60 %, teilweise 80 % des Beleihungswertes
- als Sicherung des Darlehens wird eine erstrangige Grundschuld (Hypothek) eingeräumt
- Zinsbindung über mindestens 5 Jahre, meist 10 Jahre, selten länger
- Höhe der jährlich zu zahlenden Zinsen in Abhängigkeit der Länge der Zinsbindung: je länger die Zinsbindung, desto höher der Zins. Beispiel vom August 1996: 10 Jahre Zinsbindung: 7 % Zinsen; 5 Jahre Zinsbindung: 6,5 % Zinsen.
- über die gesamte Laufzeit des Darlehens gleichbleibende Tilgung in Höhe von jährlich 1-2% der Darlehenssumme
- um die laufende Kosten niedrig zu halten, kann mit dem Bankinstitut vereinbart werden, daß die Tilgung erst später einsetzt: dadurch läßt sich der Beginn der Tilgung bis zu 10 Jahren hinauszögern
- Achtung: keinen variablen Zins vereinbaren: auf diese Weise kam es Anfang der 80er Jahre zu vielen Zwangs-

versteigerungen, weil der Zins auf 11-12 % hoch schnellte und viele Erwerber von Immobilien die Zinsbelastung nicht mehr tragen konnten
- wir gehen davon aus, daß Sie die Eigentumswohnung noch während Ihrer Berufstätigkeit gekauft und finanziert haben: prüfen Sie auch, ob Sie vor endgültiger Tilgung Ihres Darlehens (20-30 Jahre!) ins Rentenalter kommen: Ihre Rente wird in den meisten Fällen erheblich geringer ausfallen als Ihr Arbeitseinkommen, so daß es für Sie schwierig, wenn nicht gar unmöglich werden könnte, von Ihrer Rente monatlich Zinsen und eine jährliche Tilgung zahlen zu können
- das kritische Alter liegt bereits bei 30 Jahren (!), wenn Sie bedenken, daß ein Darlehen mit einer jährlichen Tilgungsrate von 1 % erst nach 30 Jahren getilgt ist

5.2. Versicherungen

a) Versicherungsdarlehen

Tip

Versicherungsdarlehen

Auch Versicherungen verleihen Geld zum Erwerb von Immobilien. Es handelt sich um das Geld der Versicherten, das zu einem guten Zinssatz über längere Zeit sicher angelegt werden soll.

Bedingungen: Wie beim Bankdarlehen (siehe hierzu die soeben gemachten Ausführungen »Finanzierung der ETW mit Darlehen«).

b) In Verbindung mit einer Lebensversicherung: sogen. Lebensversicherungshypothek

Wenn Sie eine Lebensversicherung besitzen, so sollten Sie sich mit Ihrer Lebensversicherung in Verbindung setzen und nach einem »Hypothekendarlehen mit Tilgungsaussetzung gegen Lebensversicherung«, einer sogen Lebensversicherungshypothek fragen.

Lebensversicherungshypothek

Diese Hypotheken zeichnen sich durch folgende Besonderheiten aus:

- die Hypothek wird bis zu einer Höhe 40-50 % vom Beleihungswert gegeben
- als Darlehensnehmer müssen Sie eine Versicherung auf den »Todes- oder Erlebensfall« in Höhe des Darlehens abschließen
- der soeben genannte Punkt entfällt, wenn Sie bereits eine solche Versicherung mit ausreichender Deckung besitzen
- ein ganz großer Vorteil gegenüber allen anderen Finanzierungsarten ist der für 10, manchmal für 20 Jahre festgeschriebene Zinssatz
- Sie brauchen während der Laufzeit keine Tilgung zu bezahlen, sparen also die sonst üblichen 1 bzw. 2 % jährliche Tilgung
- aber: Sie müssen sowohl die Zinsen als auch die Versicherungsprämie bezahlen! Dadurch fallen Ihre laufenden Zahlungsverpflichtungen erheblich höher aus als dies bei einem »normalen« Bankdarlehen der Fall ist
- **Tip** prüfen Sie deshalb, ob Sie vor Auszahlung der Versicherung ins Rentenalter kommen: Ihre Rente wird in den meisten Fällen erheblich geringer ausfallen als Ihr Arbeitseinkommen, so daß es wegen der vorgenannten Doppelbelastung (Versicherungsprämie und Zinsen) zu einem finanziellen Engpaß kommen könnte
- die Lebensversicherung wird also angespart und mit Kapital aufgefüllt
- falls Sie vor Auszahlung der Lebensversicherung sterben sollten, ist das Darlehen über die Lebensversicherung abgesichert: Ihre Erben sind also insoweit abgesichert
- wenn Sie aber den vereinbarten Zeitpunkt des Ablaufs der Lebensversicherung erleben, wird Ihnen mit der dann fälligen Lebensversicherung das abgesicherte Darlehen getilgt. Da die Versicherung in der Regel Überschüsse erwirtschaften, können Sie in diesem Fall auch noch mit einem Betrag rechnen, der über das abgesicherte Darlehen hinausgeht und Ihnen deshalb ausbezahlt wird.

Bedingungen: Ansonsten sind die Bedingungen für eine Lebensversicherungshypothek wie beim Bankdarlehen (siehe hierzu die soeben gemachten Ausführungen »Finanzierung der ETW mit Darlehen«).

Gleiche Bedingungen

6. Finanzierung der Eigentumswohnung mit Bausparvertrag

6.1. Die Bausparfinanzierung

a) Vorüberlegungen

Die Finanzierung über einen Bausparvertrag ist eine der bekanntesten Spar- und Finanzierungsformen beim Erwerb einer Eigentumswohnung. In den westlichen Bundesländern schon vielfach totgesagt, hat der Bausparvertrag in den neuen Bundesländern eine Renaissance erfahren.

Es muß allerdings davor gewarnt werden, die Finanzierung allein mit Hilfe des Bausparvertrages sicherstellen zu wollen.

Grundsätzlich sind Bausparkassen relativ sichere Einrichtungen, die dem Gesetz über Bausparkassen unterliegen sowie dem Kreditwesengesetz.

§§

Die Besonderheit des Bausparvertrages liegt darin, daß der Bausparer nach Zahlung von Bauspareinlagen einen Rechtsanspruch auf die Gewährung eines Bauspardarlehens erwirbt. Zu beachten ist jedoch, daß zwischen dem Abschluß des Bausparvertrages, den laufenden Zahlungen und der Gewährung des Darlehens ein erheblicher Zeitraum liegt.

Zunächst muß nach Abschluß eines solchen Vertrages eine bestimmte Summe vom Sparer eingezahlt werden. Anschließend erfolgt nach der Zuteilung die Auszahlung des

Der Weg zum Bauspardarlehen

Bauspardarlehens, woran sich die Rückzahlung dieses Darlehens durch den Bausparer anschließt.

Man spricht in diesem Zusammenhang von fünf Phasen:

1. Vertragsabschluß
2. Ansparphase
3. Zuteilungsphase
4. Auszahlung des Bausparvertrages
5. Rückzahlung des Darlehens

Tip

Bausparen im Test

Vor Abschluß des Vertrages steht die Auswahl der für Sie in Frage kommenden Bausparkassen. Es gibt hierzu über die Leistungsfähigkeit und Unterschiede der einzelnen Kassen hinsichtlich ihrer Qualität unabhängige Untersuchungen der Stiftung Warentest sowie der Zeitschrift *Capital*: Sie sollten sich in der Verbraucherorganisation Ihrer Stadt beraten bzw. die entsprechenden Hefte zur Einsicht oder zum Fotokopieren aushändigen lassen. Vor Auswahl einer bestimmten Bausparkasse sollten Sie also die einzelnen Institute mit ihren Vor- und Nachteilen kennenlernen und dann zu einer Entscheidung gelangen.

Nun geht es darum, den für Sie richtigen Bauspartarif auszuwählen, weil die einzelnen Kassen unterschiedliche Varianten hinsichtlich der zu leistenden Regelsparbeiträge, dem Guthaben- und Darlehenszins, dem sogenannten Mindestsparguthaben, dem Disagio und der Laufzeit aufweisen.

Die wichtigste Überlegung beim Abschluß des Bausparvertrages ist die Zeitfrage: Sie müssen in etwa beantworten können, wann Sie die Bausparsumme benötigen. Desweiteren ist von entscheidender Bedeutung, ob Sie überhaupt die staatliche Förderung in Anspruch nehmen können oder ob Sie durch Ihr Einkommen über dem Förderungsbetrag liegen. Desweiteren sollten Sie prüfen, in welcher Höhe Bausparbeiträge nach Ihrer Einkommenssituation möglich sind, ob Sie mehr Wert auf eine höhere Verzinsung des Guthabens oder auf einen späteren niedrigen Darlehenszins legen.

Große Auswahl an verschiedenen Tarifen

Um den schon totgesagten Bausparvertrag wiederzubeleben, haben sich die einzelnen Bausparkassen in den letzten Jahren eine schier unübersichtliche Zahl von neuen Tarifformen ausgedacht: So gibt es bei den einzelnen Bausparkassen teilweise über 200 verschieden Gestaltungsmöglichkeiten!

z.B.

Mindestansparung

Während bei dem traditionellen Bausparvertrag lediglich 40 % der Bausparsumme durch Sie angezahlt werden muß, verlangen die neuen Tarife meist eine Mindestansparung von 50 % der Bausparsumme: erst dann entsteht für Sie ein Anspruch auf Gewährung des Bauspardarlehens.

Beachten Sie aber, daß Sie bei einer Ansparsumme von 50 % auch wesentlich mehr Eigenkapital eingesetzt und dem Bausparinstitut zu einem teilweise nicht akzeptablen Zins (z.B. 2,5 %) gewährt haben.

Tip

Vorteilhafte Standardtarife

Generell sind die Standardtarife meist vorteilhafter als die neuen Tarifformen. So hat die Stiftung Warentest festgestellt, daß die meisten Verträge nach den neuen Tarifformen abgeschlossen werden. Sie können die Analyse nachlesen im Heft »Finanztest Spezial – Sonderheft Baufinanzierung«, 1992, S. 69 ff.

b) Wie das Bausparen funktioniert

Die 3 Schritte des Bausparens

Grundsätzlich kann man das Bausparen in drei zeitliche Phasen gliedern: die Sparphase, die Zuteilung, die Darlehensphase.

1. Die Sparphase

In der Sparphase haben Sie als Bausparer je nach gewähltem Tarif feststehende und regelmäßige Sparbeiträge zu leisten, die entweder monatlich, vierteljährlich oder jährlich zu entrichten sind.

Diese Sparbeiträge wachsen zu einem Sparguthaben an, das je nach Vertragsart mit zwischen 2,5 und 4,5 % jährlich verzinst wird.

2. Die Zuteilung

Durch die Zuteilung erhalten Sie einen Geldbetrag in Höhe der abgeschlossenen Bausparsumme. Beachten Sie jedoch, daß dieser Betrag nur dann zugeteilt werden kann, wenn die nach Ihrem Bausparvertrag vorausgesetzte Mindestansparsumme in Höhe von 40 oder 50 % (je nach von Ihnen gewähltem Tarif) erreicht wird. Es muß jedoch noch hinzukommen, daß die Bausparkasse über genügend finanzielle Mittel verfügt, was sich in der sogenannten Bewertungszahl ausdrückt.

Bedenken Sie bitte, daß Bausparen so ähnlich funktioniert wie das Bankgeschäft überhaupt: es kommt hier auf das Kollektiv an. Wichtig ist deshalb, daß viele Bausparer durch ihre monatlichen Sparbeiträge ihr eingezahltes Geld kurz-, mittel- oder langfristig der Bausparkasse zur Verfügung stellen. Aus diesem Geld werden die finanziellen Mittel für die Zuteilung von Bauspargeldern für solche Bausparer entnommen, deren Vertrag eine bestimmte Zuteilungszahl bzw. Bewertungszahl erreicht hat.

Sie können sich also leicht vorstellen, daß die Zuteilung letztendlich vom Neugeschäft abhängt: d. h., daß das Bausparsystem nur dann funktioniert, wenn ständig neue Verträge abgeschlossen werden und neue Bausparer laufende Sparbeiträge einzahlen.

Tip

Fragen Sie unbedingt bei Ihrer Bausparkasse nach der derzeit aktuellen Bewertungszahl, bei deren Erreichen die Bausparsumme zugeteilt wird.

3. Die Darlehensphase

Erst nachdem die Zuteilung erfolgt ist, beginnt die Darlehensphase. Im Unterschied zu anderen Darlehen steht hier bereits bei Abschluß des Bausparvertrages der zu zahlende Zins fest und auch die zu leistende Tilgung.

c) Einzelheiten zum Bausparvertrag

z.B.

Abschlußgebühr

Der für Sie wichtigste Inhalt des Bausparvertrages ist die Erlangung eines unkündbaren sogen. Tilgungsdarlehens (Bauspardarlehen) aufgrund planmäßiger Sparleistungen nach Maßgabe der Allgemeinen Bedingungen (so § 1 der üblichen Formulierung der sogenannten Allgemeinen Geschäftsbedingungen der Bausparkassen).

1 – 1,6 % Gebühr

Mit Abschluß des Vertrages verpflichten Sie sich, eine Abschluß-Gebühr in Höhe von 1 bis 1,6 % der Bausparsumme zu zahlen.

Beachten Sie bitte, daß die Gebühr nicht sofort zu zahlen ist, sondern auf die Einzahlungen verrechnet wird.

Wenn Sie also bereits zu Anfang einen bestimmten Geldbetrag auf Ihren Bausparvertrag einzahlen wollen, so verringert sich Ihr Guthaben um die genannte Abschlußgebühr.

Einige Bausparkassen erstatten Ihnen diese Gebühr jedoch dann wieder, wenn Sie später kein Darlehen in Anspruch nehmen.

Als laufende Verpflichtung müssen Sie eine bestimmte Regelsparrate zahlen, die abhängig ist vom gewählten Tarif. Bei den seit den 50er Jahren üblichen Standardtarifen beträgt diese monatliche Regelsparrate 4 ‰ der Bausparsumme, also 4 EURO pro 1.000 EURO Bausparsumme.

§§

Keine Pflicht zur Zahlung

Sie brauchen keine Angst davor zu haben, im Falle von Arbeitslosigkeit oder Zahlungsunfähigkeit die monatlichen Sparbeiträge nicht mehr aufbringen zu können und möglicherweise von der Bausparkasse verklagt zu werden: die Sparraten sind juristisch gesprochen sogenannte »Naturalobligationen«, mit der rechtlichen Folge, daß diese von der Bausparkasse nicht eingeklagt werden können. Letztendlich bedeutet dies, daß Sie überhaupt nicht zur Zahlung einer bestimmten Summe verpflichtet sind: es steht Ihnen damit völlig frei, ob Sie Ihre Sparraten einzahlen, in welcher Höhe oder ob Sie überhaupt nicht einzahlen wollen.

Tip

Es empfiehlt sich jedoch, nach Möglichkeit die vereinbarte Regelsparrate zu zahlen, weil nur unter dieser Voraussetzung mit einem regelmäßigen, d.h. nach dem Vertrag gewollten Ablauf des Bausparens gerechnet werden kann. Nur auf diese Weise können Sie damit rechnen, daß die Bausparsumme nach Erreichung des vereinbarten Mindestsparguthabens in etwa sieben bis acht Jahren nach Abschluß des Bausparvertrages zugeteilt wird.

d) Die verschiedenen Tarife, oder: wer die Wahl hat, hat die Qual

Tarifwahl

Während es bis in die 70er Jahre bei den Bausparkassen jeweils nur einen Tarif gab, hat sich aus Gründen der Konkurrenz und Verkaufsstrategie die Landschaft grundlegend verändert: einzelne Bausparkassen bieten derzeit über 200 verschiedene Varianten bei der Tarifgestaltung an. Es lassen sich jedoch drei Hauptgruppen bei den Bauspartarifen herauskristallisieren:

e) Der Standardtarif

z.B.

Mittel schnell

Der Standardtarif geht von einer mittleren Spar- und Tilgungsbelastung aus und ist für all jene Sparer sinnvoll, die daran denken, in nicht allzu weiter Ferne Wohnungseigentum zu erwerben und mit Bausparmitteln zu finanzieren. Bei diesem Tarif beträgt die Ansparzeit etwa acht Jahre, während die Rückzahlungszeit zwölf Jahre in Anspruch nimmt.

f) Der Schnelltarif

z.B.

Schnell

Bei dieser Tarifgestaltung ist die Vertragsdauer kürzer gewählt, weil Sie hier schneller ansparen und Ihnen dementsprechend die Bausparmittel auch schneller zugeteilt werden. Aber: es muß auch schneller zurückgezahlt werden, was selbstverständlich gegenüber dem Standardtarif eine höhere monatliche Belastung bedeutet.

Den Schnelltarif sollten Sie nur dann wählen, wenn Sie entweder eine sehr hohe monatliche Spar- und Tilgungsleistung erbringen können bzw. wenn Sie die Bausparsumme für sich bereits abzeichnende Modernisierungen, wie Dachneudeckung, Heizungserneuerung, Erneuerung von Fenstern usw. abzeichnen.

g) Der Options- und Langzeittarif

z.B.

Langsam

Sollten Sie für absehbare Zeit nicht an den Erwerb oder die Modernisierung einer Immobilie denken bzw. Bausparmittel nicht für eine Immobilie einsetzen wollen, so empfiehlt es sich, den Options- und Langzeittarif zu wählen. Er gewährt Ihnen einen gegenüber den anderen Tarifen weitaus höheren Guthabenzins (sogenannter Hochzinstarif); die Einzahlungsfristen sind bei dieser Variante auch wesentlich länger.

Für Berufsanfänger

Er empfiehlt sich auch für all jene, die gerade erst mit dem Beruf angefangen haben und ihre Vermögenswirksamen Leistungen auf den Bausparvertrag einzahlen wollen; ebenso auch für jene, die irgendwann einmal Erbe einer Immobilie werden und schon heute Vorsorge für notwendige Reparaturen oder Modernisierungen treffen wollen oder aber zum genannten Zeitpunkt den entsprechenden Betrag zur Verfügung haben wollen, um Miterben auszahlen zu können; ebenso ist dieser Tarif zu empfehlen, wenn Sie beabsichtigen, in vielleicht zehn Jahren ein Baudarlehen ablösen zu wollen. Letzteres ist vor allem dann sinnvoll, wenn die Zinsbindung zehn Jahre beträgt und bei

Ablauf der Marktzins höher sein sollte als der, zu dem Sie das Baudarlehen erhalten haben: in einem solchen Fall können Sie anstelle des Baudarlehens das Bauspardarlehen zum für die gesamte Laufzeit feststehenden Zinssatz ablösen.

h) Die Höhe der Bausparsumme

z.B.

Höhe der monatlichen Sparrate Faustregel: Regelsparbeitrag

Die Bausparsumme sollten Sie einmal nach Ihren Ansparmöglichkeiten und zum anderen nach einem angestrebten Darlehensbedarf ausrichten.

Wichtig ist, daß Sie die Bausparsumme so hoch ansetzen, daß Sie auch den monatlichen Regelsparbeitrag erbringen und in der oben genannten Zeit die Zuteilung der Bausparsumme erhalten.

Wählen Sie die Bausparsumme nämlich so, daß Sie nicht in der Lage sind, den Regelsparbeitrag zu bezahlen, so müssen Sie viel zu lange auf die Zuteilung warten.

Zu niedrige Bausparsumme

Haben Sie die Bausparsumme zu niedrig gewählt, so kann es Ihnen passieren, daß Sie durch Ihre monatlichen Sparraten innerhalb eines Zeitraumes von sechs oder acht Jahren die für die Zuteilung bzw. Darlehensgewährung erforderliche Mindestsparsumme überschreiten, so daß Sie das im Bausparvertrag zu den garantiert niedrigen Zinsen versprochene Darlehen gar nicht benötigen, es also »verschenken«.

Wann wird das Baugeld benötigt?

Für die Ermittlung der richtigen Bausparsumme ist auch der Zeitpunkt wichtig, zu dem Sie die Baugelder voraussichtlich benötigen werden. Als Faustregel gilt, den Regelsparbeitrag regelmäßig zu entrichten, weil nur auf diese Weise die Zeit der Zuteilung der Bausparsumme einigermaßen abgeschätzt werden kann.

i) Bausparen wird durch den Staat gefördert: Arbeitnehmersparzulage

z.B.

»Vater Staat« hilft

Arbeitnehmer haben die Möglichkeit, ihre »vermögenswirksamen Leistungen« von jährlich maximal 480 EURO (Verheiratete: 2 X 480 EURO) auf einem Bausparvertrag anzulegen.

Dies geht wie folgt vor sich: Nicht Sie selbst, sondern Ihr Arbeitgeber zahlt jährlich 480 EURO auf Ihr Bausparkonto ein.

Hierzu können Sie bei Ihrem Arbeitgeber einen entsprechenden Antrag stellen: Das Antragsformular gibt Ihnen ihre Bausparkasse, die Ihnen zur vermögenswirksamen Leistung noch weitere Einzelheiten nennen kann.

Sofern Sie die für die Bausparprämie geltende Einkommensgrenze nicht überschreiten, zahlt Ihnen das Finanzamt eine sogen. Arbeitnehmersparzulage in Höhe von 10 % auf die vom Arbeitgeber eingezahlten Beträge; das sind also 48 EURO, die der »Staat«dazu legt.

Bei Verheirateten sind dies übrigens 96 EURO.

Die Einkommensgrenzen, die Sie hierfür im Jahr der Anlage nicht überschreiten dürfen betragen:

- für Alleinstehende 17.900 EURO zu versteuerndes Einkommen
- für Verheiratete 35.800 EURO zu versteuerndes Einkommen

Zu versteuerndes Einkommen

Beachten Sie aber bitten, daß diese Beträge Ihr zu versteuerndes Einkommen betreffen:

Das zu versteuernde Einkommen ist nicht identisch mit Ihrem Bruttoarbeitslohn als Arbeitnehmer. Vom Bruttoarbeitslohn können noch verschiedene Steuer-Pauschalbeträge, und ggf. Werbungskosten, Sonderausgaben usw. abgezogen werden.

j) Bausparen wird durch den Staat gefördert: Bausparprämie/Wohnungsbauprämie

Tip

Bausparprämie

Damit Sie nicht unsicher werden: Früher wurde von Wohnungsbauprämie gesprochen, während heutzutage statt dessen von Bausparprämie die Rede ist: Dies sind nur 2 unterschiedliche Bezeichnungen, die ein- und dasselbe meinen:

Sie erhalten vom Finanzamt auf Ihre eigenen Einzahlungen auf den Bausparvertrag bis zur jährlichen Höhe von 512 EURO als Alleinstehender und bis zu einer Höhe von 1.024 EURO als Verheirateter vom Finanzamt eine Prämie, die heute sogen. Bausparprämie.

Die Höhe dieser Prämie beträgt jährlich 10 % auf die soeben erwähnte Einzahlung.

Damit erhalten Sie auf diese Weise als Lediger jährlich maximal 51 EURO und als Verheirateter maximal 102 EUR an Bausparprämie.

Allerdings ist die Gewährung der Wohnungsbauprämie davon abhängig, daß Sie bestimmte Einkommensgrenzen nicht überschreiten.

Doch Achtung: Für die Gewährung der Arbeitnehmersparzulage und der Wohnungsbauprämie gelten die folgenden unterschiedlichen jährlichen Einkommensgrenzen, wobei nicht das tatsächliche Einkommen, sondern das zu versteuernde Einkommen gilt:

- Arbeitnehmersparzulage: 17.900 EURO für Ledige und 35.800 EURO für Verheiratete
- Wohnungsbauprämie: 25.600 EURO für Ledige und 51.200 EURO für Verheiratete.

Wie erfahren Sie die Höhe Ihres zu versteuernden Einkommens?

Die genaue Höhe Ihres zu versteuernden Einkommens erfahren durch einen Blick in Ihrem Einkommenssteuerbescheid, der vom Finanzamt erstellt wird.

6.2. Lohnt sich der Bausparvertrag zur Finanzierung einer Immobilie?

Vom Nutzen des Bausparvertrages
Es kommt auf die Zahlen an!

In den letzten Jahren haben sich vermehrt einige Institutionen, namentlich solche, die sich mit Verbraucherschutz beschäftigen, mit der Frage beschäftigt, ob es sich überhaupt lohnt, einen Bausparvertrag in die Finanzierung einer Immobilie einzubauen. Es sind hier vor allem die Hefte der Stiftung Warentest bzw. der Wirtschaftszeitung *Capital*, die sich in Modellrechnungen ausgiebig mit einem Vergleich der Anlage von Geldern auf einem Bausparvertrag mit alternativen Anlageformen auseinandergesetzt haben und abschließend zu einer Bewertung gekommen sind.

Bausparvertrag ist günstig!

Wenn Sie bereits Bausparer sind, oder aber sich mit dem Gedanken, einen Bausparvertrag abzuschließen, befassen, sollten Sie das Ergebnis dieser unabhängigen Untersuchungen vor Augen haben: der Bausparvertrag ist gegenüber alternativen Anlagenformen und alternativen Finanzierungsmodellen stets die günstigste Variante!

»Neutrale« Kreditberater

Lassen Sie sich in dieser Auffassung auch nicht von neuerdings als Selbständige agierenden »neutralen« Kreditberatern täuschen: diese gaukeln dem Immobilieninteressenten mehr oder weniger unisono vor, der Bausparvertrag gehöre in die Mottenkiste, sei wegen zahlreicher Gebühren überteuert, der Kunde binde sein Kapital zu lange, erhalte einen geringen Gegenwert, der erreichte Zins für die eingereichten Sparraten und das so angesammelte Kapital sei im Vergleich zu anderen Anlageformen zu gering: schlichtweg, der Bausparvertrag sei die ungeeignetste Form der Finanzierung!

Folgende Modellrechnungen sollen Sie in die Lage versetzen, das Für und Wider der Bausparfinanzierung selbst durchrechnen und abschließend beurteilen zu können.

a) Übersicht von Modellrechnungen

z.B.

Vergleichen!

Sie können anhand der folgenden Übersicht »Modellrechnung: Wann lohnt sich ein Bausparvertrag« einschätzen, ob ein Bausparvertrag mit den im Modell vorgegebenen Vertragsbedingungen im Vergleich zu einer Kombination aus Sparvertrag und Hypothekenkredit günstiger ist, indem Sie einfach einen Geldanlagezins zwischen 4 und 8 % annehmen und den effektiven Jahreszins des Hypothekenkredites mit dem »kritischen Zins« vergleichen. Liegt dieser darüber, wird vermutlich der Bausparvertrag günstiger sein und umgekehrt.

z.B.

Relativer Zinsvorteil

Der sogenannte Zinsvorteil des Bausparvertrages ist somit relativ. Bedenken Sic, daß sogen. Banksparverträge mit etwa 6 % p.a. verzinst werden können. Im Zinshoch können durchaus höhere Zinssätze erzielt werden, z.B. wenn der Sparbetrag in Bundesschatzbriefen Typ A oder Typ B angelegt und im kostenlosen Depot bei der Bundesschuldenverwaltung hinterlegt wird. In der Vergangenheit konnte das Argument einer höheren Anlageverzinsung durch die Steuern auf die Zinserträge entkräftet werden. Mit der Einführung der Freibeträge für Kapitalerträge in Höhe von 1.601 EURO für Ledige und 3.202 EURO für Verheiratete wird dieses Argument etwas entschärft.

Ein Bausparvertrag kann also nur günstiger sein, wenn die Kombination Sparvertrag und Hypothekenkredit teurer ist. Die Fachzeitschrift *Capital* (Heft 3/1992, S. 158) hat hierzu folgende Berechnungen aufgestellt:

b) Modellrechnung: Wann lohnt sich ein Bausparvertrag?

Nehmen wir einmal an, daß Sie einen Bausparvertrag über 50.000 EURO abschließen und sechs Jahre lang monatlich 300 EURO sparen.

Gehen wir weiter davon aus, daß Sie nach diesen sechs Jahren Ihr Geld zum Kauf einer Eigentumswohnung benötigen.

z.B.

Realistische Modellrechnung

Bei der Modellrechnung ist zu berücksichtigen, daß die Konditionen für die fällige Zwischenfinanzierung je nach Marktsituation zwischen 6,2 und 10,5 % variieren.

Weiter ist zu beachten, daß Sie nach Auszahlung der Bausparsumme monatlich je 1000 EURO Bausparsumme 6 EURO zu zahlen haben. Dies sind bei der angenommenen Bausparsumme in Höhe von 50.000 EURO genau 300 EURO, die Sie monatlich an die Bausparkasse zu zahlen haben. Es wird darüberhinaus noch berücksichtigt, daß der Sparzins 2,5 % und der Darlehenszins 4,5 % jährlich beträgt.

Alternativer Sparzins in Prozent	*Keine Steuern*	*30 Prozent Steuern*	*40 Prozent Steuern*	*50 Prozent Steuern*
Der kritische Zins bei einer guten Bausparkasse				
4	7,2	6,8	6,7	6,6
5	8,1	7,6	7,4	7,2
6	9,2	8,4	8,1	7,9
7	10,4	9,2	8,9	8,5
8	11,7	10,1	9,7	9,2
Der kritische Zins bei einer Bausparkasse der Mittelklasse				
4	7,8	7,5	7,4	7,3
5	9,0	8,5	8,3	8,1
6	10,4	9,6	9,3	9,1
7	12,0	10,8	10,4	10,1
8	13,8	12,1	11,6	11,1

Der kritische Zins bei einer schlechten Bausparkasse				
4	8,3	8,1	8,0	7,9
5	9,8	9,3	9,1	9,0
6	11,5	10,7	10,4	10,1
7	13,3	12,1	11,8	11,4
8	15,5	13,8	13,3	12,8

Diese Übersicht zeigt Ihnen, daß der Bausparvertrag nur dann günstiger ist, wenn der Hypothekenkredit über dem »kritischen Effektivzins« liegt.

z.B.

Die Zahlen zu folgendem Beispiel sind in der soeben dargestellten Tabelle durch Unterstreichung hervorgehoben: Nehmen wir an, Sie würden in den nächsten Jahren Ihr Geld zu einem Zinssatz von 7 % anlegen und müßten aufgrund der Freibeträge keine Steuern zahlen. Verglichen mit einem Bausparvertrag bei einer guten Bausparkasse müßte der Hypothekenzinssatz über 10,4 % effektiv liegen! Sie sehen, ein Hypothekenkredit in Verbindung mit einer Anlage der Sparbeiträge kann durchaus günstiger als ein Bausparvertrag sein.

Wie dies bei einer steuerlichen Belastung Ihrer Zinseinnahmen aussieht, können Sie der Tabelle leicht selbst entnehmen.

Tip

Bausparkasse gut auswählen

Das Beispiel ging davon aus, daß Sie den Bausparvertrag bei einer Bausparkasse der Spitzenklasse abgeschlossen haben: Sie sehen also, daß es darauf ankommt, den Bausparvertrag nicht bei irgendeiner, sondern nur bei einer leistungsfähigen Bausparkasse abzuschließen, die gut wirtschaftet: Haben Sie nämlich einen Bausparvertrag bei einer schlechten Kasse, so schneidet die Finanzierung über die Bausparkasse katastrophal schlecht ab.

In einem solchen Fall wäre es praktisch immer preiswerter, das Geld bei einer Bank oder Sparkasse verzinslich anzulegen und die Eigentumswohnung mit einem Darlehen oder einer Hypothek zu finanzieren.

Erkundigen Sie sich also vor Abschluß eines solchen Vertrages bei der *Verbraucherzentrale*, der *Stiftung »Warentest«* oder über die entsprechenden Untersuchungen in der Zeitschrift *»Capital«*.

Tip

Erkundigen lohnt sich

7. Die neue staatliche Bausparförderung als Finanzierungsmöglichkeit

Da die neue, seit 1. Januar 1996 geltende Bausparförderung – anders als alle Vorgängermodelle – zu festen Terminen vom Finanzamt ausbezahlt wird, läßt sich diese Förderung bequem in die Finanzierung der Eigentumswohnung einbauen.

Seit 1.1.1996 ist alles anders!

Um dies auch tatsächlich zu ermöglichen, hat das Bundesfinanzministerium die Abtretbarkeit oder Verpfändbarkeit der Ansprüche an das Finanzamt zugesichert.

Was bedeutet dies für Sie?

Gehen wir einmal davon aus, daß Ihnen für den Erwerb der Eigentumswohnung nicht genügend Eigenkapital zur Verfügung steht und auch Ihre Einkommensverhältnisse keine nennenswerte Kreditaufnahme ermöglichen. In einem solchen Falle würde Ihnen kein Geldinstitut ein genügend hohes Darlehen zum Erwerb der Eigentumswohnung gewähren.

z.B.

Staatliche Förderung als Zusatzeinkommen

Gerade in einem solchen Fall bedeutet die staatliche Förderung eine Art zusätzliches Einkommen für die nächsten acht Jahre. Zur Finanzierung eines Darlehens können Sie in einem solchen Fall Ihre Ansprüche gegenüber dem Finanzamt an das Geldinstitut abtreten oder verpfänden, das Ihnen ein Darlehen zum Erwerb der Eigentumswohnung erteilt.

Hierdurch werden gerade die Bezieher kleiner oder mittlerer Einkommen begünstigt.

z.B.

Staatliche Förderung ansammeln

Eine andere Möglichkeit wäre, die staatliche Förderung anzusparen und zu günstigen Zinsen festzulegen. Der so nach acht Jahren angesammelte Betrag könnte zu einer sogenannten Sondertilgung Ihres Darlehens verwendet werden. Dementsprechend sollten Sie ein Darlehen in Höhe des nach acht Jahren zur Verfügung stehenden Betrages (staatliche Förderung + Zinsen) abschließen.

Bei Sondertilgungen tun sich vor allem Hypothekenbanken schwer. Bei anderen Geldinstituten ist dies generell möglich: in jedem Fall sollten Sie im Darlehensvertrag eine solche Sondertilgung vereinbaren.

Tip

Bausparvertrag ansparen

Sofern Sie in den Genuß der staatlichen Bausparförderung kommen, sollten Sie auch in Erwägung ziehen, mit den jährlichen Zuwendungen des Finanzamtes einen Bausparvertrag anzusparen, mit dem Sie dann nach Zuteilung der Bausparsumme ein anderes Darlehen ablösen können.

Hier sollten Sie in jedem Fall mit Ihrer Bausparkasse sprechen und sich beraten lassen.

8. Die Tricks der Geldinstitute: Abschläge und versteckte Gebühren

Die nachfolgenden Hinweise sollten Sie unbedingt lesen, bevor Sie mit Ihrer Bank oder Bausparkasse wegen eines Darlehens sprechen.

8.1. Wenn der Beleihungswert der Wohnung zu niedrig angesetzt wird

Ein ganz wesentlicher Faktor für Ihre Finanzierung ist der sog. Beleihungswert der zu finanzierenden Immobilie. Die Kreditinstitute ermitteln diesen Wert 'wie bereits erwähnt' entweder durch eigene oder fremde Gutachter. Der ermittelte Wert ist für das Institut der Verkehrswert, der für die Beleihung grundlegend ist: Man nennt diesen Verkehrswert deswegen auch den Beleihungswert.

Beleihungswert ermitteln

Beachten Sie aber, daß dieser vom Kreditinstitut ermittelte Wert keinesfalls den tatsächlichen Wert Ihrer Immobilie angibt. Die meisten Geldgeber rechnen einen Sicherheitsabstand zum tatsächlichen Wert in Höhe von 10 bis 30 % ein: Damit wollen die Geldgeber für jeden Fall in der Zwangsversteigerung gesichert sein. Da bei einer Zwangsversteigerung möglicherweise der Zuschlag bereits bei 70 % des Verkehrswertes erteilt wird, ist der genannte Sicherheitswert in Höhe von 30 % gerade richtig, damit die Bank bei einer hohen Verschuldung des Objektes noch gesichert ist.

Manche Kreditinstitute setzen den Beleihungswert der Immobilie viel zu niedrig an, was auch für Bausparkassen gilt.

Die Folge ist, daß der Pfandwert der Immobilie als Sicherheit bei weitem nicht ausreicht und Sie als Erwerber einer Eigentumswohnung darüberhinaus auch noch eine Bürgschaftsgebühr von einem Prozent auf den überschießenden Betrag bezahlen müssen.

Tip

Beleihungswert herausfinden

Deshalb sollten Sie, bevor Sie über die Zinshöhe eines Darlehens verhandeln, zunächst Ihr Kreditinstitut nach dem Beleihungswert der Immobilie befragen. Dies ist vor allem dann für Sie von Bedeutung, wenn Sie nur wenig Eigenkapital haben und damit auf die Aufnahme von erheblichen finanziellen Mitteln bei Kreditinstituten angewiesen sind.

Durch einen niedrigen Beleihungswert wird Ihr finanzieller Spielraum bei der Darlehensaufnahme nämlich gering: So kann es passieren, daß Sie selbst bei 30 % Eigenkapital die von Ihnen ausgesuchte Eigentumswohnung überhaupt nicht finanzieren können!

Leider sind Sie hier der Willkür der Kreditinstitute, vornehmlich Bausparkassen, hilflos ausgeliefert: Diese sind bei Abschlägen vom Verkehrswert nicht zimperlich und lassen hier auch kaum mit sich reden.

Vergleichen!

Ein Preisvergleich der Kredite ist aus folgenden Gründen schwierig:

Bei der Berechnung des Effektivzinses werden eine Reihe von Nebenkosten überhaupt nicht einkalkuliert.

Die Kreditinstitute haben die Möglichkeit, den Beleihungswert der Immobilie beliebig festzusetzen.

Die vom Kreditinstitut genannten Konditionen (insbesondere der zu zahlende Zins) bezieht sich nur auf erstrangig abzusichernde Hypotheken, nicht jedoch auf zweitrangige Hypotheken.

8.2. Wenn die Beleihungsgrenze zu niedrig angesetzt wird

z.B.

Neben dem Beleihungswert ist auch noch die sog. Beleihungsgrenze von Bedeutung: Die meisten Kreditinstitute setzen die Beleihungsgrenze auf 60 % des Beleihungswertes fest. Dies bedeutet, daß Ihnen allenfalls ein Darlehen in Höhe von 60 % des Beleihungswertes ausgezahlt wird.

Beleihungsgrenze steht fest

Gehen wir einmal davon aus, daß »Ihre« Eigentumswohnung 125.000 EURO kosten soll. Nehmen wir weiter an, daß Ihr Geldinstitut den Beleihungswert dieser Wohnung nur mit 100.000 EURO ansetzt, also einen Sicherheitsabschlag in Höhe von 20 % einbehält, und nehmen wir weiter einmal an, daß die Beleihungsgrenze 60 % beträgt, so erkennen Sie, daß Sie allenfalls ein Darlehen in Höhe von 60.000 EURO auf eine ETW zum Kaufpreise von 125.000 EURO erhalten. Dies bedeutet, daß Sie mehr als 50 % Eigenkapital haben müßten.

Wie können Sie eine so entstehende Finanzierungslücke stopfen?

Hier hilft in der Regel ein Bausparvertrag. Praktisch alle Bausparkassen begnügen sich bei der Absicherung eines Bauspardarlehens mit dem zweiten Rang im Grundbuch. Sie gewähren in der Regel ein Darlehen bis zur Höhe von 80 % des Beleihungswertes.

8.3. Nebenkosten, an die Sie denken sollten

Nebenkosten nicht vergessen!

Gerade Nebenkosten werden in die Berechnung des Effektivzinses nicht einbezogen: Hier wird lediglich die Bearbeitungsgebühr berücksichtigt.

Wichtige und sehr erhebliche Kosten können sein:
- Bereitstellungszinsen,
- Teilauszahlungsaufschläge,
- Schätzgebühren für die zu beleihende Immobilie.

Wie Sie sich in solchen Fällen verhalten sollen

Wie sie sich in solchen Fällen verhalten sollen

Es liegt nun an Ihnen als Erwerber einer Eigentumswohnung, die Nebenkosten durch Verhandlungen mit Ihrem Kreditinstitut soweit wie möglich herunterzuschrauben. Die Erfahrung zeigt, daß Kreditinstitute hier mit sich sprechen lassen!

Schätzgebühren verlangen die meisten Banken

Besonders ins Gewicht fallen die Schätzgebühren für die zu erwerbende Immobilie. Diese ist für die Wertermittlung und damit die Beleihung durch das Kreditinstitut von herausragender Bedeutung. Eine gemeinsame Linie wer und wie diese Begutachtung erfolgt gibt es nicht: Jeder Geldgeber hat hier seine eigenen Maßstäbe.

So haben einige Geldinstitute eigene Gutachter im Hause, für die dann lediglich eine geringe Gebühr berechnet wird.

Wieder andere Geldgeber haben Vertragspartner, die von außen kommen, was wiederum erhebliche Kosten bedeutet.

Am teuersten wird die Schätzung der Immobilie, wenn der Geldgeber auf der Bestellung eines sog. vereidigten Sachverständigen besteht. Diese verlangen für die Schätzung der zu finanzierenden Eigentumswohnung eine Gebühr von kaum unter 500 EURO, die dann bei einem Verkehrswert von etwa 220.000 EURO ohne weiteres über 1.000 EURO betragen kann.

Kurioserweise richtet sich die Höhe der Gebühr nach dem vom Gutachter selbst festgesetzten Schätzwert!

z.B.

Es gibt auch Ausnahmen

Nur ganz wenige rühmliche Ausnahmen gibt es in der Branche der Geldinstitute: Nach einer Untersuchung der Zeitschrift *Capital* (Heft 5/96, S. 238) verlangt beispielsweise die Allgemeine Deutsche Direktbank in Frankfurt keinerlei Schätzgebühren, unabhängig davon, ob das Geldinstitut selbst die Bewertung vornimmt oder sich eines unter Vertrag stehenden Gutachters bedient.

Ebenfalls von der Zeitschrift *Capital* als erfreuliche Ausnahme wird DSL-Bank in Bonn genannt, die ihr Bewertungsmodell auf eine kundenfreundliche Abrechnungsmethode umgestellt hat. Sie verlangt von ihren Kunden für die Gutachterkosten lediglich 0,3 % der Darlehenshöhe, also nicht anteilsmäßig vom höheren Kaufpreis.

Eine Norddeutsche Hypothekenbank verzichtet bis zu einer Darlehenshöhe von 150.000 EURO gänzlich auf ein Wertgutachten, so daß hier auch keine Kosten anfallen.

Bedenken Sie, daß Nebenkosten Ihre Zinsrechnung beeinträchtigen und einen Preisvergleich bei der Suche nach dem besten Finanzierungsangebot schwer machen.

Immer wieder vergleichen

Nehmen wir einmal an, Sie hätten für ein Darlehen bei Bank B1 einen Effektivzins von 7,43 % zu zahlen; zusätzlich werden Ihnen Schätzkosten in Höhe von 500 EURO berechnet. Bank B2 nimmt für den Kredit einen Effektivzins von 7,59 %, jedoch berechnet Ihnen dieses Institut für die Schätzung nichts.

Nun wollen Sie wissen, ob das Angebot von Bank B1 oder Bank B2 günstiger ist: Zunächst müssen Sie bei Bank B1 die Schätzkosten in Höhe in 500 EURO zu dem von Ihnen aufzunehmenden Darlehen noch hinzurechnen, so daß der Kreditbedarf um 500 EURO höher ist als bei Bank B2. Zur Ermittlung des günstigeren Angebotes fragen Sie bei beiden Banken nach der verbleibenden Darlehenshöhe am Ende der Zinsbindungsfrist. Hierzu werden Ihnen die Kredithöhe, die monatlich zu zahlende Rate und die Laufzeiten vorgegeben. Bei sonst identischen Angeboten ist das Angebot mit der geringsten Restschuld das günstigste.

Bei unserem Beispiel würde das Angebot von Bank B2, trotz des höheren Effektivzinses, günstiger ausfallen.

9. Die Abwicklung des Kaufs der Eigentumswohnung

§§

Formalitäten

Der Kauf einer Eigentumswohnung geht nicht so einfach vonstatten, wie z.B. der Kauf eine Kraftfahrzeuges oder eines Kleiderschrankes.

Kaufvertrag

Das Gesetz sieht zum Schutze von Verkäufer und Käufer eine Reihe von Formvorschriften vor, die beim Kauf einer Immobilie zu beachten sind.

Der Kaufvertrag einer Eigentumswohnung ist zunächst nicht wesentlich anders als ein Kaufvertrag beispielsweise über einen beweglichen Gegenstand, wie z.B. einer Stereoanlage. Der Käufer geht durch den Kaufvertrag über eine Eigentumswohnung die Verpflichtung ein, dem Käufer den vereinbarten Kaufpreis zu zahlen; demgegenüber verpflichtet sich der Verkäufer, das Eigentum an der Immobilie an den Käufer zu übertragen.

Kaufvertrag schafft noch kein Eigentum

Es ist zu beachten, daß mit dem Kaufvertrag zunächst keine Eigentumsübergabe verbunden ist, der Verkäufer bleibt zunächst noch Eigentümer der Wohnung, während der Käufer zunächst noch Eigentümer des Geldes bleibt. Durch den Kaufvertrag werden die beiden Vertragsparteien jeweils nur verpflichtet, das Geld zu zahlen bzw. das Eigentum an der Wohnung zu verschaffen.

Übereignung

Die formelle Übereignung wird als Auflassung bezeichnet, die entweder zusammen mit dem Kaufvertrag oder aber auch später in einem anderen Vertrag erklärt werden kann. Im letztgenannten Fall sichern sich die Vertragsparteien durch eine sogenannte Auflassungsvormerkung, die in das Grundbuch eingetragen wird, ab.

Während z.B. nach US-Amerikanischem Recht auch Kaufverträge über Grundstücke auf Bierdeckeln, Zeitungsabschnitten usw. gültig sind, verlangt das Deutsche Recht die Beurkundung des Kaufvertrages vor einem Notar: nur dann ist der Vertrag gültig.

Notarieller Vertrag

Alle wichtigen Einzelheiten müssen in diesen notariellen Vertrag mit aufgenommen werden: Abmachungen, die beispielsweise mündlich oder schriftlich zwischen den Parteien ohne notarielle Beurkundung erfolgen, haben keine Gültigkeit.

Keine Nebenabreden

Beachten Sie: Treffen Sie mit dem Verkäufer keinesfalls irgendwelche Nebenabreden, ohne diese in den notariellen Vertrag aufnehmen zu lassen, da dies möglicherweise die Nichtigkeit des gesamten notariellen Vertrages zur Folge haben könnte!

Denken Sie daran, daß der Notar spezielle gesetzliche Aufgaben hat und ein öffentliches Amt ausübt. Er muß unparteiisch sein während der Beratung, darf also keine der Vertragsparteien bevorzugen oder benachteiligen.

Zu den wichtigen Aufgaben des Notars gehört es, die beiden Vertragsparteien beim Verkauf bzw. Kauf einer Eigentumswohnung zu belehren, aber auch die zugehörigen Unterlagen zu prüfen.

II. Die Ersteigerung einer Eigentumswohnung

Erwerb auf einer Versteigerung

Neben einem Kauf kommt auch die Ersteigerung der ETW als Erwerbsmöglichkeit in Betracht.

z.B.

Gehen wir einmal davon aus, daß Sie in Ihrer Tageszeitung auf folgende Anzeige aufmerksam werden, die vom Amtsgericht Mainz, im »Wiesbadener Kurier« vom 20. Juli 1996 aufgegeben wurde:

Ankündigung einer Zwangsversteigerung

Terminsbestimmung

Im Wege der Zwangsvollstreckung soll der im Grundbuch von **Mainz, Blatt 15.400** eingetragene, nachstehend bezeichnete Grundbesitz am

Donnerstag, dem 15. August 1996, 14.30 Uhr

an der Gerichtsstelle Diether-von-Isenburg-Straße, Saal 16, versteigert werden.

1 62/10.000 Miteigentumsanteil an dem Grundstück Mainz, Fl.21, Nr. 462/4, Gebäude- und Freifläche, Freiligrathstraße 13, 15, 17, An der Goldgrube 1 A-E, 1,3 und 5 Pariser Straße 20, 9291 m^2, Hölderlinstraße 2, 4, 6. Fl. 21, Nr. 463/1 Hofraum, Hölderlinstraße 2, 4 , 6, 8, Pariser Straße 20, An der Goldgrube 1, 3, 5, Freiligrathstraße 13, 15, 17, verbunden mit dem Sondereigentum an der Wohnung (An der Goldgrube 1), im Aufteilungsplan bezeichnet mit Nr.71. Der Verkehrswert gemäß § 74 a ZVG wurde auf **DM 136.000,-** festgesetzt. Laut Sachverständigengutachten befindet sich die

ca. 55,58 m² große 2 1/2-Zimmer-Wohnung im Erdgeschoß links des Hauses An der Goldgrube 1.

Mainz, den 23. Februar 1996 – 12 K 21/95 –

Das Amtsgericht

1. Versteigerungsarten

§§

Der Text gibt Auskunft

Es gibt zwei Versteigerungsarten: Die Vollstreckungsversteigerung und die Teilungsversteigerung.

Wie können Sie erkennen, um welche Versteigerungsart es sich im konkreten Fall handelt ?

»Teilungsversteigerung«

Wenn der Text der Veröffentlichung (Terminsbestimmung) wie im soeben genannten Beispiel lautet: »Im Wege der Zwangsvollstreckung«, betreibt ein Gläubiger gegen den Schuldner die Zwangsversteigerung.

Enthält diese Formulierung noch den Zusatz »zum Zwecke der Aufhebung der Gemeinschaft«, soll Teilungsversteigerung vorgenommen werden: Hier hat nämlich ein Miteigentümer den Antrag stellt, das Objekt zu versteigern. Die anderen Miteigentümer sind in diesem Fall Antragsgegner.

2. Zuständig ist immer das Amtsgericht

§§

Amtsgericht

Für (Zwangs-) Versteigerungen ist in jedem Fall das Amtsgericht zuständig, in dessen Bezirk sich das zu versteigernde Grundstück befindet. Es ist aber auch möglich, daß Zwangsversteigerungssachen einem Amtsgericht für die Bezirke mehrerer Amtsgerichte zugewiesen werden.

Um welches Amtsgericht es sich genau handelt, können Sie der letzten Zeile des Versteigerungshinweises entnehmen. Dort heißt es im oben genannten Beispiel:

Mainz, den 23.6.1996 Das Amtsgericht

3. Wie Sie von einer Versteigerung erfahren

§§

Versteigerungstermin wird veröffentlicht

Welche Immobilien zur Versteigerung kommen, erfahren Sie etwa 4-8 Wochen vor dem Versteigerungstermin: Es erfolgt hierüber eine Veröffentlichung im Amtsblatt des zuständigen Versteigerungsgerichts.

Außerdem hängen die Terminsbestimmungen bei den Versteigerungsgerichten, den örtlichen Gerichten sowie an den Gemeindetafeln aus.

Darüber hinaus ist es üblich, daß die Gerichte Inserate in die örtlichen Tageszeitungen setzen, oftmals auch in die der Nachbarstädte. Allerdings erfolgt dies oft sehr kurz vor dem Versteigerungstermin, manchmal nur 1 Woche vorher.

Tip

Deshalb sollten Sie sich besser zum jeweiligen Amtsgericht begeben und die Gerichtstafel mit ihren Aushängen studieren, um so frühzeitig informiert zu sein.

»Versteigerungsblätter«

Als eine Art der Existenzgrundlage haben sich in den letzten Jahren die sogen. »Versteigerungszeitungen«, »Versteigerungsjournale« u.ä. etabliert, die meist überregional sämtliche Immobilien auflisten, die demnächst zur Versteigerung kommen. Solche Zeitungen kosten aber in der Regel eine Menge Geld; manche müssen sogar laufend abonniert werden. Außerdem vergeht zu viel Zeit, bis diese Blätter den Interessenten erreichen: Oftmals steht dann der Versteigerungstermin unmittelbar bevor, sodaß der an einem Objekt Interessierte nicht mehr genügend Zeit für seine Überlegungen hat.

Zeitungsinserate

In vielen Fällen wollen aber auch Familienangehörige, Miteigentümer oder Gläubigerbanken eine möglichst große Anzahl von Interessenten erreichen, weshalb diese ein Zeitungsinserat aufgeben, in dem auch Ansprechpartner und

Telefonnummern genannt werden, was eine Kontaktaufnahme (evtl. auch Besichtigung des Objektes) ermöglicht.

Aus der Veröffentlichung des oben abgedruckten Textes der Terminsbestimmung können Sie eine ganze Reihe von wichtigen Einzelheiten über das Objekt, den Versteigerungsort, den Zeitpunkt der Versteigerung und darüber entnehmen, ob die Immobilie bereits schon einmal zur Versteigerung angestanden hat.

Besonders wichtig ist das Aktenzeichens des Verfahrens, das Sie ebenfalls der Terminsausschreibung entnehmen können.

Tip

Einblick in die Unterlagen

Mit diesem Aktenzeichen fällt es dem zuständigen Mitarbeiter des Gerichts (Versteigerungsstelle) leicht, die entsprechenden Unterlagen herauszusuchen und Ihnen Einblick in ein Gutachten über die Immobilie zu gewähren (sofern ein solches überhaupt vorhanden ist !).

✓

Verkehrswertgutachten

Ein solches Verkehrswertgutachten wird von einem unabhängigen, objektiven Sachverständigen für das Gericht erstellt und enthält mindestens folgende Informationen:
- Lage des Objekts;
- Art des Objekts (Einfamilienhaus, Reihenhaus, Doppelhaushälfte, unbebautes Grundstück, Eigentumswohnung, Erbbaurecht usw.);
- Laufende Kosten, z.B. Erbbauzins, Wohngeld von Eigentumswohnungen;
- Sondernutzungsrechte (z.B. am Garten);
- Besonderheiten des Gemeinschaftseigentums (z.B. Schwimmbad, Sauna etc.);

Oberflächliches Gutachten

Erwarten Sie aber nicht zuviel von diesem Gutachten: Meistens verdient es diese Bezeichnung gar nicht, weil die für den Wert der Immobilie entscheidenden Faktoren nicht genannt werden. In manchen Gutachten wird der Zustand der Immobilie lapidar mit den Worten abgetan: »Keine größeren Bauschäden ersichtlich«, »Leichte Setzrisse« usw.

Über den Qualitätsstandard, etwa Bauausführung, Beheizungsart, Fußböden, Versorgung mit Steckdosen, Art und Einrichtung der Bäder, erfahren Sie nichts !

Sie ersteigern also die »Katze im Sack«.

Deshalb ist eine Besichtigung unumgänglich, da Sie andernfalls vor bösen Überraschungen nicht sicher sein können.

Tip

Besichtigen! Erkundigen!

Einen gewissen Eindruck erhalten Sie zwar schon, wenn Sie vergleichbare Nachbarwohnungen besichtigen.

Stellen Sie sich den Bewohnern des Hauses vor und erklären Sie diesen, daß Sie gerne eine angebotene Eigentumswohnung erwerben (ersteigern) möchten; fragen Sie danach, ob Sie einmal kurz die Nachbarwohnung besichtigen dürfen.

Meist erfahren Sie bei dieser Gelegenheit allerlei unnützen Klatsch, aber auch wichtige Dinge, etwa ob das Haus hellhörig ist, Bauschäden aufweist, die Verwaltung gut funktioniert und schließlich ob die Sie intressierende Wohnung laufend renoviert wurde usw.

Leider ist die Rechtslage so, daß Sie keinen Anspruch auf eine Besichtigung des Objektes haben; nicht einmal der Gerichtsvollzieher kann Ihnen dies vermitteln !

§§

Kein Anspruch auf Besichtigung

Bleiben Sie aber hartnäckig: Ist die fragliche Wohnung vermietet, so kann Ihnen der Mieter – aber nur wenn er will – die Wohnung zeigen.

Fragen Sie auch unbedingt noch den die Zwangsversteigerung betreibenden Gläubiger – den Ihnen der Gerichtsvollzieher auf Ihre Nachfrage nennt – oder, falls Zwangsverwaltung angeordnet ist, den Zwangsverwalter.

Grundbuchauszug gibt Auskunft

Neben dem Gutachten können Sie auch den entsprechenden Grundbuchauszug einsehen: Dieser ist besonders wichtig, weil Sie ihm entnehmen können, welche Belastungen im Grundbuch eingetragen sind. So z.B. können Sie alle Sicherheiten für Darlehen feststellen. Darüberhinaus gibt der Grundbuchauszug Auskunft über etwa bestehende Wohnrechte usw., die natürlich den Wert einer Immobilie erheblich beeinträchtigen können.

Also unbedingt in den Grundbuchauszug schauen!

4. Vorbereitung auf den Versteigerungstermin

Tip

Gut vorbereiten!

Nachdem Sie sich über die zu versteigernde Eigentumswohnung informiert haben, sollten Sie sich ein Preislimit setzen, bis zu dessen Höhe Sie (mit-)bieten möchten. Damit schützen Sie sich vor dem allzu oft während der Versteigerung ausbrechenden »Versteigerungsfieber«, das sich meist dann ausbreitet, wenn mehrere Interessenten mitbieten. Dabei wird oft ein solches Preisniveau erreicht, das nicht mehr angemessen ist.

Vergessen Sie nämlich nicht: Sie wollten eine Eigentumswohnung deshalb ersteigern, weil Sie zu Recht hoffen, bei der Zwangsversteigerung ein Schnäppchen zu machen. Dafür müssen Sie in Kauf nehmen, sich über das Objekt nicht so umfassend informieren zu können, wie dies bei einer ausführlichen Besichtigung und Befragung des Anbieters bei einem Kauf möglich wäre.

Beim Erststeigern »unten« bleiben!

Machen Sie also nicht die möglichen Chancen, eine Wohnung preiswert erwerben zu können, dadurch zunichte, daß Sie bis zum üblichen Marktpreis der ETW mitbieten. Zum Marktpreis sollten Sie nicht ersteigern, sondern aus dem großen Angebot des Immobilienmarktes mit allen Vergleichsmöglichkeiten kaufen!

Wenn Sie im Termin (das ist der Tag der Zwangsversteigerung) mitbieten wollen, benötigen Sie eine Reihe von Unterlagen, die Sie dabei haben müssen:

✓ Unterlagen mitbringen

- (Bundespersonal-)Ausweis mit Lichtbild;
- Wenn Sie für Ihre Kinder bieten möchten, so beachten Sie bitte: Dies geht nur mit vormundschaftsgerichtlicher Genehmigung.
- Wenn Sie für Ihren Ehegatten oder eine andere Person bieten möchten, so benötigen Sie hierzu eine öffentlich beglaubigte Vollmacht.

5. So verhalten Sie sich im Termin richtig

z.B. »Theater, Theater ...«

Der Vorgang einer Versteigerung vom Betreten des Gerichtssaales über die Abgabe des Gebotes für die Immobilie bis zum Zuschlag (»zum Ersten, zum Zweiten und zum Dritten«) ist ein durchaus erlebenswerter Vorgang mit teilweise theatralischen Zügen. Allein die Anwesenheit bei diesem Ereignis ist – unabhängig davon, ob Sie den Zuschlag erhalten oder nicht – ein wahres Erlebnis. Die Presse berichtet zuweilen von lautstarken, handgreiflichen Szenen, mit sogar Verletzten. Manchmal muß sogar die Polizei eingreifen! Der Grund für derartige Vorgänge liegt in der Natur der Sache: Wie würden Sie reagieren, wenn Sie die Kreditzinsen Ihrer Eigentumswohnung z.B. wegen Arbeitslosigkeit oder Ehescheidung nicht mehr bezahlen können und deshalb Ihre Wohnung versteigert wird ? Wie würden Sie reagieren, wenn sich unter den Bietern auch Ihr Erzfeind (vielleicht Nachbar) befindet ?

»Rituale«

Daß eine Versteigerung nach bestimmten Regeln, ja Ritualen, abläuft ist hinlänglich bekannt. Wichtig ist aber in diesem Zusammenhang, daß die Einhaltung dieser Regeln eine Voraussetzung für die rechtliche Wirksamkeit aller Handlungen ist, die der Versteigerungs-Vorsitzende aber auch der Bieter vornimmt.

Deshalb sollten Sie die nachfolgenden Hinweise beachten!

5.1. Bis Ende der Bieterstunde

§§

Bieterstunde nennt man den Zeitraum (eine Stunde), der für die Abgabe von Geboten vorgesehen ist.

Regeln beachten

Falls Sie für die zu versteigernde Eigentumswohnung ein Gebot abgeben möchten, so gehen Sie bei Abgabe Ihres ersten Gebots zum Vorsitzenden. Geben Sie ihm Ihre Personalien durch Vorlage des (Bundespersonal-)Ausweises bekannt und nennen Sie ihm die Höhe Ihres Gebotes.

Alle späteren Gebote können Sie dann von Ihrem Platz aus machen.

10 % Sicherheit

Beachten Sie, daß Sie auf Verlangen des Gläubigers eine sogenannte Bietersicherheit leisten müssen. In einem solchen Fall beträgt die Sicherheit 10 % des Bargebots (mindestens aber in Höhe der Verfahrenskosten). Leisten Sie keine oder keine ausreichende Sicherheit oder nicht in der vorgeschriebenen Form, so muß das Gericht Ihr Gebot zurückweisen.

Sicherheiten

Als Bietersicherheit werden nur bestimmte Sicherheiten akzeptiert. Keinesfalls geeignet sind: Sparkassenbücher, Kontoauszüge, Kreditzusagen, Wechsel, Bausparverträge, Bankbestätigungen, einfache Schecks oder LZB-Schecks ohne Bestätigung.

Das Gericht akzeptiert als Sicherheiten nur folgendes:
- Bargeld;
- ein auf die Landeszentralbank gezogener Scheck
- eine unbedingte und unbefristete selbstschuldnerische Bürgschaft, wie z.B. einer inländischen Bank;
- inländische Wertpapiere, die auf den Inhaber lauten, einen Kurswert haben, einschließlich der Zins- und Erneuerungsscheine;
- die Hinterlegung einer entsprechenden Summe Bargeld bei der Hinterlegungsstelle des Amtsgerichts. Im Ver-

steigerungstermin ist die Hinterlegung durch Übergabe der Hinterlegungsquittung nachzuweisen.

Nehmen wir einmal an, daß Sie nun ein Gebot in Höhe von 90.000 EURO abgegeben haben und ein anderer Bieter 92.500 EURO bietet. Juristisch ist damit Ihr Gebot gegenstandslos geworden, so daß Sie in keiner Weise gebunden sind.

5.2. Nach Ablauf der Bieterstunde

»Zum ersten, zum zweiten ... und zum dritten«

Nach Ablauf der Bieterstunde verkündet der Vorsitzende das letzte Gebot dreimal, z.B.: »92.500 EURO sind geboten, zum ersten, zum zweiten und zum dritten. Auch jetzt können noch Gebote gemacht werden. Falls sich jedoch kein Bieter mehr mit einem höheren Gebot meldet, so wird der Schluß der Versteigerung verkündet.

Zuschlag

Ab diesem Zeitpunkt können keine Gebote mehr abgegeben werden. Der letzte Bieter, der das höchste Gebot abgegeben hat, ist der Meistbietende. Dennoch ist er damit noch nicht Eigentümer der Immobilie geworden: Erst wenn man den Zuschlag erhalten hat, ist man Eigentümer geworden.

Vor Erteilung des Zuschlags werden der anwesende Schuldner und der Gläubiger darüber gehört, ob sie mit einem eventuellen Zuschlag »zu dieser Summe an diesen Bieter« einverstanden wären. Nach deren Einverständnis wird der Zuschlag verkündet. Damit geht das Eigentum an der Immobilie auf den Meistbietenden über.

6. Räumung des ersteigerten Objekts, oder: Was tun, wenn ein Mieter das Objekt bewohnt

§§

Mieterschutz

Auch wenn Sie eine Eigentumswohnung durch eine (Zwangs-)Versteigerung erworben haben, müssen Sie – falls diese vermietet ist – die Kündigungsfrist beachten: Sie beträgt grundsätzlich drei Monate. Eine Kündigung setzt voraus, daß Sie ein berechtigtes Interesse wie z.B. Eigenbedarf haben.

Sie müssen »Ihrem« übernommenen Mieter also schriftlich erklären, daß Sie gerade diese Wohnung benötigen, weil sie entweder viel näher zu Ihrem Arbeitsplatz liegt als Ihre jetzige Wohnung, oder aber weil Ihre bisherige Wohnung beengt ist, oder aber weil Sie diese Wohnung für Ihre weit entfernt lebende alte Mutter benötigen, die Sie wegen der leichteren Betreuungsmöglichkeit gerne in Ihrer Nähe wohnen lassen möchte (usw.).

Wichtig ist noch, daß Sie dem Mieter mitteilen müssen, zu welchem Zeitpunkt Sie kündigen.

Wenn Sie hier etwas falsch machen, ist Ihre Kündigung unwirksam.

7. Eigentumserwerb und Eintragung im Grundbuch

Wie schon dargelegt, sind Sie bereits mit Verkündung des Zuschlages neuer Eigentümer der Wohnung geworden. Ihre Eintragung ins Grundbuch ist dagegen noch von einigen weiteren Formalitäten abhängig:

- im 2-4 Monate nach der Versteigerung stattfindenden sogen. Verteilungstermin müssen Sie Ihr Gebot bezahlen, daneben benötigen Sie zusätzlich
- die steuerliche Unbedenklichkeitsbescheinigung des Finanzamtes, welche Sie dem Vollstreckungsgericht vorlegen müssen.

8. Gewährleistung

Keine Haftung

Leider bleibt der Erwerb einer Immobilie auch bei der Frage der Haftung für Mängel die »Katze im Sack«. Es gilt der Grundsatz: »Man weiß nicht, was man bekommt und für Mängel haftet niemand«.

Gem. § 56 Satz 3 ZVG ist ein Anspruch des Erstehers auf Gewährleistung, also z.B. gegen das Gericht ausgeschlossen.

§§

Volles Risiko

Sie erwerben auch dann auf eigenes Risiko, wenn Sie keine Möglichkeit hatten, sich über den rechtlichen und tatsächlichen Zustand des Objektes vor der Versteigerung vollständige Kenntnis zu verschaffen, etwa, weil das Verkehrswertgutachten nicht ausführlich oder gar fehlerhaft war und der in der Wohnung lebende Eigentümer eine Besichtigung verhindert hat.

Keine Gutachterhaftung

Auch der Gutachter haftet nach Ansicht der Gerichte selbst bei groben Fehlern nicht !

9. Mit welchen Kosten Sie bei einer Ersteigerung rechnen müssen

✓

Kosten bei Erststeigerung

Bei der Ersteigerung einer Eigentumswohnung müssen Sie folgende Kosten einkalkulieren, die Sie außer der Zahlung Ihres Meistgebotes noch aufzubringen haben:

- Zuschlagsgebühr
- Eintragungskosten ins Grundbuch
- Grunderwerbsteuer (3,5 % von Ihrem abgegebenen Meistgebot).

Dagegen entstehen Ihnen für den Eigentumserwerb keinerlei Notargebühren.

10. Zahlung des Meistgebotes

Als Ersteigerer haben Sie Ihr Bargebot einschließlich 4% Zinsen ab dem Tag des Zuschlags spätestens zwei bis vier Monate nach dem Zuschlag (im sogen. Verteilungstermin) in bar zu zahlen.

11. Was passiert, wenn Sie die Immobilie ersteigert haben, aber nicht bezahlen?

Auf den Eigentumserwerb selbst hat die Nichtzahlung des Meistgebots keinen Einfluß.

Das heißt also: Wenn Sie den Zuschlag erhalten haben, werden Sie in jedem Fall Eigentümer, ob Sie die Ersteigerungssumme zahlen oder nicht.

Tip: Dennoch sind die juristischen Folgen im Falle der Nichtbezahlung beträchtlich: Es droht Ihnen nämlich die Vollstreckung in Ihr gesamtes Vermögen.

Sie sollten sich also vor einer Versteigerung über die mögliche Finanzierung der Immobilie informieren, damit Sie nicht später vor der Erkenntnis stehen: »Ich kann die Wohnung gar nicht bezahlen!«.

Nehmen Sie als Ausgangssumme dabei die Höhe des Verkehrswertes an und spielen Sie zusammen mit Ihrem Kreditinstitut/Ihrer Bausparkasse vor dem Versteigerungstermin die mögliche Finanzierung des Objektes durch.

Finanzierung schriftlich zusagen lassen

Lassen Sie sich unbedingt einen schriftlichen und verbindlichen Finanzierungsplan ausarbeiten. Damit haben Sie die Garantie, daß Ihr Kreditinstitut nach dem erfolgten Zuschlag die Ihnen in Aussicht gestellte Darlehenssumme auch tatsächlich bezahlt.

C. Ihre Rechte und Pflichten als Wohnungseigentümer

Als Wohnungseigentümer habe Sie eine ganze Reihe von Rechten und Pflichten, die unbedingt beachtet werden müssen, wenn Sie an Ihrer Wohnung Freude haben wollen. Diese Rechte und Pflichten beginnen mit der Entstehung von Wohnungseigentum und enden in der Regel mit dem Verkauf der Wohnung.

I. Wie entsteht eine Wohnungseigentümer-Gemeinschaft?

§§

Entstehen der Wohungseigentümergemeinschaft

Auf dem Weg zum Entstehen einer Wohnungseigentümer-Gemeinschaft müssen folgende Schritte unterschieden werden:

- Ist die Teilungserklärung im Grundbuch eingetragen, so entsteht eine werdende oder faktische Wohnungseigentümergemeinschaft, sobald die Wohnungen bezugsfertig sind. Eine Eigentumsumschreibung ist in diesem Stadium noch nicht erforderlich, es reicht die Eintragung einer Auflassungsvormerkung zugunsten des Erwerbers im Grundbuch aus.

Welche Rechte hat eine solche werdende Wohnungseigentümer-Gemeinschaft?

Eine werdende Wohnungseigentümer-Gemeinschaft hat die gleichen Rechte wie die spätere Wohnungseigentümer-Gemeinschaft.

- Grundsätzlich entsteht eine Wohnungseigentümer-Gemeinschaft mit der Bezugsfertigkeit der Wohnungseigentums-Anlage. Voraussetzung ist allerdings, daß nach der Begründung von Wohnungseigentum mindestens eine Eigentumswohnung verkauft ist und der Käufer im Grundbuch als Eigentümer eingetragen ist.

II. Was gehört zum Sondereigentum, was zum Gemeinschaftseigentum ?

§§

Sondereigentum/Gemeinschaftseigentum

Das Wohnungseigentumsgesetz (WEG) unterscheidet zwischen Sondereigentum und Gemeinschaftseigentum, was für den einzelnen Eigentümer von erheblicher Bedeutung sein kann, wie die nachfolgenden Definitionen zeigen.

1. Definition: Sondereigentum

z.B.

Entziehung der Eigentumswohnung

Sondereigentum ist das Wohnungseigentum an einer Wohnung verbunden mit einem Miteigentumsanteil an dem gemeinschaftlichen Eigentum. Neben der Eigentumswohnung kann sich Sondereigentum auch auf Balkone, Terrassen oder Loggien erstrecken. Teileigentum ist das Sondereigentum an Räumen eines Gebäudes, die nicht Wohnzwecken dienen sollen. So z.B. kann Teileigentum an Büro- oder Praxisräumen bestehen. Auch für das Teileigentum gelten die Vorschriften über das Wohnungseigentum entsprechend (§ 1 Abs. 3, 5 WEG). Desweiteren kann Teileigentum auch an Läden, Werkstätten, Lagerräumen, Magazinen oder Garagen bestehen. Entziehung von Wohnungseigentum kommt dann in Frage, wenn ein Wohnungseigentümer sich einer so schweren Verletzung der ihm gegenüber anderen Wohnungseigentümern obliegenden Verpflichtungen schuldig macht, daß diesen die Fortsetzung der Gemeinschaft mit ihm nicht mehr zugemutet werden kann. Die in § 18 WEG vorgesehene Möglichkeit der Entziehung des Wohnungseigentums ist die letzte Möglichkeit, gegen störende Wohnungseigentümer oder solche vorzugehen, die ihren Verpflichtungen nicht nachkommen. Als Grund kommen zum einen wiederholte und grobe Verstöße gegen die sich aus § 14 WEG ergebenden Verpflichtungen, also z.B. das Sondereigentum instand zu halten und das gemeinschaftliche Eigentum so zu benutzen, daß keinem anderen Wohnungseigentümer daraus ein Nachteil entsteht. Grundsätzlich muß das Fehlverhalten des Wohnungseigentümers jedoch abgemahnt worden sein. Nach der Rechtsprechung sind mindestens zwei Verstöße erforderlich, um das Verfahren der Entziehung einzuleiten. Die zweite Möglichkeit, sich von einem Wohnungseigentümer auf die genannte Weise zu trennen, ist dessen Zahlungsverzug von drei Monaten mit mehr als 3 % des Einheitswertes. Das Verfahren selbst, das zur Entziehung des Wohnungseigentums führt, ist kompliziert, langwierig und hat sich in der Praxis kaum durchgesetzt.

2. Definition: Gemeinschaftseigentum

§§ **Gemeinschaftseigentum**

Gemeinschaftseigentum ist der Teil einer Wohnungseigentumsanlage, der allen Miteigentümern gemeinschaftlich gehört. Grundsätzlich zählen dazu alle Teile des Gebäudes, die für dessen Bestand oder Sicherheit erforderlich sind, ebenso sowie Anlagen und Einrichtungen, die dem gemeinschaftlichen Gebrauch dienen, selbst, wenn sich diese im Bereich des Sondereigentums befinden: Ein Paradebeispiel hierfür sind die tragenden Wände und Decken, aber auch technische Einrichtungen, wie z.B. die Zentralheizungsanlage.

Ebenso gehören zum Gemeinschaftseigentum alle Anlagen und Einrichtungen, die gemeinschaftlich genutzt werden dürfen, wie z.B. Das Grundstück mit seinen Wegen und Plätzen, wie z.B. Spielplatz, Wäscheplatz.

Was im einzelnen zum Gemeinschaftseigentum zählt, können Sie der Vereinbarung in der Gemeinschaftsordnung entnehmen.

3. Checkliste: Was gehört zum Sondereigentum, was zum Gemeinschaftseigentum ?

✓ **Was wozu gehört**

Abstellplätze: Soweit es sich um Grundstücksflächen handelt, die unbebaut sind, zählen diese zum Gemeinschaftseigentum (GE).

Abwasserkanal: siehe Abflußrohr.

Alarmanlage: Soweit Zubehör zum Sondereigentum (SE).

Anschlußleitungen Hierunter sind Versorgungsleitungen für Gas, Wasser, Strom, Heizung usw. zu verstehen. Soweit es sich um Hauptversorgungsleitungen handelt, stehen diese im GE, auch wenn sie durch SE führen. Aber auch Leitungen, die von der Hauptleitung abzweigen, aber durch fremdes SE verlaufen, ehe sie die im SE eines anderen WEer stehende Zapfstelle erreichen, sind GE.

Antennen GE, soweit sie der WEerGem dienen. Auch dann, wenn sie nur von einem WEer betrieben werden und nur ihm zu dienen bestimmt sind, da sie mit dem Außengebäude notwendig verbunden sind. Anders lautende Vereinbarungen sind möglich.

Aufzug: Zwingend GE.

Außenjalousien: Soweit keine gegenteilige Regelung in der TErkl, GE. Siehe auch Rolläden.

Außenputz: GE.

Außenwand GE.

Badezimmereinrichtungen: Innerhalb SE: SE.

Balkenkonstruktionen: GE.

Balkon SE fähig, Balkon steht in GE wenn er nicht ausdrücklich dem SE zugeordnet wird. Ist der Balkon dem SE zugeordnet, so bezieht sich das nur auf den Bodenbelag und die Innenseite. Folgende Dinge gehören zwingend zum GE: Balkondecke, Balkongeländer bzw. Gitter, Bodenplatten, Brüstung einschließlich der Decken-/Kronenbleche, Balkonaußenwände. Ob der Putz und der Anstrich auf der Balkoninnenseite dem GE zugehören, ist streitig (GE, soweit von außen sichtbar). Zum GE gehören ferner Isolierschichten sowohl gegen Feuchtigkeit als auch solche gegen Schallschutz.

Balkonstützen: GE.

Was wozu gehört

Balkontrennmauer: Zwingend GE, wenn durch die Errichtung die äußere Gestaltung verändert wird, ansonsten Mit-SE.

Bankguthaben: siehe Verwaltungsvermögen.

Bargeld: siehe Verwaltungsvermögen.

Blumen oder Pflanzentröge

Können sowohl SE oder GE sein, je nachdem, in wessen Eigentum sie stehen. Dann aber zwingend GE, wenn sie gemeinschaftliche Aufgaben übernehmen, z.B. Ersetzung der Brüstungsmauern.

Böden: Zwischen den Wohnungen als konstruktive Bestandteile zwingend, Bodenbelag innerhalb der Räume SE, zur Bodenplatte eines Balkons vgl. Balkon. Siehe auch Dekke, Estrich, Fußbodenbelag.

Brandmauer (auch Kommunmauer genannt): Als Abgrenzung zu Nachbargebäuden grundsätzlich GE

Briefkasten

Briefkastenanlage GE, Briefschlitz in der Wohnungsabschlußtür ist deren wesentlicher Bestandteil, daher GE, auch das Innere eines Briefkastens ist GE, siehe auch Türen.

Carports (= KFZ-Stellplätze im Freien mit vier Eckpfosten und Überdachung): GE.

Dach: Zwingend GE, ebenso Dachbelag, wenn Isolierfunktion, dies gilt auch für alle übrigen Teile des Flachdachs, die Dachentwässerung, Regenfalleitung und Attika.

Dachfenster: siehe Fenster.

Was wozu gehört

Dachterrassen: GE, können aber durch TErkl zu SE werden, wenn sie nicht ebenerdig liegen. Im übrigen gilt das zum Balkon Gesagte.

Decke

Ist GE, wie Böden. Ist jedoch eine Zwischendecke eingezogen, so ist der Luftraum und ggf. dessen Inhalt bis zur gemeinschaftlichen Decke SE, ebenso Deckenverkleidung.

Diele: Innerhalb des Sondereigentums: SE; innerhalb des Gemeinschaftseigentums: GE, soweit es der einzige Zugang zu einem gemeinschaftlichen Raum ist, GE, siehe auch Eingangsflure.

Doppelhaus

Doppelhaushälften sind SEfähig nur bzgl. der Wohnungen, nicht jedoch bzgl. der Gebäudeteile, die für den Bestand oder die Sicherheit des Hauses erforderlich sind. Die Anlagen und Einrichtungen, die dem gemeinschaftlichen Gebrauch dienen, sind nicht SEfähig.

Doppelstockgarage: Meist Sondernutzungsrecht. Die Hebebühne ist dagegen zwingend GE.

Einbauschrank: SE.

Eingangsflur: Soweit nicht im SE gelegen GE, dies gilt auch für Vorhallen, Korridore etc. Siehe auch Decke .

Eingangstür: siehe Türen.

Elektrizitätsleitung: siehe Anschlußleitungen.

Erfassungsgeräte

(= zur Ermittlung des Verbrauchs von Versorgungsleitungen, z.B. Gas- und Wasseruhren): GE, wenn die ermittelten Ergebnisse der Abrechnung der Gemeinschaft im Innenverhältnis dienen. Siehe auch: Heizkostenverteiler.

Estrich: Soweit er zur Wärme- und Schalldämmung dient GE, ansonsten SE.

Etagenheizung: i.d.R. SE.

Fahrstuhl: siehe Aufzug.

Fäkalienhebeanlage

Wenn sie dem gemeinschaftlichen Gebrauch aller WEer dient = GE. Eine von der Baubehörde vorgeschriebene, die ausschließlich der Entsorgung eines SE dient, ist nicht zwingend GE. Dient sie nur der Versorgung eines SE und ist sie innerhalb dieses SE aufgestellt, so SE.

Fallrohr: siehe Regenrinne.

Fenster: Rahmen und Verglasung GE, weil sie die äußere und innere Gestaltung des Gebäudes bestimmen. Innenanstrich und frei montierbare Beschläge SE. TErkl oder GO, die Fenster allgemein zu SE erklären, sind nichtig.

Fensterbank: Außen und Fensterladen sind GE.

Fertiggaragen

(= ohne Fundament und sonstige Bodenverankerung aufgestellte Garagencontainer) Ihre konstruktiven Teile sind zwingend GE, da es sich im Hinblick auf ihr Eigengewicht um wesentliche Bestandteile des Grundstücks handelt.

Fettabscheider im Abwassersystem: GE.

Flachdach: siehe Dach.

Flur: siehe Diele

Fundamente: Zwingend GE.

Fußboden: SE, siehe Balkon, Estrich.

Fußbodenbelag: SE, siehe auch Böden.

Fußbodenheizung: Schlingen der Fußbodenheizung in der Wohnung sind SE.

Garage

GE, aber SEfähig. Dies gilt für freistehende Garagen wie auch Sammel- und Tiefgaragen, nach der Rechtsprechung nicht aber für an der Ausfahrtseite offene Garage. Im Fall von SE sind jedoch die konstruktiven Bestandteile, die für den Bestand notwendig sind (Dach, Außenmauern, Tore etc.) dem GE zuzuordnen. Zu- und Abfahrten, Treppen etc. bleiben ebenfalls GE. Stellplatz, der den einzigen Zugang zu der im GE stehenden Heizung oder den zentralen Versorgungsanschlüssen des Hauses darstellt, ist zwingend GE, aber SNR möglich.

Garten: GE.

Was wozu gehört

Gasleitungen: Als Hauptleitungen GE, ansonsten SE, siehe auch Anschlußleitung.

Geländer: GE.

Gemeinschaftsräume: GE.

Geräteraum: Zwingend GE, Wenn er ständigem Mitgebrauch aller WEer dient.

Grundstücksfläche: GE.

Hauptversorgungsleitung: GE, siehe auch Gasleitung, Anschlußleitungen.

Hausmeisterwohnung: GE, soweit der Hausmeister nicht WEer ist.

Hebeanlage: GE, siehe Fäkalienanlage.

Hebebühne: siehe Doppelstockgarage.

Heizkörper

Soweit sie im SE liegen, sind sie SE, soweit in gemeinschaftlichen Räumen, GE. Eine Zuordnung der Heizkörper im Bereich des SE zum GE ist grundsätzlich möglich.

Heizkörperventile: GE.

Heizkostenverteiler: GE, da sie der Ermittlung der Verteilung der Kosten im Sinne des 16 Abs. 2 WEG dienen.

Heizungsanlage

Die Heizungsanlage inkl. Kessel und evtl. vorhandenem Tank steht grundsätzlich im GE, wenn ausschließlich die WEerGem versorgt wird. SE aber dann, wenn die von einem WEer errichtete Anlage dazu bestimmt ist, über die WEer-Gem hinaus weitere Gebäude mit Wärme zu versorgen oder sie einzelnen SE dient. In diesem Falle auch SE, wenn die Heizungsgeräte in einem gemeinschaftlichen Kellerraum untergebracht sind. Diese von der Rechtsprechung entwikkelte Lösung überzeugt nicht.

Heizungsrohre: GE, vgl. Anschlußleitungen

Hof: GE da unbebaute Grundstücksfläche.

Humusschicht: Auf Dach GE.

Innenanstrich

Innerhalb des Sondereigentums, z.B. am Balkon, in den Wohnräumen, an Türen und Fenstern sowie an Wohnungsabschlußtüren SE. Innerhalb des Gemeinschaftseigentums GE.

Installationen: siehe Anschlußleitungen

Isolierschichten: GE.

Jalousien: Hier ist zu unterscheiden: Zugvorrichtungen und Gurte sind SE. Die Jalousien selbst können SE sein. Kasten und offenliegende Führungsschienen sind GE.

Kamine: GE bis zu dem Punkt des Übergangs in SEsräume, ab dann SE.

Kanalisation: Zwingend GE, siehe Abflußrohre.

Kellerdecken: GE.

Kellerraum

GE. Kellerräume können jedoch, soweit sie abgeschlossen sind, als Nebenräume dem SE zugeordnet werden. Dient der Raum jedoch zwingend gemeinschaftlichen Aufgaben, besteht GE.

Kesselraum: siehe Tankraum.

Was wozu gehört

Klingel: siehe Sprechanlage.

Kommunmauer: siehe Brandmauer.

Lichtschächte oder -kuppeln: In der Regel GE.

Loggien: siehe Balkon.

Luftschächte: GE, soweit sie nicht ausschließlich bestimmtem SE dienen.

Markisen

Hier besteht keine einheitliche Meinung, SE, wenn zu Balkon/Loggia/Dachterrasse gehörend, die als solche SE. Richtigerweise sind sie GE, da sie Zubehör des Gebäudes werden. Anders lautende Vereinbarung möglich.

Mauer: Soweit tragend oder Außenmauer GE.

Müllbehälter, Müllschächte: GE soweit nicht im Eigentum Dritter (z.B. Stadtwerke etc.).

Notstromaggregat: GE.

Pflanzentrog: siehe Blumentrog.

Putz: Innenputz innerhalb des SE: SE, ansonsten GE.

Raum: siehe Tankraum.

Regenrinne: GE.

Reklameschrift: GE.

Rolläden: siehe Jalousien.

Rücklage, Rückstellung: siehe Verwaltungsvermögen.

Was wozu gehört

Sauna: Regelmäßig GE, es sei denn, sie ist in der TErkl zu SE erklärt.

Schaufensterscheiben: siehe Fenster.

Schilder aller Art: GE

Schlüssel und Schloß

Schlösser in GE = GE, in SE = SE. Schlüssel und Schloß bilden eine Einheit, da hier Schlüssel kein Zubehör, d.h. Eigentum an dem Schlüssel folgt dem Eigentum am Schloß. Siehe auch Türen.

Schornstein: GE, siehe auch Kamine.

Schwimmbad: Wie Sauna.

Spielraum: Regelmäßig GE, es sei denn, er ist in der TErkl zu SE erklärt.

Sprechanlagen: GE bis zur Abzweigung in das SE.

Stellplatz: siehe Garagen.

Stromleitung: siehe Anschlußleitungen.

Tankraum

Kessel- und Tankraum der Heizungsanlage stehen zwingend in GE, wenn Heizungsanlage GE, auch der Zugangsraum.

Tapeten: Im SE-Bereich: SE, im GE GE.

Telefonanschlüsse: GE bis zum Übergang in die Räume des SE.

Teppichboden

Ein im Treppenhaus fest verlegter Teppichboden ist GE. Dagegen ist ein Teppichboden in der Wohnung immer SE.

Terrassen

Hier ist zu unterscheiden: An ebenerdigen Terrassenflächen besteht zwingend GE. An vertikal abgegrenzten nicht ebenerdigen Terrassen sowie Dachterrassen kann SE begründet werden, es gelten dann die selben Grundsätze wie bei Balkonen, siehe Balkon.

✓

Was wozu gehört

Trennmauer: Nichttragende Wände, die als Trennmauern zwischen zwei Wohnungen oder Räumen GE dienen, können unter Beschränkung auf die beiden Nachbarn sog. »Mitsondereigentum« sein.

Treppen: Sind GE, soweit sie nicht innerhalb des SE liegen.

Treppenhaus: siehe Diele.

Trockenplatz: GE.

Türen

Hier gilt das zu Fenster Gesagte entsprechend: D.h. Türen innerhalb des GE sind GE, Türen innerhalb des SE sind SE bis auf Wohnungsabschlußtüren. Diese sind GE bis auf den Innenanstrich.

Türschließanlage: GE, soweit nicht in SE gelegen.

Uhren: siehe Erfassungsgeräte.

Verbindungsflur: siehe Diele.

Verwaltungsunterlagen: GE.

Verwaltungsvermögen: GE.

III. Was versteht man unter einem Sondernutzungsrecht?

Was man unter Sondereigentum und Gemeinschaftseigentum versteht, wurde bereits erläutert.

§§

An PKW-Stellplätzen, Kellerräumen und Gartenflächen besteht oftmals ein sogen. Sondernutzungsrecht (SNR). Nun werden Sie sich fragen, was man darunter genau versteht.

Ein Sondernutzungsrecht ist das Recht, eine bestimmte im gemeinschaftlichen Eigentum stehende Fläche allein, d.h. unter Ausschluß aller anderen Wohnungseigentümer nutzen zu dürfen.

Merke: Ein Sondernutzungsrecht kann nicht isoliert eingeräumt werden, sondern nur in Verbindung mit einem Sondereigentum:

So erhält z.B. ein Sondereigentümer (= Wohnungseigentümer) das Sondernutzungsrecht an einem bestimmten Kellerraum, an einer bestimmten PKW-Abstellfläche oder an einem bestimmten Teil der Grünfläche.

Das Sondernutzungsrecht ist eine Vereinbarung der Wohnungseigentümer, die im Grundbuch eingetragen wird.

Wenn Sie mit einem Sondernutzungsrecht auch andere Eigentümer am Gebrauch ausschließen können, so bedeutet dies noch nicht, daß Sie die Ihnen zugeordnete Fläche nach freiem Belieben nutzen dürfen.

Keine baulichen Veränderungen

So berechtigt z.B. das Sondernutzungsrecht nicht, bauliche Veränderungen, wie z.B. das Aufstellen eines Gartenhäuschens auf der Ihnen als Sondernutzungsrecht zugeordneten Grünfläche, vorzunehmen.

Für eine solche bauliche Veränderung ist unbedingt eine Vereinbarung zwischen allen Wohnungseigentümern notwendig.

Die bedeutet: Sie bedürfen für eine solche bauliche Veränderung also der Zustimmung aller Eigentümer.

IV. Auch in der Eigentumswohnung gilt: Rücksicht auf den Nachbarn

Sie wohnen nicht im Wald

Im Unterschied zum eigenen Haus wohnen Sie in einer Eigentumswohnung mit mehreren Miteigentümern oder deren Mietern in ein- und demselben Gebäude. Deshalb wohnen Sie in aller Regel nicht so ungestört wie in einem eigenen Haus.

Auf der anderen Seite erfordert das Wohnen in einer ETW die Rücksichtnahme auf andere Mitbewohner.

Prozesse vorprogrammiert

Viele Menschen halten es mit dieser Rücksichtnahme jedoch nicht so sehr genau, weshalb in Deutschland jährlich eine halbe Million Nachbarn Prozesse gegen Nachbarn führen.

Bedenken Sie bitte, daß ein Prozeß das letzte Mittel ist, um sich gegen rücksichtslose Nachbarn zu wehren! Haben Sie Ihre Nachbarn erst einmal verklagt oder sind Sie von diesen verklagt worden, so ist das Verhältnis in einer ETW-Anlage oft auf Dauer gestört, so daß das »Miteinander-Wohnen« in der Regel nicht mehr so unbeschwert möglich ist wie vorher.

Aus diesem Grunde sollten Sie wissen, wie Sie sich in einer Wohnungseigentumsanlage zu verhalten haben, was Sie dürfen und was Sie nicht dürfen.

Folgende Checkliste gibt Ihnen hierzu eine Orientierungshilfe:

Verhalten im Gebäude und in der Wohnung

Den Nachbarn nicht stören

- Fernsehgeräte, Radios und Stereoanlagen dürfen Sie nur auf Zimmerlautstärke betreiben.

- Baden und Duschen auch nach 22.00 Uhr ist erlaubt, sofern es nicht länger als 30 Minuten dauert.

- Geräusche von Waschmaschinen, Schleudern, Spülmaschinen, Staubsaugern, Espressomaschinen, Mixern usw. sind tagsüber erlaubt und müssen hingenommen werden.

- Auseinandersetzungen innerhalb einer Familie, insbesondere Ehekrach, ist nicht immer vermeidbar und deshalb erlaubt, selbst wenn dieser so laut werden sollte, daß Sie die Bewohner im Hause deutlich hören können. Solche lautstarken Auseinandersetzungen müssen jedoch dann nicht hingenommen werden, wenn sie sich über einen längeren Zeitraum ›etwa 30 Minuten an mehreren Tagen hintereinander‹ abspielen.

Garagentore

- Garagentore dürfen nach 22.00 Uhr nicht mehr lautstark geschlossen werden. Bedenken Sie bitte, daß Sie hierdurch andere Menschen im Schlaf stören können. Ist ein Garagentor aus technischen Gründen besonders laut oder quietscht es, so muß das Auto nach 22.00 Uhr auf der Straße abgestellt werden.

- Für Fenster, Jalousien, Rolläden und Markisen gilt ähnliches: Lassen sich diese nur durch eine solche Lautstärke öffnen und schließen, daß Sie auch in Nachbarwohnungen bzw. auf Balkonen und Terrassen deutlich und störend gehört werden können, so dürfen diese nicht vor 7.00 Uhr morgens geöffnet und nach 22.00 Uhr abends geschlossen werden.

Grillen und Feiern

- Sicherlich kennen auch Sie einige Zeitgenossen, die der Auffassung sind, einmal im Monat dürfe man so richtig lautstark feiern und dies sei dementsprechend auch nicht verboten. Diese Ansicht ist allerdings grundlegend falsch und kann Ihnen eine Klage bzw. einen Bußgeldbescheid einbringen, wenn Sie sich entsprechend lautstark verhalten!

Feiern

- Allerdings muß ein nur gelegentliches Feiern von allen Nachbarn hingenommen werden. Hier gilt jedoch die 22.00-Uhr-Grenze als Nachtruhe: Ab diesem Zeitpunkt dürfen Sie nur noch mit Zimmerlautstärke feiern. Die Nachtruhe gilt sowohl im Freien als auch im Gebäude selbst.

- Darüber hinaus ist in einigen Bundesländern sogar das Grillen im Freien verboten, sofern dadurch Nachbarn belästigt werden.

- Aus Rücksichtnahme auf Ihre Nachbarn sollten Sie in einer ETW-Anlage auf Balkonen und Terrassen möglichst nur Elektro-Grills einsetzen.

Lärm durch Kinder

Kinderlärm ist ein häufiger Grund für gerichtliche Auseinandersetzungen zwischen Nachbarn. Da dieser jedoch kaum vermeidbar ist, müssen Sie ihn hinnehmen!

Lediglich innerhalb der Ruhezeiten mittags zwischen 13.00 und 15.00 Uhr und abends ab 22.00 Uhr kann Rücksicht verlangt werden.

Beachten Sie bitte, daß dies auch für Spielplätze im Freien gilt.

Lärm durch Tiere

Anders als beim Eigenheim müssen sich die Bewohner einer ETW der Hausordnung unterordnen. Danach kann es den Bewohnern untersagt sein, Tiere zu halten.

Sofern das Halten von Tieren jedoch erlaubt sein sollte, so gibt es inzwischen feststehende Regeln, die durch Gerichtsurteile herausgebildet wurden:

Danach dürfen Hunde nur etwa 30 Minuten pro Tag bellen, nicht jedoch während der Ruhezeiten zwischen 13.00 und 15.00 Uhr und abends ab 22.00 Uhr.

Frösche oder Hähne, die in letzter Zeit sowohl Gerichte aber auch die Tagespresse insbesondere die Regenbogenpresse beschäftigt haben, spielen in ETW-Anlagen weniger eine Rolle als z.B. in Eigenheimen.

Es ist jedoch denkbar, daß solche Tiere von Bewohnern der Erdgeschoßwohnungen, die oftmals ein Sondernutzungsrecht am Garten ›und möglicherweise einen kleinen Teich besitzen‹ gehalten werden.

Da Frösche vom Naturschutz, insbesondere dem Tierschutzgesetz, geschützt werden, läßt sich ein quakender Frosch praktisch nicht verbieten! **Frösche**

Bei krähenden Hähnen ist dies allerdings anders: Diese müssen während der Ruhezeiten – also zwischen 13.00 und 15.00 Uhr und ab 22.00 Uhr – eingesperrt werden.

Die Nutzung des Gartens spielt wie schon dargestellt auch bei ETW eine Rolle, weil hier vielfach den Erdgeschoßbewohnern ein Sondernutzungsrecht an einem Teil des Gartens zugeordnet wird. **Garten**

Rasenmäher mit lauten Motoren dürfen an Sonn- und Feiertagen überhaupt nicht benutzt werden, an Werktagen nicht zwischen 19.00 und 7.00 Uhr.

Lediglich geräuscharme Mäher also Elektromäher oder per Hand betriebene Rasenmäher dürfen bis 22.00 Uhr eingesetzt werden.

Ein Komposthaufen in der Nähe des Gebäudes ist nicht erlaubt, weil hier die Nachbarn durch starke Gerüche aber auch durch Insekten belästigt werden können. **Komposthaufen**

Es ist auch schon vorgekommen, daß ein Nachbar einen obszönen Gartenzwerg auf dem Rasen aufgestellt hat: Den muß er selbstverständlich entfernen.

Beachten Sie aber bitte, daß sich Belästigungen bei einer ETW-Anlage niemals ganz vermeiden lassen, weil Sie hier immer mit mehreren Menschen in einem Gebäude zusammen leben müssen.

Beachten Sie bei Beeinträchtigungen in jedem Fall, ob diese so stark sind, daß Sie sich gegen störende Nachbarn mit einem Gerichtsverfahren zur Wehr setzen wollen. Denken Sie auch an die bleibenden Schäden, wie z.B. Störung des Kontaktes zu den Nachbarn nach einem solchen Gerichtsverfahren!

Es gilt der Grundsatz, daß derjenige isoliert ist, der gegen Nachbarn prozessiert.

Sollten jedoch die Belästigungen in der Wohnanlage so stark sein, daß Sie dies nicht länger aushalten können, so sollten Sie sich mit anderen Nachbarn zusammenschließen und beraten, was man unternehmen sollte.

Auf Tagesordnung der Eigentümerversammlung setzen

Sie haben wie bereits dargestellt als Eigentümer einer ETW auch das Recht, zu beantragen, daß besondere Diskussionspunkte auf die Tagesordnung gebracht werden: So z.B. die Eigentümerversammlung wird gebeten, etwas gegen das laute Bellen des Hundes des Nachbarn X oder Y zu unternehmen.

Ein Gerichtsverfahren gegen Nachbarn sollte nur das letzte Mittel sein!

Trösten Sie sich mit dem Zitat von Friedrich Schiller: »Es kann der Frömmste nicht in Frieden leben, wenn es dem bösen Nachbarn nicht gefällt.« Und bedenken Sie, daß es dem Bewohner eines freistehenden Einfamilienhauses oftmals auch nicht besser geht, wenn sich sein Zaunnachbar ebenso störend verhält, wie der Nachbar in einer ETW-Anlage.

V. Eigentümerversammlung

§§

Eigentümerversammlung

Ein für die Wohnungseigentümer nicht zu unterschätzende Einrichtung ist die Eigentümerversammlung. Hier berichtet der Versammlungsvorsitzende – meist der Verwalter – über die Wirtschaftlichkeit der Anlage und seit der letzten Versammlung eingetretenen Veränderungen.

Es kann nur empfohlen werden, die Versammlung zu besuchen, weil man hier Dinge erfährt, die einem sonst nur über »mehrere Ecken« zu Ohren kommen. Schließlich haben Sie für Ihre Eigentumswohnung viel Geld ausgegeben. Dann sollen Sie auch erfahren, wie es um das Gesamtobjekt steht.

Tip

Versammlung besuchen

Ganz wesentlich ist aber Ihr Stimmrecht auf der Eigentümerversammlung.

§§

Stimmrecht

Zunächst muß der Verwalter alle im Grundbuch stehenden Eigentümer zur Eigentümerversammlung einladen.

Steht nach einem Verkauf einer Eigentumswohnung bereits eine sogen. Auflassungsvormerkung zu Gunsten des Käufers im Grundbuch, so ist dennoch der veräußernde (alte) Eigentümer – und nicht der erwerbende Eigentümer – zur Versammlung einzuladen, das der Käufer noch nicht als Eigentümer im Grundbuch eingetragen ist.

Dies hat eine ganz praktische Seite: Denn erst mit der Eintragung als Eigentümer im Grundbuch beginnt auch die Zahlungspflicht des Käufers und nicht etwa schon mit der Eintragung der Auflassungsvormerkung.

VI. Ablauf der Wohnungseigentümerversammlung

Gem. § 24 Abs. 5 WEG führt der Verwalter den Vorsitz in Eigentümerversammlungen, sofern die Gemeinschaft nichts anderes beschließt.

§§

Verwalter führt Vorsitz

Wegen der Vertraulichkeit ist die Versammlung nach den Bestimmungen der Gemeinschaftsordnung nicht öffentlich. Fremden Personen ist der Zutritt untersagt.

Der Verwalter hat als Versammlungsleiter für einen geordneten, gesetzmäßigen, reibungslosen und zügigen Versammlungsablauf zu sorgen, wozu er sich auch anderer

Personen bedienen darf, wie z.B. Mitarbeiter, Rechtsanwälte, Architekten, Handwerker, wenn es etwa um rechtliche oder bautechnische Fragen geht, die während der Versammlung zu erörtern sind.

Man denke hier auch an die Führung des Protokolls:

Der Verwalter kann als einzelne Person schließlich nicht alle Aufgaben alleine bewältigen und nicht alle (Fach-)fragen beantworten.

§§

Sie können sich vertreten lassen

Als Wohnungseigentümer können Sie sich auch von einer anderen Person in der Eigentümerversammlung vertreten lassen, indem sie dieser eine schriftliche Vollmacht erteilen. Diese Person übt dann im eigenem Namen für den Vertretenen aus.

Vorsicht: Achten Sie auf die Gemeinschaftsordnung, wo häufig Regeln über die Vertretung finden. So kann es z.B. dort geregelt sein, daß eine Vertretung nur durch einen anderen Miteigentümer oder den Verwalter in Betracht kommt.

Muß die Vollmacht schriftlich erteilt werden?

Grundsätzlich ist die Vollmachterteilung nach dem Gesetz nicht an die Schriftform gebunden, es sei denn, die Gemeinschaftsordnung würde dies vorsehen, was häufig der Fall ist.

Allein schon aus Beweisgründen sollte eine Vollmacht aber schriftlich erteilt werden und den ganz konkreten Versammlungstermin ausdrücklich nennen.

Ist der Vertreter bei der Stimmrechtsausübung weisungsgebunden?

Im Innenverhältnis ist der Vertreter gegenüber dem Vertretenen weisungsgebunden, d.h., er hat zu den einzelnen Tagesordnungspunkten so zu stimmen, wie es ihm der Vertretene aufgetragen hat.

Wie lange bin ich an die Vollmachterteilung gebunden?

§§

Vertretung durch Vollmacht

Grundsätzlich gilt die Vollmacht für den einen Versammlungstermin, für den sie erteilt wurde. Gleichwohl können Sie die Vollmacht jederzeit widerrufen und einer anderen Person erteilen.

Was ist, wenn Sie sich es anders überlegen und trotz erteilter Vollmacht selbst die Versammlung aufsuchen?

In diesem Fall wird Ihre früher erteilte Vollmacht gegenstandslos.

Was ist, wenn ich zwar in der Versammlung anwesend bin, jedoch früher gehen möchte?

In diesem Fall können Sie in aller eine Vollmachten erteilen, um zu verhindern, daß Ihre Interessen nicht vertreten werden oder aber z.B. die Versammlung durch die Anwesenheit zu weniger Eigentümer beschlußunfähig wird.

Woher weiß man, wer sich vertreten läßt?

Da Vollmachtserteilungen in der Anwesenheitsliste vermerkt werden müssen, wissen Sie stets, wer sich vertreten läßt.

Über den Ablauf der Wohnungseigentümerversammlung muß ein Protokoll angefertigt werden.

Protokoll und Unterschrift

Dieses ist gem. § 24 Abs. 6 Satz 2 WEG im Original vom Versammlungsvorsitzenden – das ist meist der Verwalter – und einem Wohnungseigentümer zu unterschreiben, wobei die Gemeinschaft der Wohnungseigentümer diesen Eigentümer bestimmen kann.

Falls ein Verwaltungsbeirat vorhanden ist, so müssen auch noch dessen Vorsitzender oder sein Vertreter unterschreiben.

Protokollversand

Grundsätzlich muß das angefertigte Protokoll über die Eigentümerversammlung nicht an die einzelnen Wohnungseigentümer versendet werden.

Selbstverständlich kann ein Protokollversand jedoch durch die Gemeinschaftsordnung vorgesehen sein.

Heutzutage ist es gerade bei großen Wohnungseigentumsanlagen fast schon üblich, jedem Eigentümer eine Kopie des Protokolls zuzusenden, da erfahrungsgemäß eine große Anzahl von Eigentümern nicht zur Versammlung erscheint, aber dennoch über den Ablauf der Eigentümerversammlung informiert werden möchte.

Liegt eine Pflicht zur Versendung der Protokolle vor, so muß nach der absolut herrschenden Meinung die Versendung so rechtzeitig geschehen, daß die Eigentümer diese innerhalb von 3 Wochen gerechnet ab dem Versammlungstermin in ihren Händen haben.

VII. Beschluß und Vereinbarung

§§

Beschluß und Vereinbarung

Die Wohnungseigentümer regeln ihre Angelegenheiten durch Beschluß (siehe § 23 WEG) oder Vereinbarung (siehe § 10 WEG).

Beschlußvereinbarung

Die Vereinbarung kann auch als Grundordnung bezeichnet werden: Sie ist gewissermaßen das »Grundgesetz«, mit dem die Wohnungseigentümer ihr Verhältnis untereinander regeln, also insbesondere den Gebrauch des Eigentums und die Verwaltung. So z.B. kann in einer Vereinbarung geregelt werden, daß die Anlage ausschließlich Wohnzwekken (= Wohnungseigentum) dient oder aber, daß genau bezeichnete Einheiten als Gewerberäume (= Teileigentum) genutzt werden dürfen.

Dagegen wird durch Beschluß die Verwaltung der Anlage gestaltet und organisiert.

z.B.

Vereinbarung

Weil eine Vereinbarung also die Grundlagen des Wohnungseigentums berührt, werden an ihr Zustandekommen hohe Anforderungen gestellt. Demgemäß können Vereinbarungen auf folgenden Wegen zustande kommen:

- Die Gemeinschaft aller Wohnungseigentümer schließt eine Vereinbarung vor dem Notar, oder
- Alle Wohnungseigentümer unterschreiben in der Wohnungseigentümerversammlung eine Übereinkunft oder
- Eine Übereinkunft wird im Umlaufverfahren von allen Wohnungseigentümern unterschrieben (sogen. Umlaufbeschluß).

Durch eine Vereinbarung können die Wohnungseigentümer z.B. bestimmen, was zum Sondereigentum und was zum Gemeinschaftseigentum zählt. Dies ist u.a. deshalb von Bedeutung, weil das Sondereigentum meist vom jeweiligen Wohnungseigentümer unterhalten werden muß, während für das Gemeinschaftseigentum die Gemeinschaft der Wohnungseigentümer zuständig ist und anteilig zur Kasse gebeten werden kann.

Durch Vereinbarung wird Sondereigentum bestimmt

Es kann z.B. bestimmt werden, daß folgende Gebäudeteile zum Sondereigentum zählen:

- der Fußbodenbelag,
- und der Deckenputz der Räume, die im Sondereigentum stehen,
- Wandputz, Wandverkleidungen,
- Innentüren,
- Innenfenster,
- Innenfensterbänke,
- Innenjalousien,
- Sanitärobjekte, wie Badewannen und Waschbecken,
- Armaturen, wie Wasserhähne u.ä.
- Heizkörper
- Lichtschalter,
- Steckdosen,
- Einbauküche,
- Küchenventilator
- Balkonbrüstung

Ferner kann bestimmt werden, daß alle anderen, soeben nicht genannten Gebäudeteile im Gemeinschaftseigentum stehen.

✓

Durch Vereinbarung kann bestimmt werden

Ferner kann per Vereinbarung geregelt werden:

- Die Nutzung des Sondereigentums zu Wohnzwecken oder
- als Gewerbe
- Ob und inwieweit der Verwalter zuständig ist für die Genehmigung, eine Wohneinheit zu Gewerbezwecken nutzen zu dürfen,
- Daß ein Wohnungseigentümer die Überlassung seiner Wohnung an dritte (insbes. Vermietung) unverzüglich dem Verwalter schriftlich mitzuteilen ist,
- Ferner die Frage, wer für Schäden haftet, die etwa ein Mieter anrichtet,
- daß für eine Veräußerung einer Wohnung die Zustimmung des Verwalters eingeholt werden muß,
- die Verpflichtung der Wohnungseigentümer jeweils ihr Sondereigentum instand zu halten,
- Regelungen über die Instandhaltung des gemeinschaftlichen Eigentums
- Regelungen, daß bauliche Veränderungen, die das Erscheinungsbild oder den Karakter der Anlage verändern, der Zustimmung des Verwalters bedürfen,
- Welche Versicherungen für das Sondereigentum und das Gemeinschaftseigentum abgeschlossen werden müssen,
- Wie die laufenden Lasten und Kosten ermittelt, verteilt und gezahlt werden,
- Daß der Verwalter für jedes Kalenderjahr einen Wirtschaftsplan aufzustellen hat,
- Regelungen über die Eigentümerversammlung,
- Regelungen über den Verwaltungsbeirat
- Entziehung des Wohnungseigentums nach § 18 WEG bei schwerer Pflichtverletzung eines Wohnungseigentümers (eine solche Entziehung kommt in der Praxis so gut wie nie vor).

Vereinbarungen können auch später jederzeit getroffen werden, insbes. wenn die Wohnungseigentümer ihr Verhältnis untereinander in Ergänzung oder Abweichung zum WEG und zur Gemeinschaftsordnung regeln wollen.

Doch Vorsicht:

§§

Vereinbarung nur, wenn alle mitmachen!

Damit eine Vereinbarung auch wirksam wird, muß sie von allen im Grundbuch eingetragenen Wohnungseigentümer unterschrieben werden; diese Unterschriften müssen anschließend notariell beglaubigt werden. Danach muß die Vereinbarung mit allen beglaubigten Unterschriften im Grundbuch hinterlegt werden.

VIII. Hausordnung

Anders als im eigenen Haus, wo Sie alleine wohnen, wohnen Sie in einer Eigentumswohnung mit anderen, meist fremden, Menschen unter einem Dach.

§§

Hausordnung schafft Klarheit

Damit für alle Bewohner ein möglichst störungsfreies, geordnetes und von wechselseitiger Rücksichtnahme geprägtes Zusammenleben auf engstem Raum in einer Eigentumswohnanlage überhaupt erst erträglich wird, haben Sie als Eigentümer die Möglichkeit, Ihr Zusammenleben zu organisieren und zwar in Form einer Hausordnung, die nur durch Stimmenmehrheit – sogen. einfache Mehrheit – zustande kommen kann. Die Aufstellung einer Hausordnung entspricht Grundsätzen ordnungsgemäßer Verwaltung (§ 21 Abs. 5 Nr. 1 WEG), weshalb sie von jedem Wohnungseigentümer verlangt werden kann.

Kommen die anderen Eigentümer – sprich die Mehrheit – dem jedoch nicht nach, so bleibt Ihnen zur Durchsetzung einer Hausordnung der gerichtliche Weg.

In diesem Fall müßten Sie den Antrag stellen, wonach das Gericht andere Eigentümer verpflichtet, eine der Gemeinschaft entsprechende, allgemein übliche Hausordnung zu beschließen.

§§

Hausordnung

Erweist es sich im Laufe der Zeit als erforderlich, eine bestehende Hausordnung zu ergänzen, zu erweitern oder zu ändern, so kann auch dies mit der (einfachen) Mehrheit aller Wohnungseigentümer beschlossen werden.

Wie aber kann eine Hausordnung entworfen werden?

In der Regel sind die einzelnen Wohnungseigentümer keine Rechtsexperten und daher kaum in der Lage, eine Hausordnung zu entwerfen, die vor Gericht Bestand hätte.

Entwurf fertigen

Deshalb empfiehlt es sich, daß Verwaltungsbeirat und/ oder Verwalter mit dem Inhalt einer Hausordnung beschäftigen, einen Entwurf fertigen und diesen der Gemeinschaft zur Diskussion und endgültig genehmigenden Beschlußfassung vorlegen.

Genauso gut können auch die Wohnungseigentümer beschließen, daß bestimmte Personen ermächtigt werden, eine verbindliche Hausordnung aufzustellen und den Wohnungseigentümern vorzulegen, die dann von diesen beschlossen werden kann.

Zu beachten ist, daß der Inhalt einer Hausordnung nicht völlig frei gestaltet werden kann. Vielmehr muß auf die Besonderheiten der Gemeinschaft und der Immobilie Rücksicht genommen werden.

Ganz entscheidend ist dabei, daß der in einer Teilungserklärung mit Gemeinschaftsordnung festgelegte Zweckcharakter der Gesamtanlage durch die Hausordnung weder abgeändert noch eingeschränkt werden darf.

So z.B. darf die Hausordnung nicht bestimmen, daß ein in der Teilungserklärung festgeschriebenes Wohnungseigentum als Laden zu Gewerbezecken genutzt werden darf.

Regelungen in der Hausordnung

Eine Hausordnung kann praktisch den gesamten Tagesablauf in einer Wohnanlage regeln, angefangen von Reinigungspflichten, dem Recht, an bestimmten Tagen die Waschküche/den Trockenboden zu regeln, Namensschilder an Briefkästen, Klingeln und Wohnungstüren anzubringen, abends die Haustür zu schließen, die gemeinsamen Parkplätze zu nutzen usw.

Regelungen für einzelne Wohnungen

Problematisch wird eine Hausordnung immer dann, wenn sie das Verhalten innerhalb der einzelnen Wohnungen selbst regelt. So finden sich in vielen Hausordnungen Regelungen zur Tierhaltung, Musikausübung, zu den Ruhezeiten, zur Gartennutzung, zur zeitlich begrenzten Aufnahme von Gästen, zur Haftung von Gästen im Schadensfall usw.

In diesem Zusammenhang ist zu beachten, daß die Gesetzgebung und Rechtsprechung die genannten Lebensbereiche bereits so detailliert geregelt haben, daß einerseits eine Hausordnung nicht auch hierzu etwas sagen sollte. Auf der anderen Seite ist es den Wohnungseigentümern aber unbenommen, auch diese genannten Bereiche zu reglementieren.

Tip

Fachlichen Rat einholen

Allerdings sollte hier vor Abfassung einer Hausordnung ein Fachmann für Wohnungseigentum, ein Rechtsanwalt oder ein qualifizierter langjähriger Hausverwalter mitwirken. Verstößt nämlich eine Hausordnung gegen bestehende Gesetze oder gegen die Rechtsprechung, so kann sie zumindest teilweise rechtswidrig sein und muß hinsichtlich der rechtswidrigen Regelungen von niemandem beachtet werden.

Hier ist also ein Konflikt vorprogrammiert.

Tip

Deshalb habe ich folgende Regel aufgestellt, die ich in meiner Praxis stets mit Erfolg umsetze:

z.B.

Inhalt der Hausordnung

Je weniger umfangreich eine Hausordnung ist, desto besser ist sie.

Bedenken Sie: Die Hauordnung kann ja bei Bedarf jederzeit verändert werden.

Tip

Wenn Wohnungen vermietet werden/ sind

Eine Besonderheit besteht noch, wenn einzelnen Eigentumswohnungen vermietet werden:

Hier bedienen sich die Vermieter meist eines schriftlichen Mietvertrages mit angehängter Hausordnung, so z.B. bei den im Schreibwarenhandel erhältlichen Vordrucken »Einheitsmietvertrag«.

Leider stimmen diese Hauordnungen der Vermieter oftmals nicht mir der Hausordnung überein, die die Wohnungseigentümer untereinander beschlossen haben.

So kommt es z.B. vor, daß in der Hausordnung zwischen Wohnungseigentümer und Mieter andere Ruhezeiten, ein anderer Benutzungsmodus für Gemeinschaftsräume festgelegt werden, als dies in der Hausordnung der Gemeinschaft der Fall ist.

Um eine solche Konfliktsituation von vornherein auszuschließen, sollte zwischen der Hausordnung der Eigentümergemeinschaft und den mit Mietern vereinbarten Hausordnungen Übereinstimmung bestehen.

Dies ist deshalb besonders wichtig, weil die zwischen den Wohnungseigentümern beschlossene Hausordnung für den Mieter nur dann bindend ist, wenn sie Gegenstand des Mietvertrages ist.

Für den vermietenden Wohnungseigentümer ergeben sich Probleme, wenn die Hausordnung der Gemeinschaft nach Abschluß des Mietvertrages geändert werden. Zwar gelten diese Änderungen für die einzelnen Wohnungseigentümer, nicht jedoch für den Mieter: Dies hat seinen Grund darin, daß der Mietvertrag einschließlich Hausordnung durch einen Vertrag zwischen Vermieter (= Wohnungseigentümer) und Mieter zustande gekommen ist und dieser Vertrag also nicht einseitig vom Vermieter geändert werden kann.

Dies Dilemma hätte zur Folge, daß wegen der nachträglich geänderten Hausordnung die Wohnungseigentümer andere Rechte und Pflichten hätte als der Mieter, dessen Hausordnung ja nicht geändert werden kann.

Zwar gibt es hier eine gewisse Einschränkung bezüglich des Auseinanderklaffens der Rechte und Pflichten, weil nach mehr oder weniger herrschenden Rechtsauffassung auch der Gerichte ein Mieter einer Eigentumswohnung nicht mehr Rechte haben darf als ein in seiner Wohnung wohnender Eigentümer, doch kann sich diese Rechtsauffassung jederzeit ändern.

Deshalb folgender Tipp bei Vermietung einer Eigentumswohnung:

Schreiben Sie in den Mietvertrag folgende Klausel hinein:

Klausel im Mietvertrag

> »§ XYZ: Ergänzungsvorbehaltsklausel: Im Falle der Änderung der für die Wohnungseigentümer geltenden Hausordnung, wird diese in der jeweils geänderten Fassung auch Gegenstand des Mietverhältnisses. Die jeweils aktuelle Fassung wird dem Mieter vom Vermieter unverzüglich ausgehändigt. Der Mieter quittiert dem Vermieter den Erhalt der neuen Hausordnung«.

Verstoß gegen Hausordnung

Was tun, wenn sich Miteigentümer nicht an die Hausordnung halten?

Hier können sowohl die Wohnungseigentümer als Gemeinschaft aber auch jeder einzelnen Wohnungseigentümer, der sich durch die Verletzung der Hausordnung gestört fühlt, vorgehen.

§§

Störer wird abgemahnt

Sie können zum einen den Verwalter auffordern, den Störer abzumahnen.

Sie können sich aber auch mit sogen. Stör-, Abwehr- und Unterlassungsansprüchen aus § 1004 BGB gegen störende Miteigentümer wenden. Zuständig ist das für Wohnungseigentumssachen zuständige Gericht.

Gehen die Störungen vom Mieter einer aus, so ist das Prozeßgericht zuständig.

Falls Sie nicht wissen, welches Gericht zuständig ist, so können Sie sich an das Amtsgericht Ihres Wohnsitzes wenden und dort kostenlos die Zuständigkeit erfragen.

IX. Anfechtung von Eigentümerbeschlüssen

Muß ich einen Beschluß der Wohnungseigentümerversammlung hinnehmen, wenn ich nicht einverstanden bin?

§§

Anfechtung von Beschlüssen

Zunächst einmal ist zu beachten, daß Beschlüsse die in Wohnungseigentümerversammlungen gefaßt werden, die nichtig sind, nichts rechtskräftig sind und daher nicht beachtet werden müssen. So z.B. wäre ein Beschluß nichtig, der die Nutzung als Laden verbietet, obwohl die Teilungserklärung eine solche Nutzung vorsieht: Hier kann durch einen Beschluß (= einfache Mehrheit) eine Vereinbarung (= einstimmig) nicht aufgehoben werden. Der Rechtsverstoß eines solchen Beschlusses wäre so fehlerhaft, daß er zur Nichtigkeit des Beschlusses führt: Der Beschluß existiert also praktisch nicht.

Ansonsten wird ein Beschluß rechtskräftig, wenn er nicht innerhalb einer Frist von einem Monat angefochten wird.

§§

Anfechtung von Beschlüssen

Wem gegenüber ist ein Beschluß anzufechten?

Ein Beschluß muß innerhalb der soeben genannten Monatsfrist gegenüber dem Amtsgericht angefochten werden, in dessen Bezirk sich die Wohnungseigentumsanlage befindet.

Benötige ich einen Anwalt für eine Beschlußanfechtung?

Grundsätzlich besteht bei einer Beschlußanfechtung kein Anwaltszwang, sodaß sie als Wohnungseigentümer die Beschlußanfechtung selbst vornehmen können.

Wer außer den Wohnungseigentümern kann einen Beschluß noch anfechten?

Außer den Wohnungseigentümern kann auch der Verwalter der Anlage einen Beschluß anfechten.

Was ist bei einer Beschlußanfechtung gegenüber dem Amtsgericht zu beachten?

In der Beschlußanfechtung sind zu nennen:
- die Wohnungseigentümergemeinschaft einschließlich aller Namen der Eigentümer
- der Name des Verwalters.

Was ist sonst noch zu beachten?
- Sie müssen die Anfechtung des Beschlusses begründen,
- sie müssen die Anfechtungsfrist beachten: Sie beträgt einen Monat.

Wie wird die Frist berechnet?

Nehmen wir einmal an, daß der Beschluß am 15. Mai gefaßt wurde. Dann muß Ihre schriftliche Anfechtung spätestens am 15. Juni desselben Jahres beim Amtsgericht vorliegen.

X. Bauliche Veränderungen: Was ist erlaubt, was verboten?

1. Grundsätzliches

Bauliche Veränderungen

Eines der häufigsten Reizworte im Recht des Wohnungseigentums ist der Begriff »Bauliche Veränderungen«. Da die Eigentumswohnung allgemein als Alternative zum eigenen Haus angesehen wird, erscheint es für den Eigentümer einer Eigentumswohnung nur als selbstverständlich, mit seinem Eigentum ähnlich zu verfahren, wie dies beim eigenen Haus selbstverständlich ist.

z.B.

So z.B. montieren nicht wenige Wohnungseigentümer auf ihren Terrassen oder Balkonen Markise. Ebenso wird der nachträgliche Einbau von Rolläden beobachtet oder gar die Errichtung eines Gartenhauses. Schon als Gang und Gäbe wird die Installation einer Satellitenanlage angesehen.

Nur muß man dabei eines beachten:

All die soeben genannten Maßnahmen sind beim eigenen Haus absolut in Ordnung, da man hier Alleineigentümer am gesamten Gebäude und Grundstück ist.

Bei einer Eigentumswohnung ist dies völlig anders:

§§

Keine eigenmächtigen Veränderungen

Selbst kleinere Maßnahmen können den Charakter einer Anlage – z.B. das optische Bild – verändern. Da man es hier mit anderen Eigentümern zu tun hat, die auch Anteil am Gemeinschaftseigentum haben, dürfen einzelne Eigentümer keine eigenmächtigen Veränderungen vornehmen.

Natürlich sind hier nicht die Fenstergardine oder die Blumen auf der Innenfensterbank gemeint.

Hilfreich für die Grenze zwischen dem erlaubten und nicht mehr Erlaubten ist hier der im Wohnungseigentumsgesetz als Maßstab geltende Begriff »Bauliche Veränderung«.

Merke:
Sobald eine Maßnahme eine bauliche Veränderung der Wohnanlage darstellt, ist hier die Grenze des Erlaubten überschritten.

§§

Gem. § 22 Abs. 1 Satz 1 Wohnungseigentumsgesetz können bauliche Veränderungen und Aufwendungen, die über die ordnungsgemäße Instandhaltung oder Instandsetzung hinausgehen,

- nicht gemäß § 21 Abs. 3 WEG beschlossen oder
- gemäß § 21 Abs. 4 WEG verlangt werden.

Zunächst klingt der Begriff »Bauliche Veränderungen« nach großen handwerklichen Eingriffen, wie z.B. die Aufstockung oder die Entfernung eines Flachdaches und als Ersatz die Installation eines Satteldaches.

Aber:
So groß müssen die Veränderungen gar nicht sein, um als bauliche Veränderungen nach WEG zu gelten.

Definition

Grundsätzlich stellt nämlich alles, was das äußere Erscheinungsbild einer Wohnanlage verändert, eine bauliche Veränderung im Sinne des Wohnungseigentumsgesetzes dar.

Diese Definition enthält aber nur die halbe Wahrheit:

z.B.

Tatsächlich gelten auch optisch von außen nicht erkennbare Eingriffe als bauliche Veränderung, wie z.B. die Entfernung eines Schallschutzbodens und stattdessen der Einbau eines Fliesenbelages oder auch der Durchbruch einer Wand zur Verbindung zweier Räume.

Sanktionen drohen!

Sanktion:
Hat ein Wohnungseigentümer ohne Beschluß der Woh-

nungseigentümergemeinschaft eine bauliche Veränderung vorgenommen, so hat die Wohnungseigentümergemeinschaft oder aber auch jeder einzelne Wohnungseigentümer das Recht, die Beseitigung zu verlangen.

Eine Entschädigung – etwa wegen der angeschafften Rollläden – erhält der betroffene Eigentümer nicht.

2. Bauliche Veränderungen nach Beschluß

Bei alledem darf nicht übersehen werden, daß bauliche Veränderungen auch erlaubt sein können. Voraussetzung hierfür ist aber, daß z.B. die Teilungserklärung vorsieht, daß Markisen oder ein Gartenhaus errichtet werden dürfen.

§§

Beschluß ist Voraussetzung

Auch der Beschluß der Wohnungseigentümergemeinschaft ist eine Möglichkeit, erlaubte bauliche Veränderungen vornehmen zu dürfen.

Weil aber – wie bereits erwähnt – durch bauliche Veränderungen das gesamte Objekt betroffen ist, müssen die betreffenden Beschlüsse einstimmig erfolgen.

§§

Voraussetzung: Einstimmigkeit

Einstimmigkeit mag bei kleineren Wohnungseigentumsanlagen »wo jeder jeden kennt« und auch jeder an den Eigentümerversammlungen teilnimmt, möglich sein.

Bei großen Wohnungseigentümergemeinschaften ist dies kaum denkbar, weil hier praktisch in keinem Fall alle Wohnungseigentümer in der Versammlung anwesend sind.

Selbst ein Beschluß im Umlaufverfahren, wobei der Text des Beschlusses jedem Wohnungseigentümer zur Unterschrift vorgelegt wird, bringt meist kein anderes als das soeben genannte negative Ergebnis: Hier wird es deshalb immer mindestens eine Neinstimme oder eine Enthaltung geben.

Sollten Sie also eine Veränderung vornehmen wollen, so sollten Sie sich an den Verwalter mit der Frage wenden, ob dies ohne Zustimmung aller Wohnungseigentümer möglich ist bzw. in der Teilungserklärung als erlaubte bauliche Veränderung vorgesehen ist.

3. Checkliste von A bis Z: Bauliche Veränderungen – was ist erlaubt, was verboten?

§§

Erlaubt/verboten

Anhand der folgenden Checkliste werden Ihnen die häufigsten in der Praxis vorkommenden Veränderungen genannt. Es wird gesagt, ob es sich um (nicht erlaubte) bauliche Veränderungen im Sinne des WEG handelt, oder ob Sie diese Veränderungen eingenmächtig vornehmen dürfen.

Nochmals zur Klarstellung:

Bauliche Veränderungen im Sinne des WEG dürfen Sie nur vornehmen, wenn vorher alle Wohnungseigentümer einem entsprechenden Beschluß zugestimmt haben.

Bauliche Veränderung von A bis Z

Grundsätzlich sind bauliche Veränderungen ohne Beschluß der Eigentümer verboten. Nachfolgend erfahren Sie in einer Liste, in welchen Fällen nach der Rechtsprechung eine (bauliche) Veränderung vorliegt und wann nicht.

Aufstockung eines Gebäudes ist eine bauliche Veränderung

Amateurfunkantenne: Deren Errichtung auf dem Dach ist eine bauliche Veränderung.

Außenanstrich: der eigenmächtig vorgenommene weiße Außenanstrich einer zuvor – ebenso wie das Gesamtgebäude – rot geklinkerten Doppelhaushälfte ist eine bauliche Veränderung.

Erlaubt/verboten

Balkon: Bauliche Veränderung: Anbau einer Balkontreppe; Verglasung eines Balkons; Verglasung einer Loggia.

Beeteinfassungsmauer: Errichtung einer kniehohen Beeteinfassungsmauer ist eine bauliche Veränderung.

Betonieren der Garagenzufahrt ist eine bauliche Veränderung.

Blumenkästen: Anbringung festmontierter Blumenkästen ist eine bauliche Veränderung.

Bodenbelag: Erlaubt ist die Veränderung des Bodenbelages innerhalb des Sondereigentums, z.B. Auswechselsn von Teppichboden gegen Parkett.

Breitbandkabelnetz: Dessen Einbau ist eine bauliche Veränderung.

Dach: Änderung der Dachform (Satteldach anstelle Flachdach) gilt als bauliche Veränderung.

Dachfenster: Einbau von Dachfenstern sind bauliche Veränderung.

Dachgeschoß: Ausbau des Dachgeschosses ist eine bauliche Veränderung.

Dachterrasse: Umwandlung von einer Dachfläche in eine Dachterrasse ist eine bauliche Veränderung.

Deckendurchbruch: um zwei übereinander liegende Wohnungen zu verbinden ist eine bauliche Veränderung.

Estrich: Eingriff in den Estrich ist eine bauliche Veränderung.

Fahnenstange: Anbringung einer Fahnenstange ist eine bauliche Veränderung.

Erlaubt/verboten

Fahrradständer: Einbau eines Fahrrradständers an einer störenden Stelle (z.B. im Eingangsbereich) ist eine bauliche Veränderung.

Fahrstuhl: Der Einbau und die Stillegung eines Fahrstuhls sind eine bauliche Veränderung.

Fenster: Umbau eines Fensters zu einer Tür, Zumauern eines Fenster, Vergrößern oder Verkleinerns eines Fensters, Veränderung der Fenster (z.B. Einbau eines Sprossenfensters) sind eine bauliche Veränderung.

Flur: Abtrennung eines im Gemeinschaftseigentum stehenden Flures ist eine bauliche Veränderung.

Garage: Errichtung einer Garage, Abriß einer Garage sind eine bauliche Veränderung.

Garten: Bauliche Veränderung ist das Anpflanzen eines stark wachsenden Baumes, Fällen eines Baumes, Umwandlung von Rasenfläche in Abstellplätze sind eine bauliche Veränderung. Nicht jedoch die Anpflanzung von Sträuchern, einer Hecke.

Gartenhaus: die Errichtung eines Gartenhauses auf der im gemeinschaftlichen Eigentum stehenden Grundstücksfläche ist eine bauliche Veränderung.

Gartentor: Dessen Anbringung ist eine bauliche Veränderung.

Gartenzwerge: Das Aufstellen von fest angebrachten Gartenzwergen ist eine bauliche Veränderung.

Gegensprechanlage: Deren Einbau ist eine bauliche Veränderung.

Geräteschuppen: Dessen Errichtung ist eine bauliche Veränderung.

Erlaubt/verboten

Giebel: Die Öffnung eines Giebels ist eine bauliche Veränderung.

Grillplatz: Dessen Errichtung ist eine bauliche Veränderung.

Heizung: nachträglicher Einbau einer Zentralheizungsanlage und Einbau zusätzlicher Heizkörper ist eine bauliche Veränderung. Nicht jedoch die Modernisierung einer vorhandenen Anlage ist eine bauliche Veränderung.

Kabelfernsehen: Anschluß einer Wohnanlage an das Breitbandkabelnetz ist eine bauliche Veränderung, sofern eine funktionsfähige Empfangsanlage vorhanden ist und diese störungsfrei arbeitet. Nur wenn die vorhandene Anlage reparaturbedürftig oder überaltert ist, kann der Anschluß an ein Breitbandkabelnetz verlangt werden, sofern dies wirtschaftlich ist. In einem solchen Fall liegt beim Einbau keine bauliche Veränderung. Vielmehr handelt es sich um eine Maßnahme der ordnungsgemäßen Instandsetzung des Gemeinschaftseigentums gem. § 21 Abs.5 Nr. 2 WEG.

Kamin: Dessen Anschluß an einen vorhandenen sogen. Leerschornstein (der keine sonstige Funktion hat) ist eine bauliche Veränderung.

Kinderspielplatz: Dessen Errichtung ist eine bauliche Veränderung.

Klimaanlage: Deren Einbau in ein Außenfenster ist eine bauliche Veränderung.

Leuchtreklame: Deren Anbringung ist eine bauliche Veränderung.

Markise: Montage eines nicht unerheblich vorstehenden Alu-Kastens von 4 m Länge ist eine bauliche Veränderung.

Parabolantenne: Deren eigenmächtige Errichtung durch einen einzelnen Eigentümer auf dem Dach, dem Balkon, auf der Loggia oder im Garten ist eine bauliche Veränderung.

Erlaubt/ verboten

Parabolempfangsanlage: Deren Einbau zum Fernsehempfang ist eine bauliche Veränderung. Aber: Manche Gerichte sind der Meinung, das Grundrecht auf Informationsfreiheit gebe dem einzelnen Wohnungseigentümer einen Anspruch gegen die anderen Wohnungseigentümer auf Zustimmung zum Einbau durch Beschluß.

Pergola: Deren Errichtung ist eine bauliche Veränderung.

Regenrinne: Die Installation einer unauffälligen Regenrinne an der Balkonbrüstung ist keine bauliche Veränderung.

Rolladenkasten: Bauliche Veränderung ist die Anbringung ca. 15 cm nach außen vorstehender Rollladenkästen an der zur Straße gelegenen Seite eines Hauses.

Sandkasten: dessen Errichtung ist eine bauliche Veränderung.

Schaukästen: Anbringung von Schaukästen an den Außenwänden eines Ladengeschäftes ist eine bauliche Veränderung.

Schirmständer: Dessen Einbau in die Eingangsdiele einer Wohnungseigentumsanlage stellt keine bauliche Veränderung dar.

Schließzylinder/Schloß: Das Auswechseln eines vorhandenen Schließzylinders einer Schließanlage in einer einzelnen Wohnungsabschlußtür ist eine bauliche Veränderung.

Schornstein: Errichtung oder Veränderung eines Schornsteins ist eine bauliche Veränderung.

Erlaubt/verboten

Sichtblende: Dessen Installation etwa in Form eines Holzzaunes (oder aus einem anderen Material) ist eine bauliche Veränderung.

Solarzellen: Deren Einbau – etwa auf dem Dach – ist eine bauliche Veränderung.

Terrasse: Anlage einer Terrasse auf einer Grünfläche ist eine bauliche Veränderung. Ebenfalls eine bauliche Veränderung ist deren Unterkellerung.

Türen, Tore: Deren Einbau vor den Wohnungsabschlußtüren ist eine bauliche Veränderung. Ebenso das Auswechselsn einer vorhandenen Abschlußtür einer Wohnung. Ebenso der Einbau von Türen oder Toren vor einer offenen Tiefgarage.

Türschloß: Schließzylinder: Das Auswechseln eines vorhandenen Schließzylinders einer Schließanlage in einer einzelnen Wohnungsabschlußtür ist eine bauliche Veränderung.

Unterkellerung einer Terrasse ist eine bauliche Veränderung.

Versorgungsleitungen: Deren Einbau oder Beseitigung ist eine bauliche Veränderung.

Wärmemengen- oder Wasserzähler: Deren Einbau ist eine bauliche Veränderung.

Wäschetrockenplatz: Dessen Verlegung ist eine bauliche Veränderung.

Wasserenthärtungsanlage: Deren Einbau ist eine bauliche Veränderung.

Werbeschild: dessen Anbringung an der Außenwand des Gebäudes ist eine bauliche Veränderung.

Windschutz: Dessen Installation etwa in Form eines Holzzaunes (oder aus einem anderen Material) ist eine bauliche Veränderung.

Wohnung: Errichtung einer zusätzlichen Wohnung ist eine bauliche Veränderung.

Zaun: Dessen Errichtung zur Einfriedung des Gesamtgrundstücks oder zur Einfriedung einer im Sondernutzungsrecht stehenden Fläche (z.B. Garten) ist eine bauliche Veränderung.

XI. Haftung der Wohnungseigentümer

Kaum bekannt ist, daß die Wohnungseigentümer gegenüber Dritten als Gesamtschuldner haften.

§§

Wohnungseigentümer haften

Nehmen wir einmal an, daß der Verwalter z.B. einen Gärtner mit der Pflege der Außenanlage beauftragt, einen Handwerker beauftragt, die nicht funktionierende Türsprechanlage wieder gangbar zu machen usw.

Im Normalfall wird der Verwalter auch die Rechnung begleichen.

Gehen wir aber einmal davon aus, daß der Verwalter es unterläßt, eine solche Rechnung zu begleichen, etwa weil er sich im Urlaub befindet, es mit den Handwerkern zu Unstimmigkeiten kommt oder die Bezahlung schlichtweg aus Bequemlichkeit nicht vornimmt.

Wenige Wohnungseigentümer, aber viele Handwerker wissen, daß für die erbrachte Arbeit die Wohnungseigentümer als Gesamtschuldner haften. Dies bedeutet, daß er sein Geld von einem der Wohnungseigentümer – den er sich aussuchen kann – verlangen kann.

Keine Angst: Sollte Sie einmal der »schwarze Peter« treffen, so müssen Sie zwar an den Handwerker zahlen. Im Innenverhältnis jedoch – das ist das Verhältnis der Wohnungseigentümer untereinander – haftet Ihnen gegenüber jeder Wohnungseigentümer, und zwar in Höhe seines jeweiligen Miteigentumsanteils, wie er sich aus der soweit gemäß Teilungserklärung/Gemeinschaftsordnung ergibt, die im Grundbuch eingetragen sind.

Natürlich kann für solche Fälle auch ein anderer Verteilerschlüssel vereinbart werden.

Vorsicht auch, wenn mehrere Wohnungen leerstehen und/oder Sie hören, daß einzelne Wohnungseigentümer ihre Umlagen (das sogen. Hausgeld) nicht zahlen (können).

In einem solchen Fall können die Wohnungseigentümer mit einfacher Mehrheit beschließen, daß die übrigen Wohnungseigentümer entsprechend ihrer Miteigentumsanteile die fehlenden Umlagen bezahlen müssen.

XII. Problem: Haftung für Nebenkosten beim Verkauf einer Wohnung

Haftung für Nebenkosten bei Verkauf

Wenn eine Eigentumswohnung verkauft wird, stellt sich oft die Frage, wer denn eigentlich die Nebenkosten tragen muß: Der Verkäufer oder der Erwerber der Wohnung?

Gehen wir einmal davon aus, daß ein Wohnungseigentümer am 2. Mai durch notariellen Kaufvertrag eine Eigentumswohnung gekauft hat und am 15. Juni ins Grundbuch als Eigentümer eingetragen wird.

z.B.

Gehen wir weiter davon aus, daß die Eigentümerversammlung am 12. Mai beschlossen hat, die Eigentümer müssen zur Sanierung des Gemeinschaftseigentums (z.B. Flachdach) eine Sonderumlage in Höhe von 30.000 EURO leisten, die am 12. Juni fällig sein soll.

Muß nun der neue Eigentümer diese 30.000 EURO bezahlen oder noch der alte Eigentümer?

Bei der Zahlungspflicht gilt nicht das Datum der Beschlußfassung (12. Mai), sondern das Datum der Fälligkeit der Zahlung (12. Juni).

Datum der Fälligkeit ist entscheidend

Dies hat zur Folge, daß der alte Eigentümer – der zum Zeitpunkt der Fälligkeit noch als Eigentümer im Grundbuch eingetragen ist – weiterhin zahlen muß und nicht etwa bereits der Erwerber.

Diese Regelung ist auch gerecht da der Käufer keine Möglichkeit hatte, den Beschluß zu beeinflussen. Schließlich war er noch nicht stimmberechtigt.

Gilt der soeben genannte Grundsatz auch für Guthaben der Gemeinschaft oder Nachzahlungen aus Nebenkostenabrechnungen?

Grundsätzlich gilt hier das gleiche wie bei einer Sonderumlage: Allein der zum Zeitpunkt der Fälligkeit im Grundbuch eingetragene Eigentümer kann zur Kasse gebeten werden; auch Guthaben der Gemeinschaft stehen nur ihm zu. (KG Berlin vom 15.06.88 Aktenz. 24 W 5977/97, vom 13.11.89 Aktenz. 24W 415/89, vom 01.11.90 Aktenz. 24 W 3613/90 und vom 06.09.93 Aktenz. 24 W 4142/92 sowie das Urteil vom LG Lüneburg vom 10.10.94 Aktenz. 5 T 83/94).

Tip

Unabhängig von den soeben genannten Grundsätzen können Sie im notariellen Kaufvertrag mit dem Käufer natürlich eine abweichende Regelung treffen:

So kann hier bestimmt werden, daß de Käufer gegenüber dem Verkäufer ab dem Zeitpunkt der Auflassungsvormerkung (oder früher oder später) oder ab dem Zeitpunkt der Nutzung durch den Erwerber die Kosten trägt.

Unbedingt sollte festgelegt werden, um welche Kosten es sich dabei handelt.

Gegenüber der Gemeinschaft der Wohnungseigentümer hat eine solche Regelung keine Bedeutung. Sie gilt nur im Innenverhältnis zwischen Verkäufer und Käufer, so daß im Ergebnis der Verkäufer bis zur Eintragung des Erwerbers als Eigentümer alle Kosten tragen muß und auch ihm ein eventuelles Guthaben zusteht.

Diese Kosten werden allein im Verhältnis zwischen Verkäufer und Käufer ausgeglichen, also ohne Mitwirkung der Gemeinschaft der Wohnungseigentümer.

XIII. Instandhaltungsrücklage

Um den Wert der Immobilie in der Zukunft erhalten zu können, ist es wichtig, daß die Eigentümergemeinschaft über ausreichende finanzielle Mittel verfügt. Nur so läßt sich eine wertmäßige Verschlechterung oder gar Verwahrlosung des Objektes verhindern

Geld zurücklegen

Deshalb gehört gemäß § 21 Abs. 5 Nr. 4 WEG zu einer ordnungsgemäßen Verwaltung des gemeinschaftlichen Eigentums der Wohnungseigentümer die Ansammlung einer angemessenen Instandhaltungsrückstellung.

Sollten nämlich Instandhaltungs- und Instandsetzungsmaßnahmen notwendig werden, so hat die Wohnungseigentümergemeinschaft mit der Rücklage eine ausreichende Vorsorge getroffen und ist in der Lage, ohne größere Verzögerung auch unerwartet notwendige Maßnahmen durchgeführen zu können.

In vielen Fällen ist die Instandhaltungsrücklage bereits in der Gemeinschaftsordnung geregelt. Fall dem nicht so ist, so wird eine Instandhaltungsrücklage von den Wohnungseigentümern mit Stimmenmehrheit beschlossen. Der Beschluß enthält auch die exakte Höhe der Rücklage.

Wichtig ist, daß ein solcher Beschluß den Grundsätzen ordnungsgemäßer Verwaltung entsprechen muß (§ 21 Abs. 3 WEG), da die Wohnungseigentümer andernfalls beim Wohnungseigentumsgericht seine Ungültigerklärung beantragen können (§§ 23 Abs. 4, 43 Abs. 1 Nr. 4 WEG).

Die soeben genannten Grundsätze ordnungsgemäßer Verwaltung werden dann eingehalten, wenn die beschlossene Instandhaltungsrücklage weder zu hoch noch zu niedrig angesetzt ist.

Kriterien für Höhe der Rücklagen

Für die Höhe der Rücklage sind entscheidend:
- Größe der Wohnanlage,
- Beschaffenheit der Wohnanlage
- ihr Alter
- ihr baulicher Zustand
- ihre Bewohner: neigen diese etwa zum Wandalismus: wie z.B. Beschmieren von Wänden, Zerschlagen von Scheiben, Abknicken von Bäumen/Sträuchern, Aufbrechen von Kallerabteilen, Legen von Bränden usw.
- Vorhandensein reparaturträchtiger Bauteile, wie z.B. Flachdach, Aufzüge, Tiefgaragen, Schwimmbad, Fitneßraum, Spielplätze usw.

Art und Weise der Bildung von Rücklagen

Der Beschluß muß auch deutlich sagen, auf welche Weise die Rücklagen gebildet werden sollen, also z.B. durch
- monatliche Beitragszahlungen der einzelnen Wohnungseigentümer nach einem bestimmten Schlüssel, der sich z.B. an der Größe der jeweiligen Wohnung orientieren kann.
- Aber auch einmalig zu zahlende Sonderumlagen – ebenfalls z.B. an der Wohnungsgröße orientiert – ist möglich.
- Ebenso kann die Rücklage aus Einnahmen aus dem gemeinschaftlichen Eigentum gebildet werden. Hier kommen z.B. in Frage: Miet- und Pachteinnahmen (z.B. Vermietung von Stellplätzen, Vermietung von Werbeflä-

chen, von Stellplätzen für Zigarettenautomaten), Einnahmen aus dem Betrieb einer im gemeinschaftlichen Eigentum stehenden Waschmaschine, Sauna, eines Solariums usw.

Verwalter ist zuständig

Für die Verwaltung der Instandhaltungsrückstellung ist nach § 27 Abs. 1 Nr. 4 und Abs. 4 WEG der Verwalter zuständig, der auch die Konten führt, auf denen die Rücklage angesammelt wird.

Zinsen auf die Rücklage?

Grundsätzlich kann die Wohnungseigentümergemeinschaft beschließen, daß die Rücklage verzinslich anzulegen ist. Zweckmäßig sind hier Anlagen auf Festgeldkonten, weil auf diese Weise im Bedarfsfall die für Instandsetzungsmaßnahmen benötigten Gelder kurzfristig verfügbar sind.

Diese Zinsen fließen dann auf das Konto mit den Rückstellungen.

30 % Kapitalertragssteuer auf Zinsen

Allerdings unterliegen diese Zinsen der 30%igen Kapitalertragssteuer.

Hierbei ist zu beachten, daß ein sogen. Freistellungsauftrag deshalb nicht in Betracht kommt, weil dies für Wohnungseigentümergemeinschaften nicht vorgesehen ist.

Gleichwohl können Sie die auf Sie anteilig fallende Kapitalertragssteuer zurückerhalten, wenn der Verwalter in der Nebenkostenabrechnung die Kapitalertragssteuer für das gesamte Objekt nach deren Anteilen auf die einzelnen Eigentümer aufteilt.

Tip

Zinsbescheinigung

Diese Bescheinigung können Sie Ihrem zuständigen Finanzamt vorlegen, damit die Kapitalertragssteuer bei Ihrer Einkommensteuererklärung als bereits bezahlte Steuer berücksichtigt werden und kann.

XIV. Wie kostet die Verwaltung von Wohnungseigentum?

Tip

Verwaltung ist wichtig

Die Verwaltung von Wohnungseigentum kostet Geld: Nur ein kompetenter Verwalter wird in oder Lage sein, die Wohnungseigentumsanlage ordnungsgemäß zu verwalten. Natürlich ist eine solche Tätigkeit nicht umsonst zu erhalten.

Die Verwaltung von Wohnungseigentum hat sich längst zu einem Markt entwickelt, an dem sich große Immobilienmakler-Büros ebenso beteiligen wie einzelnen Personen.

Grundsätzlich wird die Höhe der Vergütung durch einen Vertrag zwischen den Wohnungseigentümern und dem Verwalter festgesetzt.

Natürlich kann im Vertrag mangels genauer Kenntnis – weil man nichts falsch machen möchte – auch bestimmt werden, daß sich die Höhe des Verwalterhonorars nach der üblichen Vergütung richtet.

Tip

Verwaltungsvergütung

Für die Höhe der Vergütung und deren Üblichkeit hat sich in der Praxis pro Wohnung und Jahr ein monatlicher Betrag zwischen 0,25 und 0,40 EURO je m^2 Wohnfläche, zuzüglich Mehrwertsteuer, ergeben.

Beachten Sie bitte, falls sich in Ihrer Anlage nur wenige Wohnungen befinden:

Der Verwalter muß je Eigentumswohnungsanlage ein monatliches Mindesthonorar von 300 bis 350 EURO erhalten, zuzüglich Mehrwertsteuer. Andernfalls könnte von einer Verwaltung gar nicht gesprochen werden, da noch nicht einmal seine Kosten (z.B. für Telefon, Porto, Papier, Toner für Drucker usw.) gedeckt wären.

Vorsicht: Sondervergütung
Für zusätzliche Tätigkeiten, kann der Verwalter nochmals zulangen. So z.B. wenn er

- vor Gericht für die Wohnungseigentümergemeinschaft auftritt oder
- wenn beim Verkauf einer Wohnung seine Zustimmung geben muß: Hier haben die Gerichte entschieden, daß schon mal 100 EURO fällig werden.
- Ebenfalls eine Sondervergütung kann er verlangen, wenn er einen Versicherungsschaden für die Wohnungseigentumsgemeinschaft abwickelt,
- Instandhaltungsmaßnahmen an Handwerker vergibt und diese beaufsichtigt (hier 5 bis 10 % von den Kosten),
- im Notfall selbst Hand anlegt, etwa die Heizungsanlage repariert (hier: Vergütung nach Zeitaufwand),

Verwalterhonorar nicht umlegbar

Bittere Pille:
Bedenken Sie, daß Sie im Falle der Vermietung Ihrer Wohnung nach der Rechtsprechung nicht den auf Sie umgelegte Anteil des Verwalterhonorars als Nebenkosten vom Vermieter verlangen dürfen.

§§

Kontrollorgan

Hauptsächlich in großen Wohnungseigentumsanlagen findet man einen Verwaltungsbeirat als Kontrollorgan des Verwalters. Er steht als Bindeglied zwischen Eigentümergemeinschaft und Verwalter.

Der von den Wohnungseigentümern mit Stimmenmehrheit auf Zeit gewählte Verwaltungsbeirat besteht meist aus drei Wohnungseigentümern.

Kaum Entscheidungkompetenz

Leider hat der Verwaltungsbeirat kaum Entscheidungskompetenzen. Er kann weder dem Verwalter noch dem Hausmeister Anweisungen erteilen. Noch hat er gegenüber deren Tätigkeit ein irgendwie geartetes Mitsprache- oder Vetorecht.

Er ist auch keineswegs Vertreter der Wohnungseigentümergemeinschaft und kann dementsprechend auch nicht für dies vor Gericht auftreten.

Rechte und Pflichten

Die Rechte und Pflichten des Verwaltungsbeirats sind

- Unterstützung des Verwalters bei der Durchführung seiner Aufgaben (§ 29 Abs. 2 WEG)
- Prüfung des Wirtschaftsplans, der Abrechnung über den Wirtschaftsplan, der Rechnungslegung und von Kostenvoranschlägen vor der Beschlußfassung durch die Eigentümerversammlung und Abgabe einer Stellungnahme (§ 29 Abs. 3 WEG)
- Einberufung einer Eigentümerversammlung, wenn der Verwalter fehlt oder die Einberufung verweigert (§ 24 Abs. 3 WEG)
- Darüber hinaus kann die Eigentümerversammlung dem Verwaltungsbeirat durch Mehrheitsbeschluß auch solche Aufgaben übertragen, soweit nicht zwingende Vorschriften über die Aufgaben und Befugnisse anderer Verwaltungsorgane entgegenstehen oder die dadurch bedingte Aufgabenbeschränkung anderer Verwaltungsorgane eine Vereinbarung der Eigentümer nach § 10 Abs. 2 / § 15 Abs. 2 WEG oder eine entsprechende Regelung der Teilungserklärung erfordert

Sie sehen also, daß der Verwaltungsbeirat durchaus eine wichtige Funktion ausübt.

Immerhin kann er durch seine genaue Kenntnis aller Unterlagen und Vorgänge im Zusammenhang mit der Wohnungseigentumsanlage bei den anderen Miteigentümern Stimmung machen und diese erheblich beeinflussen.

Haftung des Verwaltungsbeirats

Auf der anderen Seite muß die Kontrollinstanz »Verwaltungsbeirat« auch noch den Eigentümern gegenüber haften: Nach der Rechtsprechung des BGH ist es unzulässig, daß seine Haftung beschränkt wird.

Nun werden Sie sich fragen, wegen welcher »Taten« soll der Verwaltungsbeirat denn überhaupt haften.

In der Praxis kommen in der Praxis durchaus Pflichtverstöße des Verwaltungsbeirates vor, so etwa

z.B.

Pflichtverstöße des Verwaltungsbeirats

- wenn die Mitglieder den Verwalter in seinen Rechten einschränken
- oder in diese eingreifen wollen
- oder wenn sie den Verwalter dazu bewegen Beschlüsse der Gemeinschaft nicht oder nicht ordnungsgemäß umzusetzen
- oder wenn sie den Verwalter bei seiner Arbeit behindern
- oder wenn sie einen ausführenden Handwerker behindern
- oder wenn sie einen Handwerker anweisen, seine Arbeit anders auszuführen als es der Absprache mit dem Verwalter entspricht.

XV. Die Kosten, die ein Wohnungseigentümer anteilig tragen muß

§§

Anteilige Kostentragung

Anders als beim eigenen Haus brauchen Sie bei einer ETW die Kosten für die Unterhaltung und Instandsetzung der gesamten Immobilie nur anteilig zu tragen. § 16 des WEG bestimmt hierzu, daß sich die Höhe der Kosten, die der einzelne Wohnungseigentümer zu tragen hat, nach seinem Anteil entspricht, wobei hier der im Grundbuch eingetragene Bruchteil der Miteigentumsanteile entscheidend ist.

Ist für Sie z.B. im Grundbuch ein Miteigentumsanteil von 50/10000 eingetragen, so ist hierdurch gleichzeitig der Schlüssel für Ihre anteiligen Kosten festgelegt: Auf Sie kommen also 0,5 % der anfallenden Kosten zu.

Folgende alphabetische Übersicht soll Ihnen einen Eindruck über die Entstehung der Kosten vermitteln.

Anteilige Kosten

Abwasserbeseitigung:

Aufzugskosten:
Sofern die Gemeinschaftsordnung nichts anderes vorsieht, gehören diese Kosten zu den Bewirtschaftungskosten und sind von Ihnen entsprechend Ihrem Miteigentumsanteil

zu tragen. Die Wohnungseigentümer können jedoch eine Vereinbarung beschließen, wonach die Eigentümer von Parterrewohnungen von den Aufzugskosten befreit sind. Ebenso kann bei einer Wohnungseigentumsanlage, die aus mehreren Häusern besteht, bestimmt werden, daß die Wohnungseigentümer in Häusern, die nicht mit einer Aufzugsanlage ausgestattet sind, auch nicht zur Kostentragung herangezogen werden.

Garagen, Garagenboxen, KfZ-Abstellplätze:
Aufwendungen an diesen Einrichtungen müssen von allen Wohnungseigentümern getragen werden, sofern keine abweichende Regelung durch Vereinbarung getroffen wurde.

Grundsteuer,

Hausmeisterkosten:
Es handelt sich hier um Vergütungen, wie z.B. Gehaltszahlungen für den Hausmeister.

Heizkosten,

Müllabfuhr, Prozeßkosten, Sonderumlage:
Eine solche Sonderumlage wird meist dann erhoben, wenn die Rücklage aus den Wohngeldern für Reparaturen, insbesondere Sanierungen nicht ausreicht.

Versammlungskosten:
Es handelt sich hierbei um die Kosten für die Durchführung einer Versammlung der Wohnungseigentümer. Kosten können hier insoweit entstehen, als zur Durchführung einer solchen Versammlung die Anmietung eines Raumes, beispielsweise in einer Gaststätte, gehört.

Versicherungen des Gemeinschaftseigentums,

Verwaltervergütung,

Wasserkosten,

Heiz- und Wasserkosten:

Hier sind die Kosten des Betriebes einer von Wohnungseigentümern gemeinschaftlich betriebenen zentralen Heizungsanlage oder Warmwasserversorgungsanlage gemeint. Es können Kosten entstehen für den Betrieb zentraler Heizungsanlagen oder von Fernwärme. Gegliedert nach Kostenarten läßt sich dies wie folgt aufteilen:

- verbrauchte Brennstoffe und ihre Lieferung,
- Betriebsstrom,
- Bedienung, Überwachung und Pflege der Anlage,
- regelmäßige Prüfung der Bereitschaft der Anlage und ihrer Betriebssicherheit einschließlich der erforderlichen Einstellungen durch einen Fachmann,
- Reinigung der Anlage und des Betriebsraumes,
- Messung nach dem Bundesimmissionsschutzgesetz (BImSchG),
- Gebühren bzw. Mietzahlungen für die Überlassung von Einrichtungen der Gebrauchserfassung von Wärme und Wasser,
- Kosten der Verbrauchserfassung sowie die der Kosten der Berechnung und Aufteilung der ermittelten Beträge,
- Wassererwärmung,
- Wasserverbrauch,
- Grundgebühren,
- Zählermiete,
- Gebühren bzw. Miete für Zwischenzähler,
- Wasseraufbereitung in der hauseigenen Wasseraufbereitungsanlage einschließlich der hierfür erforderlichen chemischen Zusätze

XVI. Die Verwaltung des gemeinschaftlichen Eigentums von A bis Z

Verwaltung des Gemeinschaftseigentums

Welche Rechte und Pflichten der einzelne Wohnungseigentümer an seiner Eigentumswohnung hat, wurde bereits oben dargestellt. In diesem Kapitel geht es nun um die Frage, welche Rechte die einzelnen Wohnungseigentümer am gemeinschaftlichen Eigentum haben und wie dies von ihnen gemeinschaftlich geregelt werden kann.

§ 21 des WEG bestimmt hierzu, daß die Verwaltung des gemeinschaftlichen Eigentums den Wohnungseigentümern gemeinschaftlich zusteht.

Grundsätzlich können hierzu Verhaltensregeln über die Benutzung des SE und GE aufgestellt werden. Wie solche Regeln in der Praxis aussehen können, können Sie der folgenden Darstellung entnehmen:

Abstellplätze

Grundsätzlich dürfen Sie Fahrzeuge nicht auf dem Gemeinschaftseigentum, also z.B. auf der Wiese oder dem asphaltierten Hof abstellen oder parken. Dies ist nur auf den dafür vorgesehenen Flächen erlaubt. Selbst wenn sich Ihre ETW im Parterre befindet und Sie hier ein Sondernutzungsrecht an einer größeren Terrassen- und Grasfläche haben sollten, so bedeutet das nicht, daß Sie hier Fahrzeuge abstellen dürfen. Meist werden auf Abstellplätzen die einzelnen Parkplätze durch Farbmarkierungen gekennzeichnet.

Sollten Sie ein Sondernutzungsrecht an einem Abstellplatz haben, so sind Sie nicht berechtigt, Veränderungen vorzunehmen. So z.B. ist es Ihnen nicht erlaubt, eine Schranke zu installieren. Sie dürfen allerdings einen Eisenpfahl zur Begrenzung und zur Sicherung Ihres Parkplatzes einbauen, sofern Sie hierdurch nicht die Zufahrt zu einem angrenzenden Abstellplatz blockieren.

Abstellen von Gegenständen

Oftmals wird das Abstellen von Gegenständen als Gebrauchsregelung durch die Wohnungseigentümer gemeinschaftlich beschlossen. So z.B. kann in diesem Beschluß festgelegt werden, daß im Treppenhaus oder in gemeinsamen Fluren außer Kinderwagen keine anderen Gegenstände aufgestellt werden dürfen, sofern diese die Sicherheit gefährden. Es ist Ihnen also nicht gestattet, in den genannten Bereichen z.B. Blumenkästen aufzustellen. Je nach Größe der Anlage ist es auch erlaubt, Schirmständer im gemeinsamen Flur aufzustellen. Nicht erlaubt ist dagegen die Installation oder das Aufstellen von Garderobenständern bzw. -haken.

Sofern Sie es gewohnt sind, Ihre Schuhe nach dem Betreten der Wohnung zeitweilig auf der Fußmatte vor der Wohnungstür abzustellen, so können Sie dies getrost tun. Allerdings wird sich die Wohnungseigentümergemeinschaft zu Recht gegen ein gehäuftes Abstellen von Schuhen wehren können, wenn dies über längere Zeit geschieht und zusätzlich im gemeinschaftlichen Flur.

In den meisten Fällen wird die Balkonbrüstung zwar nicht mehr zum Sondereigentum, also zu Ihrer ETW gezählt, doch haben Sie in der Regel das Recht, Blumenkästen anzubringen. Optische Gesichtspunkte können hier von der Wohnungseigentümergemeinschaft nicht diskutiert werden, weil sich über Geschmack bekanntlich streiten läßt.

Entfernung von Blumenkästen

Doch kann durch Beschluß der Wohnungseigentümergemeinschaft die Entfernung von Blumenkästen verlangt werden, sofern Sicherheitsbedenken bestehen. Dies ist z.B. dann der Fall, wenn sich unter einem Balkon eine Terrasse befindet, auf die Gießwasser tropfen kann. Ebenso kann eine Entfernung verlangt werden, wenn die Blumenkästen nicht sicher angebracht werden (werden können).

Zwar soll der Gebrauch des Gemeinschaftseigentums allen Wohnungseigentümern gleichmäßig gestattet werden, doch kann sich bei der Behinderung eines Wohnungseigentümers etwas anderes ergeben: So z.B. kann ein behinderter Bewohner verlangen, daß er einen Rollstuhl im Treppenhaus bzw. im gemeinsamen Flur abstellen darf.

Balkonbenutzung

Balkone werden häufig zum Trocknen von Wäsche, zum Lüften von Betten und Bekleidung aber auch zum Grillen benutzt. Hier kann durch Beschluß bestimmt werden, daß Wäsche nicht auf dem Balkon getrocknet werden darf, oder aber nur, soweit die Höhe des Ständers, auf dem die Wäsche aufgehängt ist, nicht die Höhe der Balkonbrüstung übersteigt. Gleiches gilt für das Lüften von Betten und Bekleidung. Ebenso kann das Grillen ganz untersagt oder aber auf einige Tage so z.B. einmal im Monat usw. beschränkt werden. Auf jeden Fall ist nach der Rechtsprechung ein Beschluß unrechtmäßig, demzufolge Grillen auf dem Balkon grundsätzlich gestattet wird. Keine Regelung darf hinsichtlich von Grillgeräten getroffen werden, die elektrisch betätigt und auf dem Tisch aufgestellt werden. Die Benutzung von solchen Geräten kann nicht generell durch Mehrheitsbeschluß untersagt werden.

Das Gleiche gilt für das Grillen auf Terrassenflächen oder auf solchen Gartenflächen, die dem einzelnen Wohnungseigentümer mit einem Sondernutzungsrecht zugeordnet sind.

Inwieweit Grillen auf Plätzen oder Flächen zulässig ist, die zum Gemeinschaftseigentum gehören, kann nicht generell bestimmt werden: Dies hängt allein vom Einzelfall ab.

Belüftung

Durch Beschluß können die Wohnungseigentümer Regelungen zur Belüftung von gemeinschaftlichen Räumen treffen, so z.B. Heizungsraum, Treppenhaus, Kellerräume, Hobbyräume usw.

Dachfenster/ Dachluke

Solche Fenster befinden sich z.B. auf dem gemeinschaftlich benutzten Trockenboden. Die Wohnungseigentümer können durch Beschluß regeln, wann diese Fenster geöffnet bzw. geschlossen halten werden müssen.

Dekorationen/ Schmuck

Manche Bewohner bringen an der Außenseite Ihrer Wohnungstür saisonüblichen Schmuck an, so z.B. zu Ostern, Pfingsten, Weihnachten oder zum Karneval. Zwar mag dies nicht mit dem Geschmack jedes anderen Bewohners übereinstimmen, doch können solche saisonübliche Dekorationen grundsätzlich nicht durch Mehrheitsbeschluß verboten werden.

Dagegen kann nur einvernehmlich durch die Wohnungseigentümergemeinschaft geregelt werden, ob und welche Schmuckgegenstände (so z.B. Bilder, Trockengestecke usw.) im Treppenhaus aufgestellt oder aufgehängt werden. Dies gilt auch für die Außenseite des Gebäudes und die Hauseingangstür.

Fenster Fenster des Gemeinschaftseigentums sind z.B. Dachfenster, Dachluken, Keller-, Treppenhaus- oder Fenster von Hobbyräumen. Ob und wann diese Fenster zu öffnen bzw. zu schließen sind, kann durch Beschluß festgelegt werden. Einrichtungen zur Herstellung eines Fernsprech-, Rundfunk- oder Energieversorgungsanschlusses hat sowohl die Gemeinschaft der Wohnungseigentümer als auch der einzelne Wohnungseigentümer hinzunehmen. Hierzu ist weder ein Beschluß noch die Zustimmung der einzelnen Wohnungseigentümer erforderlich.

Hausmeister Zumindest bei einer größeren Anlage gehört es zur ordnungsgemäßen Verwaltung, einen Hausmeister anzustellen. Die Kosten der Vergütung müssen wie oben bereits ausgeführt, von allen Wohnungseigentümern entsprechend ihrem Anteil gemeinschaftlich getragen werden.

Hausordnung Die Hausordnung faßt all die hier in alphabetischer Form genannten Regelungsmöglichkeiten zusammen.

Sie kann von den Wohnungseigentümern durch Vereinbarung/Teilungserklärung oder Beschluß aufgestellt werden. Es ist auch möglich, den Verwalter oder den Beirat zu bevollmächtigen, eine solche Hausordnung aufzustellen.

Die Hausordnung kann jederzeit durch Beschluß abgeändert werden, selbst wenn sie durch Vereinbarung oder Teilungserklärung aufgestellt wurde. Eine Ausnahme hiervon gilt nur dann, wenn der Inhalt der Regelung eine Vereinbarung (bei der sich alle Wohnungseigentümer einig sein müssen) erfolgen muß: Dies gilt z.B. dann, wenn nunmehr ein vollständiges Verbot des Musikausübung in die Hausordnung aufgenommen werden soll.

Falls es für Ihre Wohnungseigentumsanlage eine solche Hausordnung noch nicht gibt, so haben Sie die Möglichkeit, dem Verwalter einen Antrag zu überreichen, wonach die Wohnungseigentümergemeinschaft eine solche Hausordnung beschließen solle.

Kommt die Hausordnung jedoch nicht zustande, so können Sie bei Gericht den Antrag auf Aufstellung einer Hausordnung verlangen.

Hausreinigung

Aufstellung und Änderung von Regeln der Hausreinigung kann durch Beschluß erfolgen.

Hier kann zunächst geregelt werden, in welcher zeitlichen Periode zu reinigen ist, so z.B. wöchentlich, zweimal pro Woche usw.

Es kann auch geregelt werden, wie die Reinigung durchzuführen ist. Hier kann z.B. auch bestimmt werden, daß jeder Miteigentümer sich an der Reinigung zu beteiligen hat. Dies empfiehlt sich vor allem für eine kleinere Wohnungseigentumsanlage, weil es unwirtschaftlich wäre, Fremdpersonal für geringfügige Arbeiten zu verpflichten.

Haustür

Hier kann durch Beschluß (also mehrheitlich) geregelt werden, wann die Haustür offen und wann geschlossen zu sein hat. Dies gilt auch für die Installation einer elektrischen Türsprech- und -öffnungsanlage.

Heizkörper

Die Wohnungseigentümer können durch Beschluß die Überprüfung, Neueinstellung und Verplombung der Heizkörperabsperrventile bestimmen.

Heizung

Durch Beschluß können z.B. festgelegt werden die Temperatur des Wassers in den Heizkörpern und die Dauer der Heizperiode. Ebenso ist eine Regelung möglich, daß die

Temperatur des Heizungswassers nachts abgesenkt wird und damit eine Energieeinsparung möglich ist.

Die Instandhaltung und Instandsetzung der Heizungsanlage kann ebenso durch Beschluß geregelt werden.

Beschluß-fassung

Um eine Instandhaltungsrücklage anzusammeln, können die Wohnungseigentümer einen entsprechenden Beschluß fassen. Hierbei ist zu beachten, daß die Rücklage in ihrer Höhe angemessen ist, damit nicht einerseits zuviel Kapital angesammelt bzw. andererseits zuwenig finanzielle Mittel für eine evtl. Instandsetzung zur Verfügung stehen.

Als Orientierungshilfe wird die sogenannte »Peter'sche Formel« angewendet, wonach die gesamten Instandhaltungskosten mit dem 1,5-fachen der Herstellungskosten pro qm verteilt auf geschätzte 80 Jahre Bestandsdauer des Gebäudes anzusetzen sind. Hierbei wird davon ausgegangen, daß 65 bis 70 % das Gemeinschaftseigentum betreffen. Danach ergibt sich folgende Formel:

(Baukosten X 1,5 X 65-70) : (80 X Wohnfläche X 100).

Die Höhe der Prozentzahl des Gemeinschaftseigentums ist davon abhängig, ob es sich bei der Heizung um Gemeinschaftseigentum oder Sondereigentum (wie bei Nachtspeicherheizung) handelt, ob besonders reparatur- und wartungsintensives Gemeinschaftseigentum vorhanden ist, wie z.B. eine Schwimmhalle, eine Sauna, ein Aufzug und ein Flachdach.

z.B.

Gehen wir einmal davon aus, daß die Baukosten 2.000 EURO pro qm kosten und das Gemeinschaftseigentum 65 % beträgt, so würde sich eine Rückstellung von 24,38 EURO pro qm und Jahr ergeben.

Eine solche Summe wäre zwar praxisgerecht, wird aber bei ETW-Anlagen heutzutage nur sehr wenig angetroffen, weil die Wohnungseigentümer ihre Belastung möglichst gering halten wollen.

Es kommt dazu, daß diese Rückstellungen steuerlich zunächst nicht in Abzug gebracht werden können: Erst wenn der Verwalter die Kosten tatsächlich auch ausgibt, ist die steuerlich wirksam. Insoweit würde eine hohe Rückstellung aus versteuertem Geld der Wohnungseigentümer finanziert, ohne daß dem unmittelbar steuerliche Vorteile folgen würden.

Deshalb hat sich in der Praxis eine zweite Berechnungsverordnung (vom 13.07.97, BGBl. I, S. 1250) etabliert. Die danach festgelegten Sätze stellen eine Untergrenze für die Instandhaltungsrücklage dar und orientieren sich an der Bezugsfertigkeit des Gebäudes. Es ergeben sich folgende Höchstsätze pro m^2 Wohnfläche und Jahr:

Bezugsfertigkeit bis zum 31.12.52: 20 DM (= entspricht 10,22 EURO)

Bezugsfertigkeit vom 01.01.53 bis 31.12.69: 18,50 DM (entspricht 9,45 EURO)

Bezugsfertigkeit vom 01.01.70 bis 31.12.79: 14,50 DM (entspricht 7,41 EURO)

Bezugsfertigkeit nach dem 31.12.79: 11 DM (entspricht 5,62 EURO)

Wird das Gebäude mit einer Zentralheizung (Sammelheizung) beheizt, so muß zu diesen Werten der Betrag von 0,80 DM (entspricht 0,41 EURO) pro qm hinzu addiert werden.

Beim Vorhandensein eines Aufzuges kommt als weiterer Betrag die Summe von 1,65 DM (entspricht 0,84 EURO) pro qm hinzu.

Keller Kellerräume dienen grundsätzlich dem Abstellen von Gegenständen und dem Ansammeln von Vorräten für den Haushalt. In einem solchen Raum dürfen Sie selbstverständlich Fahrräder, Roller, Kinderwagen usw. abstellen.

Dagegen ist das Abstellen von Motorrädern in Kellerräumen grundsätzlich nicht gestattet und darf auch weder durch die Hausordnung noch durch sonstige Bestimmungen gestattet werden.

Kinderwagen Nur in engen Fluren ist die Aufstellung eines Kinderwagens unzulässig und kann auch nicht gestattet werden.

Liquidationsschwierigkeiten Sofern sich finanzielle Engpässe ergeben, so kann eine Umlage beschlossen werden, die von allen Wohnungseigentümern gemeinschaftlich zu erbringen ist.

Musizieren Nur durch eine Vereinbarung (also durch Zustimmung aller Wohnungseigentümer) ist ein generelles Verbot des Musizierens möglich. Durch einen Beschluß (also mehrheitlich) sind lediglich Einschränkungen des Musizierens möglich, so wie z.B. eine zeitliche Begrenzung. Unzulässig wäre ein Beschluß, der regelt, daß Musikinstrumente nur in Zimmerlautstärke gespielt werden dürfen, da dies praktisch einem Verbot gleichkommen würde. Es ist allerdings möglich, eine zeitliche Begrenzung z.B. auf täglich 1,5 bis 2 Stunden festzulegen.

Es ist hier auch auf Berufstätige Rücksicht zu nehmen, so daß ein Verbot nicht z.B. auf die Zeit zwischen 20.00 Uhr abends und 10.00 Uhr morgens festgelegt werden kann, da Berufstätige auf diese Weise sonst vom Musizieren ausgeschlossen wären.

Ebenso darf das Musizieren nicht an Sonn- und Feiertagen ausgeschlossen werden.

Unzulässig ist auch ein Verbot der Musikausübung zwischen 10.00 und 12.00 Uhr und zwischen 15.00 und 17.00 Uhr.

Die zuweilen beobachtete Einschränkung des Musizierens durch Einschränkung eines sog. Moderators, der die Lautstärke erheblich drosselt, kann nicht durch Beschluß ausgesprochen werden, da dies einem Verbot gleichkäme. Hier ist nur eine Vereinbarung (also durch alle Wohnungseigentümer) möglich.

Pflanzenbeete

Die Wohnungseigentümer können durch Beschluß festlegen, wie Pflanzenbeete auf einer im Sondereigentum stehenden Terrasse angelegt werden dürfen; dies gilt allerdings nur dann, wenn auf diese Weise eine Gefahr von Schäden für das Gemeinschaftseigentum verhindert werden soll.

Rasenflächenbenutzung

Die Wohnungseigentümer können durch Beschluß regeln, daß Kinder auf einer gemeinschaftlichen Rasenfläche spielen dürfen.

Ruhezeiten

Durch Beschluß kann festgelegt werden, ob und zu welchen Zeiten es in einer ETW-Anlage Ruhezeiten gibt.

So z.B. wochentags zwischen 13.00 und 15.00 Uhr, von 22.00 Uhr bis 8.00 Uhr, an Sonn- und Feiertagen ganztägig.

Zu berücksichtigen sind hier auch die Feiertagsgesetze und die Verordnungen über die Bekämpfung des Lärms der einzelnen Bundesländer, die zum Teil höchst unterschiedlich ausgerichtet sind. Ein Beschluß der Wohnungseigentümer über den Umfang der Ruhezeiten ist nur dann rechtmäßig, wenn er mit den entsprechenden Regelungen in den genannten Gesetzen und Verordnungen übereinstimmt.

Würde z.B. festgelegt, daß die Ruhezeiten nur an Sonntagen nicht dagegen an Feiertagen gelten, so wäre ein entsprechender Beschluß nichtig, weil er mit den Feiertagsgesetzen der Länder nicht im Einklang stehen würde.

Schilder/ Reklame Die Wohnungseigentümer können durch Beschluß ein Verbot des Aufhängens von Werbeschildern und Gebot des Abhängens von Schildern von der Hausfront beschließen.

Schneeräumung Durch Beschluß kann auch festgelegt werden, daß auf den zum Sondereigentum gehörenden Balkonen und Terrassen der Schnee von den jeweiligen Eigentümern selbst zu entfernen ist.

Spiele Es kann beschlossen werden, daß nur ein Teil der grünen Fläche als Spielfläche benutzt werden darf. Untersagt werden kann das Spielen z.B. in der Tiefgarage oder auch auf den KfZ-Abstellplätzen sowie auf den entsprechenden Zufahrten.

Spielplatz Durch einen Beschluß kann das Spielen von Kindern nach Zeit, Art und Umfang beschränkt werden. Dies kann z.B. erfolgen für die Zeit zwischen 8.00 und 12.00 und 15.00 und 19.00 Uhr, so daß entsprechende Ruhezeiten berücksichtigt werden.

Verboten werden können Ballspiele, wie z.B. Fußball, Faustball, Handball, Federball, Tennis usw.

Spruchbänder/ Transparente/ Parolen Die Anbringung solcher Einrichtungen an Gemeinschaftseigentum ist grundsätzlich unzulässig.

Streupflicht Alle Wohnungseigentümer sind zum Streuen gegen Schnee, Eis, Glätte u.a. verpflichtet. Haben die Wohnungseigentümer dies einem Drittem, z.B. dem Hausmeister, übertragen, so bleibt bei Ihnen allerdings eine Überwachungspflicht. Sollten die Wohnungseigentümer hierbei zu großzügig verfahren und trotz ungenügenden Streuens nicht eingreifen, so haften sie bei evtl. Schäden als Gesamtschuldner.

Tierhaltung

Ein generelles Verbot jeglicher Tierhaltung ist nur durch Vereinbarung (also nicht durch Mehrheitsbeschluß sondern einvernehmlich) möglich. Hat sich die Wohnungseigentümergemeinschaft einmal durch Vereinbarung für eine Tierhaltung ausgesprochen, so kann dieses Verbot nicht mehr durch Beschluß (also mehrheitlich) geändert werden.

Die Wohnungseigentümer können durch Beschluß die Höchstzahl von Tieren pro Wohnung beschränken: Unter Tieren sind jedoch nicht Kleintiere, wie z.B. Vögel, Wellensittiche, Zierfische, Zwergkaninchen oder Goldhamster zu verstehen.

So können die Wohnungseigentümer z.B. beschließen, daß pro Wohnung maximal zwei Hunde oder zwei Katzen gehalten werden dürfen.

In der Praxis kommt es recht häufig vor, daß die Wohnungseigentümer eine Vereinbarung treffen, wonach die Haustierhaltung von der Genehmigung des Verwalters abhängig gemacht wird.

Vermietung von Gemeinschaftseigentum

Gemeinschaftseigentum kann unter anderem an PKW-Stellplätzen bestehen. Soll diese Fläche oder ein Teil davon vermietet werden, so ist die Einstimmigkeit der Wohnungseigentümergemeinschaft erforderlich. Die erzielten Mieteinnahmen sind auf die einzelnen Wohnungseigentümer zu verteilen.

Versicherungen

Der Abschluß von Versicherungen und die Zahlung der Versicherungsprämien gehört zur ordnungsgemäßen Verwaltung des Gemeinschaftseigentums. Hierzu zählen die Feuerversicherung zum Neuwert sowie Haus- und Grundbesitzerhaftpflichtversicherung. Weitere Versicherungen können selbstverständlich jederzeit abgeschlossen werden, wobei ein Beschluß der Wohnungseigentümergemeinschaft ausreicht.

Verwalter/Verwaltervergütung Der Verwalter erhält für seine Tätigkeit eine Vergütung, die sich meistens nach der Größe des zu verwaltenden Objektes richtet. Daneben steht ihm auch eine Sondervergütung zu, wenn er die Wohnungseigentümer vor Gericht vertreten muß.

Waschmaschine/Wäschetrockner Zur ordnungsgemäßen Verwaltung gehört auch das Aufstellen von Waschmaschinen und Wäschetrockengeräten im Keller der ETW-Anlage. Hierbei muß der Raum jedem der Wohnungseigentümer in einem bestimmten Rhythmus für mindestens zwei Tage zur ausschließlichen Nutzung zur Verfügung stehen.

Selbstverständlich gelten für den Betrieb dieser Geräte auch die allgemeinen Ruhezeiten (siehe das Stichwort »Ruhezeitenfestlegung«).

Waschküchenbenutzung Die Benutzung der aufgestellten Waschmaschinen und Wäschetrockengeräte (siehe dort) kann durch einen Beschluß der Wohnungseigentümer geregelt werden. Hierbei muß aber auch auf berufstätige Wohnungseigentümer Rücksicht genommen werden, so daß eine Benutzung z.B. am späten Nachmittag möglich sein muß.

Werbung Für die Werbung gilt Ähnliches wie für Spruchbänder und Transparente (siehe dort). Z. B. darf kein Eigentümer im Fenster an seiner Wohnung ein Schild mit der Aufschrift anbringen: »Zu vermieten«, sofern die Wohnungseigentümer einen Beschluß gefaßt haben, wonach Werbung im Bereich des Sondereigentums nicht gestattet ist.

Dies gilt nicht nur für den Hinweis auf eine zu vermietende Wohnung, sondern auch für gewerbliche Tätigkeiten oder Tätigkeiten im Bereich der Dienstleistung: So z.B. darf ein Architekt auch nicht im Fenster einer Wohnung für seine Dienste werben.

Sofern eine gewerbliche Tätigkeit bzw. Dienstleistung in einer ETW-Anlage zulässig ist, kann jedoch auch ein Anspruch darauf bestehen, auf die Dienste in geeigneter Form hinzuweisen: Grundsätzlich zulässig ist ein Schild mit einem solchen Hinweis an der Wohnungseingangstür.

Ein Schild neben der Hauseingangstür darf jedoch nur aufgrund eines Beschlusses der Wohnungseigentümer befestigt werden.

D. Die finanzielle Behandlung von Wohnungseigentum durch den Staat/das Finanzamt: Förderung und Belastung

§§

Finanzielle Förderung und Belastung der ETW

Der Erwerb von Wohnungseigentum ist auf der einen Seite mit einer ganzen Reihe von finanziellen Förderungsmöglichkeiten (siehe hierzu I.), auf der anderen Seite aber auch mit Belastungen (siehe hierzu II) verbunden.

Hierbei ist es zwar egal, ob Sie eine Eigentumswohnung zum Vermieten oder zum Selbstbeziehen kaufen möchte: Eine Förderung bzw. steuerliche Erleichterung können Sie grundsätzlich erwarten.

Aber: Es macht bei der Art und Höhe der Förderung einen erheblichen finanziellen Unterschied, ob Sie die Wohnung selbst beziehen (siehe hierzu die nachfolgenden Ausführungen unter I.) oder aber vermieten (siehe hierzu die nachfolgenden Ausführungen unter II.) wollen.

I. Nur bei Eigennutzung der Wohnung: Förderung, oder wie der Erwerb von Wohneigentum vom Staat gefördert wird

Selbstgenutzte Eigentumswohnung

Wenn Sie die ETW zum Selbstbeziehen kaufen möchte – egal ob es sich dabei um einen Neubau oder Altbau handelt: Der Staat fördert die Bildung von Eigentum in Form von Immobilien durch erhebliche Zuschüsse.

Es macht für die Förderung auch keinen Unterschied, ob Sie ein Eigenheim (Haus) oder eine Eigentumswohnung kaufen: Beide Eigentumsformen werden in gleicher Weise finanziell »belohnt«.

1. Neue Förderungsform seit 1.1.1996

§§

Seit dem 1.1.1996 neu!

Seit Januar 1996 gibt es eine neue Förderung für den Erwerb von Wohneigentum. Danach können Bauherren und Käufer anstelle der bisher üblichen steuerlichen Erleichterungen mit festen Beträgen rechnen:

Der entscheidende Vorteil dieser Neuregelung liegt darin, daß Sie als Käufer oder Bauherr einer Eigentumswohnung nunmehr einen jährlichen Zuschuß vom Finanzamt zu von vornherein feststehenden Terminen ausbezahlt bekommen, so daß Sie diese Beträge in Ihre Finanzierung einplanen können.

2. Eigenheimzulage und Kinderzulage

§§

Eigenheimzulage/Kinderzulage

Nunmehr steht Ihnen eine sogenannte Eigenheimzulage zu, die aus einem Grundbetrag und einer Kinderzulage besteht.

Voraussetzung ist allerdings, daß Sie Ihre Immobilie nicht vermieten, sondern selbst nutzen.

Sie haben folgende Ansprüche:
- Als Lediger, sofern der Gesamtbetrag Ihrer Einkünfte nicht 81.807 EURO pro Jahr überschreitet;
- bei Verheirateten beträgt dieser Betrag 163.614 EURO.
- Für jedes Kind wird diese Grenze um 30.678 EURO erhöht.
- Die Eigenheimzulage beträgt bei Neubauten 5 % des Kaufpreises, maximal 2.556 EURO pro Jahr, bei Altbauten sind dies 2,5 % des Kaufpreises, maximal 1.278 EURO pro Jahr.
- Die Eigenheimzulage wird 8 Jahre lang gezahlt.
- Für jedes Kind, für das Sie Kindergeld erhalten, bekommen Sie eine zusätzliche Förderung in Höhe von 767 EURO pro Jahr, ebenfalls 8 Jahre lang.

Der besondere Vorteil für Sie als Erwerber einer Eigentumswohnung liegt aber gerade darin, daß die Prüfung der Einkommensgrenze nicht in jedem Jahr erneut erfolgt, sondern nur einmal: sobald Sie den Antrag auf Förderung stellen, müssen Sie die Höhe Ihres jährlichen Einkommens nachweisen. Maßgeblich ist hierbei der Einkommensdurchschnitt aus dem Jahr der Anschaffung und dem Vorjahr.

Hier die Eigenheimzulage auf einen Blick:

Wichtig: Es ist zwischen einem Neubau und Altbau zu unterscheiden.

Eigenheimzulage

Neubau: Höhe der Förderung in 8 Jahren; Beträge in EURO			
Kinderzahl	**maximale Förderung**	**Kinderzulage**	**Gesamt-förderung**
Kein Kind	20.448	keine Zulage	20.448
1 Kind	20.448	6.136	26.585
2 Kinder	20.448	12.272	32.720
3 Kinder	20.448	18.408	38.856
4 Kinder	20.448	24.544	44.992
Altbau: Höhe der Förderung in 8 Jahren; Beträge in EURO			
Kein Kind	10.224	keine Zulage	10.224
1 Kind	10.224	6.136	16.360
2 Kinder	10.224	12.272	22.496
3 Kinder	10.224	18.408	28.632
4 Kinder	10.224	24.544	34.768

Bei Neubau doppelte Förderung gegenüber Altbau

Merke:
Die Förderung eines Neubaus ist doppelt so hoch wie dies bei einem Altbau der Fall ist.

3. Neubau und Altbau werden gefördert

Wie soeben dargelegt, werden sowohl ein Neubau als auch ein Altbau gefördert, weshalb es für Sie wichtig ist, was der Gesetzgeber unter Neubau und Altbau versteht.

3.1. Was ist ein Neubau ?

Es gelten nicht die landläufigen Definitionen.

Als neu errichtete Immobilie bzw. Neubau im Sinne der Förderung gilt auch eine Wohnung, die Sie bis zum Ende des 2. Jahres nach dem Jahr der Fertigstellung erwerben.

z.B.
Neubau

Ausbau und Erweiterung gilt ebenfalls als Neubau:

Falls Sie vorhandene Bausubstanz ausbauen oder erweitern, wird dies einem Neubau gleichgesetzt, so daß Ihnen die soeben genannte Förderung auch in einem solchen Fall zusteht.

Fall

Nehmen wir einmal an, daß Sie eine Wohnung in einem Haus erwerben, dessen Gemeinschaftseigentum saniert wurde: Dies kann sich auf die Fassade, das Dach, das Treppenhaus beziehen.

Gehen wir weiter davon aus, daß die einzelnen Wohnungen dagegen im nicht sanierten Zustand verkauft werden. Hier müßten Sie z.B. eine neue Gasetagenheizung, ein neues Bad, neue Türen, neue Bodenbeläge, eine neue Elektroinstallation usw. einbauen.

Die Kosten für diesen Ausbau werden wie oben beschrieben steuerlich gefördert.

Nehmen wir weiter einmal an, daß Sie eine Eigentumswohnung im Dachgeschoß eines Hauses erwerben, zu der noch der sogenannte Spitzboden (das ist der Speicherraum über der Dachgeschoßwohnung) gehört, den Sie zu Wohnzwecken ausbauen möchten. Dies wäre ein Ausbau im steuerrechtlichen Sinne, so daß die Kosten für diesen Ausbau ebenso gefördert werden, wie ein Neubau.

3.2. Was ist ein Altbau

z.B.

Altbau

Eine Eigentumswohnung ist dann ein Altbau - oder wie manchmal auch ausgedrückt - eine gebrauchte Wohnung, wenn Sie die Wohnung nicht bis zum Ende des 2. Jahres nach dem Jahr der Fertigstellung (dies wäre ein Neubau) erwerben, sondern nach dem Ende des 2. Jahres, also ab Beginn des 3. Jahres nach der Fertigstellung.

Es spielt dann auch keine Rolle mehr, wie alt die Immobilie ist: Sie erhalten die Altbauförderung ebenso, wenn Ihre Wohnung nur 5 Jahre alt ist, aber auch dann, wenn Sie 500 Jahre alt ist (z.B. ETW in einem Fachwerkhaus).

Fall

Gehen wir einmal davon aus, daß die Wohnung am 15.3.1999 fertiggestellt wurde. Hätten Sie diese Wohnung also zum 31.12.2001 gekauft, dann hätte Ihnen noch die Förderung für Neubauten zugestanden.

Haben Sie dagegen erst ab dem 1. Januar 2002 gekauft, so erhalten Sie nur noch die Förderung für Altbauten.

4. Wenn sich Ihr Einkommen während der Förderungsdauer erhöht ?

Tip

Einkommenserhöhung ist unschädlich

Auch wenn sich Ihr Einkommen während des Förderungszeitraumes erheblich erhöhen sollte, ist dies ohne jede Bedeutung: Wer nach Antragstellung ein höheres Einkommen hat als bei der Antragstellung, erhält die Förderung trotzdem für den gesamten Zeitraum bis zum Ende weiter.

5. Förderung junger Familien durch die Kreditanstalt für Wiederaufbau (KfW)

Unanhängig von der Höhe Ihres Einkommens können Sie durch die Kreditanstalt für Wiederaufbau (KFW) zinsgünstige Darlehen für den Bau oder Kauf einer selbstgenutzten Immobilie erhalten.

Tip

Gelder der KfW

Leider sind diese Darlehen nicht so sehr bekannt, da insbesondere die Banken Ihnen solche Darlehen nicht aus eigener Initiative anbieten:

Schließlich können Banken an der Vermittlung solcher KfW-Darlehen nichts verdienen.

Aber: Hartnäckiges Nachfragen lohnt sich allemal!

Die KfW gewährt ein Darlehen bis zu 30 % der Gesamtkosten, maximal jedoch 100.000 EURO.

Einzelheiten der Kreditvergabe

Einzelheiten für die Kreditvergaben:

- Die Kreditlaufzeit beträgt maximal 30 Jahre, wobei mindestens ein, höchstens fünf Jahre tilgungsfrei sind.
- Sie können sich entscheiden, ob Ihnen die zu zahlenden Zinsen für 10 Jahre oder für 5 Jahre garantiert werden. Derzeit betragen die Konditionen bei 10jähriger Zinsbindung nominal 5,80 % (= effektiv 5,93 %) und bei 5jähriger Zinsbindung nominal 5,40 % (= effektiv 5,51 %).
- Die Anträge können stellen: junge Ehepaare, junge Familien und alleinstehende Elternteile mit mindestens einem Kind.
- Zum Zeitpunkt der Antragstellung darf keiner der Antragsberechtigten (bei Ehepaaren keiner der Ehegatten) das 40. Lebensjahr vollendet haben.
- Allerdings kann diese Altersgrenze von Familien/Alleinerziehenden mit minderjährigen Kindern überschritten werden.

Tip

Umweltfreundliche Investition wird belohnt

Achtung – Förderung alternativer Energie:
Zusätzlich wird der Einbau von Fotovoltaikanlagen (Solaranlagen) zur Erzeugung von elektrischer Energie mit einem Betrag von 6.230,- EURO pro Kilowatt gefördert.

Infos: Die genaue Zinshöhe der Darlehen werden tagesaktuell über einen telefonischen Ansagedienst mitgeteilt unter dieser Telefon-Nr. 06974313900.

Wegen näherer Einzelheiten sprechen Sie unbedingt mit den Beratern Ihrer Bank.

Weitere Fragen beantworten Ihnen die Mitarbeiter der Kreditanstalt für Wiederaufbau gerne telefonisch unter der Telefon-Nr. 01801-335577.

6. Bauen oder Kaufen mit der Riester-Rente

Tip

Zinsloses Darlehen aus der »Riester-Rente«

Wenig bekannt ist, daß Sie über die viel gepriesene und ebenso gescholtene sogen. Riester-Rente ein zinsloses Darlehen zum Erwerb einer Immobilie erhalten können.

Hierzu müssen Sie so lange Geldbeträge in eine private Rentenkasse einzahlen, bis die Darlehenshöhe erreicht ist. Sodann erhalten Sie das Darlehen.

Zu lange Wartezeiten

Bedenken Sie hierbei aber, daß Sie, wenn Sie mit dem Sparen beginnen, 6 Jahre warten müssen bis Sie überhaupt einmal eine Summe von 10.000 EURO angespart haben.

Also: Bauen mit der Riester-Rente ist eher etwas für jene Immobilieninteressenten, die mit dem Erwerb einer Immobilie warten können und außerdem nur einen geringen Finanzierungsbedarf haben.

Schließlich können Sie mit 10.000 EURO beim Immobilienerwerb keine großen Sprünge machen. Schon gar nicht, wenn Sie noch 6 Jahre warten und die dann eingetretene Teuerung zahlen müssen.

7. Papierkrieg muß sein: Antrag auf Förderung nur auf amtlichen Vordrucken

Ihren Antrag auf Eigenheimzulage müssen Sie auf einem amtlichen Vordruck stellen, den Ihr zuständiges Finanzamt für Sie bereithält: Dieses ist meistens schon beim Pförtner erhältlich; es wird Ihnen auf Ihre telefonische oder schriftliche Bitte aber auch zugeschickt.

Tip

Vordruck beim Finanzamt

8. Termin der Auszahlung der Eigenheimzulage

Wenn Sie Ihren Antrag auf Eigenheimzulage gestellt haben, wird Ihnen der Jahresbetrag innerhalb eines Monats nach Bekanntgabe des Bescheides auf Ihren Antrag hin durch das Finanzamt ausgezahlt, d.h. auf das Konto überwiesen, das Sie auf Ihrem Antrag angegeben haben.

In den Folgejahren wird die Zulage immer zur selben Zeit ausgezahlt: Am 15. März eines jeden Jahres.

§§

Eigenheimzulage immer am 15. März

Die Auszahlung der Eigenheimzulage endet, nachdem sie insgesamt 8 mal an Sie ausgezahlt worden ist.

Sie sollten die staatliche Förderung fest in Ihre Finanzierung einbauen. Hierzu empfiehlt es sich, ein entsprechendes Darlehen über eine Laufzeit von acht Jahren abzuschließen.

Tip

Gehen Sie dabei so vor, daß Sie die Höhe des Darlehens so hoch wählen, daß Sie die Leistungen für Zins und Tilgung mit dem jährlichen Staatszuschuß bezahlen können.

Falls Sie sich jedoch dazu entschließen sollten, ein höheres Darlehen in Anspruch zu nehmen, so können Sie die staatliche Förderung für acht Jahre fest einplanen: Hierdurch verringert sich der tatsächlich von Ihnen aufzubringende Betrag für das Darlehen um die Höhe der staatlichen Förderung.

II. Die steuerliche Seite, wenn Sie die Eigentumswohnung vermieten wollen

§§

Vermieten und Steuern

Ganz anders als beim Sebstbezug sieht die steuerliche Seite aus, wenn Sie die ETW vermieten wollen. In diesem Fall erhalten sie für beliebig viele Objekte (also kein Objektverbrauch !) Steuervorteile.

Wichtig ist dabei nur, daß Sie die Wohnung nicht selbst beziehen, sondern vermieten. Hierbei ist es egal, ob die Wohnung an Fremde oder an nahe Angehörige vermietet wird.

1. Die steuerrechtliche Behandlung der Miete

Überschuß aus »Vermietung und Verpachtung«

Steuerrechtlich führt die Vermietung der ETW zu Einkünften aus »Vermietung und Verpachtung« im Sinne von § 21 EStG. Für die Berechnung der zu zahlenden Steuern wird aber nicht die Miete in ihrer vollen Höhe berücksichtigt, sondern nur der Gewinn – also der Überschuß – aus Vermietung und Verpachtung.

Dieser Gewinn kann sowohl positiv als auch negativ ausfallen.

z.B.

Hierzu folgende Berechnungsformel:

Einnahmen aus Miete abzüglich Werbungskosten = Einkünfte aus Vermietung und Verpachtung.

Beträgt z.B. die Miete pro Jahr 6.000 EURO und haben Sie Werbungskosten in Höhe von 9.000 EURO, so haben Sie steuerrechtlich sogen. negative Einnahmen aus Vermietung und Verpachtung in Höhe von 3.000 EURO.

§§

Vorteilhaft: negative Einnahmen

Diese können Sie mit anderen positiven Einnahmen, z.B. Zinsen oder Gehalt verrechnen. Deshalb versuchen viele Anleger, durch den Erwerb und die Vermietung von Immobilien ihr Einkommen und damit die zu zahlenden Steuern zu senken.

2. Was sind Werbungskosten?

Werbungskosten

Grundsätzlich werden Werbungskosten als Aufwendungen definiert, die zur Erzielung von Einnahmen entstehen.

3. Was zählt zu den Werbungskosten?

3.1. Kosten für Instandhaltung und Renovierung

Reparaturen

Sämtliche Kosten für laufende Instandhaltung und Renovierung der Immobilie zählen zu den Werbungskosten, wie z.B. der Erhaltungsaufwand, das sind Reparaturen, Schönheitsreparaturen. Ebenso Erneuerungen von z.B. Heizung, Dach, Fassade, Fenster, Sanitäreinrichtungen, Leitungen usw.

Wichtig: Sie als Steuerpflichtiger können bei einem größeren Erhaltungsaufwand wählen, ob sie den entsprechenden Betrag auf 2, 3, 4 oder 5 Jahre verteilen.

Beachte aber: In den ersten 3 Jahren nach Bezug der ETW werden Erhaltungsaufwendungen nur bis zu einem Betrag von bis zu 20 % der Herstellungskosten vom Finanzamt anerkannt.

Falls die Kosten aber darüber liegen, so werden sie den Herstellungskosten zugerechnet und erhöhen diese damit automatisch.

3.2. Nebenkosten

Nebenkosten

Zu den Werbungskosten zählen auch Nebenkosten. Das sind Kosten für

- Hausversicherung
- Heizungsbetrieb

- Hausverwaltung
- Abgaben für Grundbesitz: Grundsteuer, Entwässerungskosten, Schmutzwassergebühr, Kanalbenutzungsgebühr, Gebühren für Straßenreinigung, Müllabfuhr und Schornsteinfeger
- Maklergebühr für die Vermittlung der gekauften ETW
- Maklergebühr für die Vermittlung eines Mieters
- Kosten für ein Zeitungsinserat, für Porto, Telefon, Fax usw., die Ihnen durch die Suche nach einem Mieter entstanden sind

3.3. Finanzierungskosten

Finanzierungskosten

Es handelt sich um

- Schuldzinsen für ein gewährtes Darlehen
- Abschlußgenbühr für Bausparvertrag
- Disagio
- Damnum
- Kosten für Notar, Grundbuchamt

4. Abschreibung: Wichtig sind Anschaffungs- und Herstellungskosten

Abschreibungsfähig: Nur der Gebäudeanteil

Nur die Herstellungs- oder Anschaffungskosten sind alleinige Grundlage für die Abschreibung einer Immobilie, wobei nicht der Grundstücksanteil, sondern nur der Anteil des Gebäudes an den Gesamtkosten Grundlage für die Abschreibung ist.

4.1. Definition: Herstellungskosten

Was zählt zu den Herstellungskosten?

Herstellungskosten sind die Aufwendungen, die bei der Vorbereitung und Durchführung eines Bauvorhabens entstehen:

a) Wenn Sie selbst Bauherr sind

- Baukosten
- Kosten für den Anschluß an das Stromversorgungsnetz
- Kosten für die Anlagen zur Ableitung von Abwässern
- Kosten für Einbauküchen, Einbauschränke, Saunen, Herde, Öfen, offene Kamine usw.,
- Kosten der Außenanlagen.

✓

Herstellungskosten des Bauherren

b) Wenn Sie die ETW schlüsselfertig kaufen

Wenn Sie die ETW aber schlüsselfertig kaufen, so sind nicht die Herstellungskosten, sondern in erster Linie die Anschaffungskosten von Bedeutung. Die Anschaffungskosten setzen sich aus folgenden Kosten zusammen:

- Kaufpreis für die Immobilie
- Nebenkosten, wie z.B. Maklergebühren, Gebühren für Notar und Grundbuchamt

✓

Herstellungskosten des Käufers

5. Zur Abschreibung (nur möglich bei Vermietung)

Nochmals, um Irrtümern vorzubeugen: Nutzen Sie Ihre ETW selbst, so können Sie – wie bereits erwähnt – steuerrechtlich keine Abschreibung geltend machen.

§§

Nur bei Vermietung: Abschreibung

Die Abschreibung wird in § 7 EStG geregelt und allgemein definiert als eine Wertminderung an Gebäuden, die steuerrechtlich erfaßt und auch im nichtgewerblichen Bereich – also auch bei einer ETW – im Rahmen der Werbungskosten als Absetzung für Abnutzung (AfA) zur Anwendung kommt.

Man unterscheidet nach den unterschiedlichen Berechnungsformen zwischen der linearen und der degressiven Abschreibung.

5.1. Die lineare Abschreibung

§§

Lineare Abschreibung

- die lineare Abschreibung nach § 7 Absatz 4 Nr. 2 EStG, die für gebrauchte Objekte angewendet wird. Abgeschrieben wird mit gleichmäßigen Abschreibungsbeträgen pro Jahr und zwar
- mit 2,5 %, wenn die Immobilie **vor dem 1.1.1925** fertiggestellt wurde,
- mit 2,0 %, wenn die Immobilie **nach dem 31.12.1924** fertiggestellt wurde.

Fall

Nehmen wir einmal an, Sie kaufen am 15. Juni 2003 eine gebrauchte ETW zum *Vermieten*, die 120.000 EURO gekostet hat, wobei der Grundstücksanteil von 20.000 EURO bei der Steuerrechnung nicht berücksichtigt wird, so daß ein Gebäudeanteil von 100.000 EURO bleibt. Nehmen wir weiter an, daß die Immobilie am 15.6.1936 fertiggestellt wurde, die Gebühren insgesamt 1.200 EURO betragen und Sie gleich im ersten Jahr für die Renovierung, die sich bis Weihnachten hinzieht, 10.000 EURO ausgeben müssen. Weiter gehen wir davon aus, daß die Wohnung während der Renovierungsarbeiten nicht vermietet werden konnte, so daß für 2003 keine Mieteinnahmen erzielt werden.

In diesem Fall könnte Ihre Steuerrechnung wie folgt aussehen:

Berechnung: Lineare Abschreibung

Wert der ETW ohne Grundstücksanteil	100.000 EURO
anteilige Gebühren	1.200 EURO
= Anschaffungskosten der ETW	101.200 EURO
2 % Abschreibung linear für 6 Monate	1.012 EURO
Erhaltungsaufwand (beträgt	
unter 20 % der Anschaffungskosten)	10.000 EURO
sonstige Werbungskosten	350 EURO
= negative Einkünfte (Verlust)	11.362 EURO

EURO-Umstellung beachten!

- Für Ihre Steuererklärungen ab dem Jahr 2002 brauchen Sie alle Beträge, die vorher in DM ausgedrückt waren, einfach nur in EURO umzurechnen, indem Sie die DM-Beträge durch den amtlichen Umrechnungsfaktor 1,95583 teilen.
- Danach betragen Ihre negativen Einkünfte (Verlust) nunmehr 11.362,00 EURO. Diesen Betrag müssen Sie für Ihre Steuererklärungen ab dem Jahr 2002 ansetzen.

Höhe der Steuerersparnis für dieses Beispiel:

z.B.

Dies ergäbe bei einem Spitzensteuersatz von 35 % (ohne Berücksichtigung von Kirchensteuer und Solidaritätszuschlag) für das Jahr 2003 eine Steuerersparnis in Höhe von 3.976 EURO (für Ihre Steuererklärungen ab dem Jahr 2003).

5.2. Die degressive Abschreibung

§§

Degressive Abschreibung

Diese Abschreibungsart wird angewendet bei neu erstellten Eigentumswohnungen.

Es handelt sich um eine Abschreibung mit von Jahr zu Jahr fallenden Sätzen, die vom Gesetzgeber mit Wirkung zum 1. Januar 1996 reduziert wurden. Sie müssen daher unterscheiden:

a) Alte Regelung

§§

Alte Regelung

Die alte Regelung nach § 7 Abs. 4, Satz 1, Nr. 2 EStG kommt zur Anwendung, wenn nach dem 28. Februar 1989 und vor dem 1. Januar 1996 der Bauantrag gestellt oder der Kaufvertrag abgeschlossen wurde.

Wichtig ist, daß diese »alte« Abschreibungsmethode solange angewendet wird, bis die Abschreibung beendet ist. Die ab dem 1.1. 1996 geltende Neuregelung ändert diese laufende Abschreibung nicht !

Die alte Regelung sieht folgende Abschreibungsquoten vor:

z.B.

je 7 % im 1. bis 4. Jahr
je 5 % im 5. bis 10. Jahr
je 2 % im 11. Bis 16. Jahr
je 1,25 % im 17. Bis 40. Jahr.

b) Neue Regelung

§§

Neue Regelung seit 1.1.1996

Die neue Regelung nach § 7 Abs. 5, Nr. 2 EStG kommt zur Anwendung, wenn nach dem 31.12. 1995 der Bauantrag gestellt oder der Kaufvertrag abgeschlossen wurde.

Die Abschreibung gliedert sich wie folgt:

je 5 % im 1. bis 8 Jahr
je 2,5 % im 9. bis 14. Jahr
je 1,25 % im 15. bis 50. Jahr.

Fall

Nehmen wir einmal an, daß Sie Anfang 2002 von einem Bauträger eine gerade fertiggestellte ETW zum *Vermieten* gekauft haben, die 120.000 EURO gekostet hat, wobei der Grundstücksanteil von 10.000 EURO bei der Steuerrechnung nicht berücksichtigt wird, so daß ein Gebäudeanteil von 110.000 bleibt.

Nehmen wir weiter an, daß Sie die Immobilie mit einem Eigenkapitalanteil in Höhe von 15.000 EURO und einem Darlehen in Höhe von 95.000 EURO finanziert haben, für das Sie einen jährlichen Zins von 6 % zu zahlen haben.

Gehen wir auch bei diesem Beispiel davon aus, daß Ihr Spitzensteuersatz 35 % beträgt.

Da die Wohnung bezugsfertig ist, können Sie diese unmittelbar nach dem Kauf für 600 EURO monatlich vermieten. Ihre weiteren Werbungskosten betragen 360 EURO.

Berechnung: Degressive Abschreibung

In diesem Fall könnte Ihre Steuerrechnung wie folgt aussehen:

Anschaffungskosten der ETW ohne Grundstücksanteil 100.000 EURO

daraus 5 % Abschreibung	5.000 EURO
Schuldzinsen 6 % aus 95.000 EURO Darlehen	5.700 EURO
sonstige Werbungskosten	360 EURO
= Summe der Werbungskosten	11.060 EURO
abzüglich der Mieteinnahmen	7.200 EURO
(negative) Einkünfte (Verlust) =	- 3.860 EURO

Bei einem Steuersatz von 35 % beträgt für das Jahr 2002 Ihre Steuerersparnis 1.351 EURO.

5.3. Sonderabschreibung in den neuen Bundesländern läuft aus

Eine der Sonder-AfA in den neuen Bundesländern

In den neuen Bundesländern ist bei vermieteten Immobilien, also auch Eigentumswohnungen, derzeit noch eine *zusätzliche* Sonderabschreibung (»Sonder-AfA«) in Höhe von 50 % der Herstellungs- bzw. der Sanierungskosten möglich, die aber Ende 1996 ausgelaufen ist, so daß nur noch solche Immobilien in den Genuß der erhöhten Abschreibung kommen, mit deren Bau vor dem 31.12.1996 begonnen wurde.

Vielfach überteuert

Viele solcher mit dem Hinweis auf die »Sonder-AfA« angebotenen Immobilien sind stark überteuert: Als Käufer zahlen Sie deswegen drauf, weil der Anbieter die Steuerersparnis von vornherein auf den Kaufpreis draufschägt, in der Erwartung, der Käufer achte weniger auf die Höhe des Kaufpreises, sondern vielmehr auf die Sonderabschreibung.

Kalkulierte Miete erzielbar?

Seien Sie bei solchen Angeboten äußerst vorsichtig: Vielfach wird die Miete über eine Bankgarantie verbürgt, die aber meistens nach 5 Jahren ausläuft. Die meist viel zu hoch angesetzte Miete kann nach Auslaufen der Mietgarantie wohl kaum erzielt werden: Falls Sie eine solche Wohnung über Darlehen finanzieren, so sollten Sie nur mit einer Miete rechnen, die etwa 60 % der vom Verkäufer angegebenen angeblich erzielbaren Miete entspricht.

Auf diese Weise entsteht kein »Loch« in Ihrer Finanzierung.

III. Mit welchen steuerlichen Belastungen der Erwerb der Eigentumswohnung verbunden ist

§§

Steuern rund um die Eigentumswohnung

Die Eigentumswohnung ist mit einer ganzen Reihe von Steuern verbunden, die Sie als Käufer einer Eigentumswohnung, als Verkäufer oder aber während der gesamten Dauer, während der Sie Eigentümer von Wohneigentum sind, zu entrichten haben. Außerdem fällt Steuer an, wenn Sie die Eigentumswohnung verschenken. Wird die Eigentumswohnung vererbt, so hat der Erbe die sogenannte Erbschaftssteuer zu bezahlen.

1. Die Grunderwerbssteuer

§§

Grunderwerbssteuer

Das steuerliche Interesse des Finanzamtes an der Eigentumswohnung beginnt dann, wenn Sie diese kaufen.

Die Rechtsgrundlage hierzu enthält das Grunderwerbssteuergesetz, welches die einzelnen Fälle nennt, in denen Grunderwerbssteuer anfällt. Zunächst spricht das Gesetz davon, daß die Steuer beim Erwerb oder der Verwertungsmöglichkeit über ein Grundstück zu zahlen ist. Der Begriff Grundstück ist insoweit irreführend als hierunter nicht nur der Grund und Boden zu verstehen ist, sondern auch die mit diesem fest verbundene Baukörper, also das Gebäude.

3,5 % vom Kaufpreis

Die Höhe der Grunderwerbssteuer beträgt 3,5 % vom Kaufpreis der Eigentumswohnung.

Beachten Sie aber, daß das Gesetz eine ganze Reihe von Fällen vorsieht, in denen keine Grunderwerbssteuer zu zahlen ist.

§§

Ausnahmen

Es handelt sich hierbei um folgende Vorgänge:

Bagatellfälle

- Bagatellfälle, bei denen der Kaufpreis maximal 2.500 EURO beträgt.

Erbschaft Schenkung

- Wenn die Eigentumswohnung durch Erbschaft erworben wurde oder durch eine Schenkung. In diesen beiden Fällen liegt kein Vorgang vor, der nach dem Grunderwerbssteuergesetz steuerpflichtig wäre. Beachten Sie aber, daß hier die Erbschafts- oder Schenkungssteuer zu zahlen ist.
- Erwerb der Eigentumswohnung durch Verwandte in gerader Linie. Hin und wieder kommt es vor, daß zwei Wohnungseigentümer einen Tauschvertrag über ihre Wohnungen schließen, bei dem der Vertragspartner die Wohnung des jeweils anderen Vertragspartners im Wege des Wohnungstausches erhalten soll.

Ein solcher Tauschvertrag ist z.B. dann sinnvoll, wenn Ihre Eigentumswohnung für Sie zu groß geworden ist, weil nunmehr die Kinder ausgezogen sind oder aber weil Sie infolge hohen Alters oder Krankheit nicht mehr im zweiten Stock, sondern wegen der Bequemlichkeit in Parterre wohnen möchten.

Ein solcher Tauschvertrag genießt keine Befreiung von der Grunderwerbssteuer: Es fällt sogar zweimal die Grunderwerbssteuer an, nämlich erstens bei dem einen und zweitens bei dem zweiten Tauschpartner.

2. Die Erbschafts- oder Schenkungssteuer

Erbschaftssteuer/Schenkungssteuer

Falls Sie Ihre Eigentumswohnung geschenkt bekommen oder diese erben, so fällt – wie soeben dargelegt wurde – zwar keine Grunderwerbssteuer, jedoch Erbschafts- oder Schenkungssteuer an.

2.1. In welchen Fällen ist Erbschafts- oder Schenkungssteuer zu zahlen ?

Es gibt eine ganze Reihe von Vorgängen, die erbschafts- oder schenkungssteuerpflichtig sind:

»Tod oder Schenkung«

- Erwerb von Todes wegen

Immer dann, wenn Sie die Eigentumswohnung als Erbe erwerben, spricht man im steuerrechtlichen Sinne vom Erwerb von Todes wegen. Hierbei spielt es keine Rolle, ob Sie die Eigentumswohnung als Erbe erwerben oder aber als sogenanntes Vermächtnis oder über die Geltendmachung eines Pflichtteilsanspruches.

- Auch die *Schenkung* unter Lebenden ist steuerrechtlich von Bedeutung. Wird Ihnen also die Eigentumswohnung geschenkt, so ist dieser Vorgang im Sinne des Erbschaftssteuergesetzes von Bedeutung.

- Die *Zweckzuwendung* ist ein weiterer steuerrechlich erheblicher Tatbestand. Um eine solche Zweckzuwendung handelt es sich z.B., wenn Ihnen ein naher Verwandter eine Geldsumme von 50.000 EURO mit der Zweckbestimmung schenkt, daß Sie von dem Geld eine bestimmte Eigentumswohnung kaufen sollen.

2.2. Es stehen Ihnen Freibeträge zu

Freibetrag

Sie können jedoch bei der Erbschafts- oder Schenkungssteuer die vom Gesetz großzügig gewährten sogenannten Freibeträge ausschöpfen.

Es sind folgende Freibeträge vorgesehen:

Tip

Freibeträge ausschöpfen!

In Steuerklasse I:

für den Ehegatten	307.000 EURO
für Kinder und Stiefkinder	205.000 EURO
für alle übrigen Personen	51.200 EURO

In Steuerklasse II.

für Stiefeltern, Geschwister, Neffen	
Nichten, Schwiegereltern,	
geschiedene Ehegatten	10.300 EURO
In Steuerklasse III.	
für alle übrigen Personen	
wie z.B. Großeltern	
Tanten/Onkel,	
Cousin/Cousine	
Lebensgefährte	
Fremde	5.200 EURO

2.3. Einzelheiten zur Erbschaftssteuer / Steuertabelle

§§

Ertragswertverfahren

Durch die Erbschaftssteuer wird der Vermögensübergang durch den Tod des Erblassers – aber auch durch Schenkung unter Lebenden oder Zweckzuwendungen – besteuert; Rechtsgrundlage ist das Erbschaftssteuergesetz – ErbStG). Bei Immobilien ist zu beachten, daß nicht der tatsächliche Wert – also etwa der Verkehrswert – für die Besteuerung maßgeblich ist: Seit 1. Januar 1996 wird der Wert für bebaute Grundstücke nach dem sogen. Ertragswertverfahren besteuert.

Durch diese Methode wird im Durchschnitt lediglich 70 % des Verkehrswertes einer Immobilie erreicht.

Prozentsatz der Erbschaftssteuer

Den einzelnen soeben in Kapitel 2.2. aufgeführten Steuerklassen ist – in Abhängigkeit von der Höhe des Wertes des Erwerbes – mit Prozentsätzen die zu zahlende Steuer zugeordnet:

Wert der Erbschaft bis zu Euro	Prozentsatz in Steuerklasse		
(Beispiele)	I	II	III
52.000	7	12	17
256.000	11	17	23
512.000	15	22	29
5.113.000	19	27	35
12.783.000	23	32	41
25.565.000	27	37	47
über 25.565.000	30	40	50

Was bedeutet nun die Besteuerung nach dem Ertragswert ganz konkret?

Berechnung des Ertragswertes

Der Ertragswert ergibt sich bei einer vermieteten Wohnung aus der im Durchschnitt der letzten 3 Jahre erzielten

- Jahresnettokaltmiete,
- die mit 12 zu multiplizieren ist.
- Für jedes Jahr seit Bezugsfertigkeit ist eine Alterswertminderung von 0,5 % abzuziehen, höchstens jedoch 25 %.
- Befinden sich im Gebäude nicht mehr als 2 Wohnungen, so erfolgt ein Zuschlag in Höhe von 20 % auf den Ertragswert.
- Hinzu kommt der Grundstückswert, wobei mindestens der Wert anzusetzen ist, den das Grundstück als unbebautes Grundstück hätte. Hierbei sind 80 % des von der Gemeinde festgestellten Bodenrichtwertes anzusetzen.

Sie erben in Hamburg eine vermietete 80 m² große 3-Zimmer Eigentumswohnung in einem 8-Familienhaus mit folgenden Merkmalen: **z.B.**

- Wert der Wohnung bei einem möglichen Verkauf: 200.000 EURO.
- Alter des Objektes: 8 Jahre.
- Grundstücksgröße 800 m².
- Grundstückswert in dieser Gegend: 500 EURO pro m².
- Grundstücksanteil auf Ihre Wohnung: 100 m²
- In den letzten 3 Jahre durchschnittlich erzielte Jahresnettokaltmiete: 8.640 EURO.

Der Ertragswert dieser Wohnung wird wie folgt ermittelt:

- 8.640 EURO Jahresnettokaltmiete X 12 = 103.680 EURO
- Abschlag für 8 Jahre Alter: 0,5 % X 8 = 4 % = 4.147 EURO

Wert also 99.533 EURO

Zuzüglich 100 m² Grundstücksanteil X 500 EURO, hiervon 80 % = 40.000 EURO

⇨Ertragswert der Wohnung für die Steuerrechnung 139.533 EURO

Dies entspricht nur etwa 70 % des tatsächlichen Wertes.

Eine Eigentumswohnung ist insbesondere für die Steuerrechnung deshalb günstiger als ein Einfamilienhaus, weil bei der Eigentumswohnung der Grundstückswert nur zu einem Bruchteil berücksichtigt wird, während beim Einfamilienhaus die Grundstücksfläche voll zu Buche schlägt.

Wären in unserem Fall die 800 m² Grundstücksfläche nicht mit 8 Eigentumswohnungen bebaut, sondern mit einem Einfamilienhaus, so hätten Sie im Erbfall allein durch das Grundstück einen Wert von 320.000 EURO im Gegensatz zu dem günstigen Wert von 139.533 EURO im Falle der ererbten Eigentumswohnung.

Ertragswert bei selbst genutzter Wohnung?

Bei einer selbst genutzten Eigentumswohnung wird der Ertragswert ermittelt, indem eine für diese Wohnung üblicherweise zu zahlende Miete (sogenannte fiktive Miete) angenommen wird. Die Ermittlung des Ertragswertes erfolgt ansonsten genauso, wie sie soeben für die vermietete Wohnung dargestellt wurde.

Bewohnen Sie also Ihre Eigentumswohnung selbst oder lassen Sie nahe Verwandte (z.B. Kindern Eltern) umsonst darin wohnen, so können bei dem soeben genannten Zahlenbeispiel praktisch von dem gleichen Ertragswert ausgehen, also 139.533 EURO.

§§

Unterm Strich: Kaum Unterschiede

Keine Angst: Sie können großzügige Freibeträge ausschöpfen, so daß bei einer einzigen Eigentumswohnung, noch dazu wenn sie an nahe Verwandte vererbt wird, kaum oder keine Erbschaftssteuer zu zahlen ist, was Sie anhand der zu Anfang dieses Kapitels genannten Freibeträge leicht feststellen können.

3. Grundsteuer

§§

Grundsteuer wichtig: Einheitswert

Die Gemeinden erheben eine Abgabe aufgrund Besitz also auch auf Wohnungseigentum, die sogenannte Grundsteuer.

Gesetzliche Grundlage sind das Grundsteuergesetz von 1973 und die Grundsteuer-Richtlinien von 1978 unter Berücksichtigung späterer Änderungen.

Bemessungsgrundlage für die Grundsteuer ist der sogenannte Einheitswert, der erheblich unter dem tatsächlichen Wert einer Immobilie liegt.

Diese Einheitswerte werden gegenüber dem Eigentümer einer Eigentumswohnung durch sogenannten Einheitswertbescheid festgestellt.

Die genaue Höhe der pro Jahr zu zahlenden Grundsteuer ergibt sich durch folgende Berechnung:

Einheitswert X Steuermeßzahl X Hebesatz
= jährliche Grundsteuer

z.B.

Berechnung der Grundsteuer

Nehmen wir an, daß Sie eine Eigentumswohnung zum Kaufpreis von 120.000 EURO gekauft haben. Der soeben erwähnte Einheitswert Ihrer Eigentumswohnung liegt ungefähr bei 10.000 EURO.

Dieser Einheitswert wird nunmehr mit der sogenannten Steuermeßzahl – die das Finanzamt festlegt – multipliziert: Je nach Art und Wert der Immobilie ergibt sich eine unterschiedlich hohe Steuermeßzahl. So z.B. beträgt diese
- in den alten Ländern je nach Art zwischen 2,6 pro Tausend und 3,5 pro Tausend
- in den neuen Ländern zwischen 5 pro Tausend und 10 pro Tausend
- wobei hier die deutlich geringeren Einheitswerte von 1935 die Bemessungsgrundlage bilden.

§§

Geringer Betrag

Für Eigentumswohnungen ist die Steuermeßzahl mit 3,5 pro Tausend leider relativ hoch. Jedoch ergibt sich in unserem Beispiel bei einer Eigentumswohnung mit einem Wert von 120.000 EURO, die einen Einheitswert von 10.000 EURO hat, nur ein Betrag in Höhe von 35 EURO.

Dieser Betrag wird nunmehr mit den sogenannten Hebesätzen der betreffenden Gemeinde multipliziert.

§§

Wichtig: Hebesätze

Diese Hebesätze liegen ungefähr zwischen 230 % und neuerdings in vielen Gemeinden sogar 500 % des durch Multiplikation von Einheitswert und Steuermeßzahl errechneten Betrages. Gehen wir im schlechtesten Fall von einem Hebesatz von 500 % aus, so haben Sie jährlich eine Grundsteuer von 175 EURO zu entrichten.

4 mal pro Jahr fällig

Die Grundsteuer entsteht mit dem Beginn des Kalenderjahres, für das sie festgesetzt wird. Beachten Sie, daß Grundsteuer 4-mal im Jahr zu jeweils gleichen Teilbeträgen erhoben wird, und zwar am 15.02., 15.05., 15.08. und 15.11. eines jeden Kalenderjahres.

Tip

Wann sie keine Grundsteuer zahlen müssen

Ein Erlaß der Grundsteuer ist in bestimmten Fällen durch das Grundsteuergesetz vorgesehen: So z.B. dann, wenn die Immobilie eine besondere Bedeutung für Kunst, Geschichte, Wissenschaft oder Naturschutz hat und aus diesem Grunde diese im Interesse der Öffentlichkeit erhaltenswürdig ist.

z.B.

»Historisches Bauwerk«

Bei einem denkmalgeschützten Objekt kann die Grundsteuer dann erlassen werden, wenn die Kosten für die Erhaltung der Immobilie die Einnahmen (also die Miete) übersteigen.

Gehen wir einmal davon aus, daß Sie eine Immobilie in einer historisch bedeutsamen Villa gekauft haben, deren Park- oder Gartenanlage ebenfalls von geschichtlichem Wert ist und zusätzlich wenn auch nur in einem geringen Umfang der Öffentlichkeit zugänglich gemacht wird. Auch in diesem Fall kommt ein Erlaß der Grundsteuer in Betracht.

Beachten Sie aber, daß ein Grundsteuererlaß nur auf Ihren Antrag hin gewährt wird, der bis zum 31. März gestellt werden muß.

Ermäßigung der Grundsteuer

Eine Ermäßigung der Grundsteuer ist in zwei Fällen vorgesehen:

- wenn Beschäftigte nach dem Bundesversorgungsgesetz (BVG) eine
- Kapitalabfindung erhalten oder
- wenn eine Rente kapitalisiert wird.

§§

Ebenso kommt eine Ermäßigung der Grundsteuer in Betracht bei Neuanschaffung von Wohnraum, wozu neben dem Neubau auch die Erweiterung oder Modernisierung zählt, sofern dieser neugeschaffene Wohnraum vor dem 01.01.1990 bezugsfertig geworden ist.

Nähere Auskunft hierzu erteilen Ihnen die Versorgungsämter Ihrer Gemeinde sowie die Ministerien Ihres Bundeslandes für Arbeit, Gesundheit und Soziales, aber auch Ihr zuständiges Finanzamt.

Tip

Auskunft einholen

Die erste Anlaufstelle für Fragen im Zusammenhang mit einem Erlaß oder einer Ermäßigung der Grundsteuer sollte Ihre Kreis- oder Stadtverwaltung sowie Ihr zuständiges Finanzamt sein. Dort gibt es entsprechende Informationsbroschüren bzw. Merkblätter.

4. Einkommenssteuer

§§

Einkommenssteuer

Wie bereits dargestellt führt die Vermietung der ETW steuerrechtlich zu Einkünften aus »Vermietung und Verpachtung« im Sinne von § 21 EStG. Grundlage für die Berechnung der zu zahlenden Steuern ist nicht die Miete in ihrer vollen Höhe, sondern nur der Überschuß aus Vermietung und Verpachtung, der sowohl positiv als auch negativ sein kann.

z.B.

Negative Einnahmen anstreben

Haben Sie z.B. auf der einen Seite eine jährliche Mieteinnahme in Höhe von 6.000 EURO, auf der anderen Seite jedoch Werbungskosten in Höhe von 9.000 EURO, so haben Sie steuerrechtlich sogen. negative Einnahmen aus Vermietung und Verpachtung in Höhe von 3.000 EURO. Das Finanzamt drückt dies auf Ihrem Steuerbescheid wie folgt aus:

Einnahmen aus Vermietung und Verpachtung:
– 3.000 EURO.

Tip

Die Erzielung negativer Einnahmen sind das Ziel von solchen Steuerzahlern, die an einer Kapitalanlage u.a. auch zum Zwecke des Steuersparens interessiert sind.

Dies läßt sich damit erklären, daß die negativen Einnahmen mit anderen positiven Einnahmen, z.B. Zinsen oder Gehalt verrechnet werden können.

Deshalb versuchen viele Anleger, durch den Erwerb und die Vermietung von Immobilien ihr Einkommen und damit die zu zahlenden Steuern zu senken.

Mieteinnahmen mit Zinsen aufrechnen

Sofern Sie anderweitige über genügend sichere Einnahmen zum Leben verfügen (feste Arbeit, laufende Zinseinnahmen, Renten o.ä.) sollten Sie die zu vermietende ETW so hoch beleihen, daß die jährlichen Zinsen ungefähr die zu erwartende Miete erreichen.

Auf diese Weise bleiben Ihnen die Werbungskosten aus der Abschreibung voll zur Verrechnung mit Ihren sonstigen Einnahmen erhalten.

Fall

Gehen wir einmal davon aus, daß Sie eine gerade fertiggestellte 2-Zimmer-ETW mit $60m^2$ für 125.000 EURO erworben haben und von einer jährlichen Miete von 6.300 EURO ausgehen können, so könnte Ihre Finanzierung wie folgt aussehen:

- Eigenkapital: 35.000 EURO,
- Darlehen: 90.000 EURO,
- bei 6 % Zinsen,
- 1 % Tilgung und
- 10 Jahren Zinsbindung.

Hierbei hätten Sie an Zinsen jährlich 5.400 EURO zu bezahlen, also weniger, als Sie an Miete erhalten.

Die jährliche Abschreibung bei einem angenommenen Grundstücksanteil von 25.000 EURO auf die reinen Gebäudekosten (100.000 EURO) betragen bei 5 % genau 5.000 EURO.

Tip

Einkommen auf »Null« reduzieren

Haben Sie z.B. bei einem jährlichen Bruttoeinkommen von 32.500 EURO ein zu versteuerndes Einkommen von 15.000 EURO, so können Sie durch den Erwerb und die Vermietung von 3 Eigentumswohnungen aus unserem Beispiel Ihr zu versteuerndes Einkommen auf 0 reduzieren.

Zukunft beachten!

Vorsicht: Ist Ihr Einkommen auch unter den folgen Gesichtspunkten noch ausreichend groß ?

Bedenken Sie, daß Sie neben den Zinsen auch noch jährlich 1-2 % an Tilgung zahlen müssen.

Bedenken Sie auch, daß die Abschreibung nach einigen (z.B. 8) Jahren keine 5 % mehr beträgt, sondern nur noch 2,5 %, so daß die Steuerersparnis nicht mehr so hoch ist wie anfangs.

Gehen Sie während des Laufs des Darlehens (bis zu 30 Jahre) in Rente ? Wenn dem so ist, wie hoch wird Ihre Rente sein ?

Rentner zahlen bekanntlich kaum Steuern, so daß die vermietete ETW dann keinen Steuerspareffekt mehr bringt.

Antrag auf Lohnsteuerermäßigung stellen / Freibeträge in der Lohnsteuerkarte bringen sofortige Steuerersparnis

Geben Sie dem Finanzamt keinen zinslosen Kredit:

Tip

Werbungskosten sofort in die Lohnsteuerkarte eintragen lassen

Falls Sie Arbeitnehmer sein sollten, so können Sie sich die negativen Einnahmen aus Vermietung und Verpachtung bereits ab Ende Oktober eines jeden Jahres in Ihre Lohnsteuerkarte eintragen lassen, damit Ihr Arbeitgeber diese negativen Einnahmen bei der Berechnung und Abführung von Lohnsteuer an das Finanzamt berücksichtigen kann.

Auf diese Weise kommt Ihnen der steuerliche Vorteil von vermieteten Immobilien unmittelbar, und nicht erst nach Abgabe Ihrer Einkommensteuererklärung zugute.

Antrag auf Lohnsteuerermäßigung

Das Finanzamt hält für dieses Prozedere einen sogen. Antrag auf Lohnsteuerermäßigung bereit (beim Pförtner erhältlich).

5. Vermögenssteuer

§§

Vermögenssteuer

Rechtsgrundlage für die Erhebung von Vermögenssteuer auf Grund und Boden sind das Vermögenssteuergesetz in Verbindung mit den Vermögenssteuer-Richtlinen und dem Bewertungsgesetz.

Vermögenssteuerpflichtig ist neben juristischen Personen jede natürliche Person, die im Inland ihren Wohnsitz oder ihren gewöhnlichen Aufenthalt hat.

Während für juristische Personen ein Steuersatz von 0,6 % gilt, beträgt der Steuersatz für eine natürliche Person 0,5 % des festgestellten steuerpflichtigen Vermögens. Allerdings werden hierbei Freigrenzen und Freibeträge vom Vermögen abgezogen.

Beachte, daß die Vermögenssteuer nicht als Werbungskosten geltend gemacht werden kann.

Beachten Sie, daß für die Berechnung der Vermögenssteuer nicht nur Ihre Eigentumswohnung berücksichtigt wird, sondern Ihr gesamtes Vermögen, wozu neben Bargeld und Sparguthaben auch Wertpapiere sowie Kunstgegenstände gehören.

Grundvermögen wird jedoch bei der Berechnung Ihres Vermögens nur mit dem 1,4-fachen des oben erwähnten Einheitswertes festgestellt. Von dem so ermittelten Betrag werden die auf dem betreffenden Vermögenswert lastenden Schulden abgezogen, also beispielsweise eine Grundschuld, so daß der ermittelte Vermögensbetrag sich reduziert.

Vermögenssteuer quasi »abgeschafft«

Nach einem Beschluß des Bundesverfassungsgerichts sollte bis Ende 1996 eine Neuregelung der Vermögenssteuer erfolgen. Dem hat die Bundesregierung entsprochen, indem sie mit Ende 1996 die bisherige Vermögenssteuer auslaufen läßt. Somit existiert ab Januar 1997 kein Gesetz, so daß keine Vermögenssteuer mehr erhoben werden kann (nachzulesen im Bundessteuerblatt II, S. 665).

Dies bedeutet für Sie, daß die Vermögenssteuer quasi abgeschafft ist.

Glossarium

Definition wichtiger Begriffe von A bis Z

Abschreibung ist eine Wertminderung an Gebäuden, die steuerrechtlich erfaßt und auch im nichtgewerblichen Bereich im Rahmen der → Werbungskosten als → Absetzung für Abnutzung (AfA) gebraucht wird. Man unterscheidet nach der Berechnungsform die → lineare Abschreibung mit gleichmäßigen Abschreibungsbeträgen pro Jahr, z.B. 20% auf 5 Jahre, und die → degressive Abschreibung mit von Jahr zu Jahr fallenden Sätzen, ab 1.1.1996 beginnend mit nur noch 5%. Wird der hergestellte oder erworbene Wohnraum jedoch vom Eigentümer selbst genutzt, so kann steuerrechtlich keine Abschreibung geltend gemacht werden, sondern eine Absetzung wie Sonderausgaben.

Absetzung für Abnutzung, abgekürzt AfA, ist der steuerrechtliche Begriff für die Erfassung der Wertminderung von Gebäuden als Werbungskosten bei Einkünften aus Vermietung und Verpachtung. Grundlage sind die Anschaffungs- oder → Herstellungskosten. → Abschreibung.

Alleinauftrag hat ein Immobilienmakler, wenn er den Auftrag zur Veräußerung einer Immobilie »exklusiv« übernimmt, d.h. nur er darf das Objekt veräußern. Der Auftrag ist regelmäßig befristet und nach spätestens 6 Monaten kündbar. Beim sogenanntem qualifizierten Alleinauftrag ist auch der Eigenverkauf durch den Auftraggeber ausgeschlossen. → Allgemeinauftrag.

Allgemeinauftrag. Der Verkäufer der Immobilie kann mit dem Immobilienmakler übereinkommen, daß er selbst tätig werden oder parallel andere Makler einschalten kann. → Alleinauftrag

Annuitätendarlehen. Die Annuität ist die jährliche konstante Belastung bei Baufinanzierungen, bestehend aus

Zins und Tilgung, wobei der Tilgungsanteil jährlich steigt bei gleichzeitg abnehmendem Zinsanteil. Dies ermöglicht eine klare Belastungsplanung in bezug auf das verfügbare Einkommen. → Festdarlehen.

Annuitätenzuschuß. Zur Überbrückung von zu hohen Belastungen bei der Finanzierung von Wohnungseigentum kann für einige Jahre ein in monatlich gleichen Beträgen auszuzahlendes Darlehen, der Annuitätenzuschuß, von einer Bank, einer Bausparkasse oder der öffentlichen Hand im Rahmen des sozialen Wohnungsbaus gegeben werden. Diese Zahlungen vermindern die monatliche Belastung. Die Summe aller Auszahlungen nebst der aufgelaufen Zinsen wird später wie ein Darlehen getilgt.

Anschaffungskosten → Herstellungskosten.

Anschlußkosten sind die Gebühren für den Anschluß eines Grundstücks an die Ver- und Entsorgungseinrichtungen wie Strom, Wasser, Gas und Kanal an die Gemeinden und Energieunternehmen zu entrichten. Hierfür besteht Anschluß- und Benutzungszwang, d. h. weder die Versorgungsunternehmen noch der Grundstückseigentümer können sich den Anschlüssen entziehen. Die Anschlußkosten sind Bestandteil der → Erschließungskosten.

Arbeitnehmersparzulage / Vermögenswirksame Leistungen. Arbeitnehmer können einen Teil ihres Lohnes oder den vom Arbeitgeber tariflich zusätzlich gezahlten Lohn vermögenswirksam anlegen. Sie erhalten dann eine Arbeitnehmersparzulage, wenn ihr zu versteuerndes Einkommen die Grenze von 17.900 EURO für Ledige und 35.800 EURO für Verheiratete nicht überschreitet. Die genaue Höhe Ihres zu versteuernden Einkommens erfahren Sie durch einen Blick in Ihren Einkommenssteuerbescheid, der vom Finanzamt erstellt wird. Wird auf einen Bausparvertrag eingezahlt oder die Beträge zur Entschuldung für Wohnungserwerb verwendet, beträgt die Zulage 10% aus maximal 480 EURO jährlich, das sind 48 EURO. Bei Verheirateten gilt der doppelte Betrag; hier beträgt die Förderung also 96 EURO.

Architektenvertrag ist der Vertrag zwischen dem Bauherrn und einem Architekten, der den üblichen Leistungsumfang einschließt, also eine Kombination aus Dienst-, Werk- und Geschäftsbesorgungsvertrag, der den Architekten auch bevollmächtigt, den Bauherren in den die Bauabwicklung betreffenden Angelegenheiten zu vertreten. Ein solcher Vertrag ist grundsätzlich auch mündlich gültig, Schriftform ist aber empfehlenswert, um das »Leistungsbild« entsprechend der Honorarordnung genau zu erfassen.

Auflassung ist die Einigung zwischen dem Erwerber und dem Veräußerer eines Grundstücks bzw. einer Immobilie über den Eigentumsübergang. Sie ist streng formgebunden, d.h. sie muß bei gleichzeitiger Anwesenheit beider Parteien vor einem Notar erklärt und von diesem beurkundet werden. Die Bevollmächtigung eines Dritten zur Abgabe der Erklärung in beglaubigter Form ist möglich. Die Auflassung muß zur Umschreibung im → Grundbuch eingetragen werden.

Bankdarlehen, mit denen die Geschäfts- oder Hypothekenbanken in erheblichem Umfang an der Finanzierung von Wohnungsbau beteiligt sind, werden regelmäßig nur mit einer Beleihung im ersten Rang des → Grundbuchs bis zur Beleihungsgrenze von 60% vergeben. Die Rückzahlung ist in gleichen Annuitäten zu leisten. Die Laufzeit beträgt meistens zwischen 20 und 30 Jahre. → Annuitätendarlehen.

Bauabnahme ist die Prüfung eines Neubaus durch die Baubehörden zusammen mit dem Bauherrn (Bauüberwachung).

Bauantrag. Die Bauaufsichtsbehörde, also die Kreise und kreisfreien Gemeinden, ist zuständig für die Genehmigung von Bauanträgen, damit sichergestellt ist, daß die Bauvorhaben nicht gegen die öffentlich-rechtlichen Vorschriften verstoßen. Dem Bauantrag sind alle für die Beurteilung des Bauvorhabens erforderlichen Unterlagen (Bauvorlagen) beizufügen. Für Gebäude mit bis zu drei Wohnungen ist derzeit keine statische Prüfung vorgeschrieben. Der Antrag ist schriftlich zu stellen; es handelt sich um einen sogenannten mitwirkungsbedürftigen Verwaltungsakt.

Bauarbeiten im Sinne des → Baurechts (Definitionen finden sich in den Landesbauordnungen) sind Arbeiten zur Errichtung, Änderung oder Unterhaltung einer baulichen Anlage, wenn sie auf der Baustelle oder an der baulichen Anlage ausgeführt werden. Auch Abbrucharbeiten gelten als Bauarbeiten.

Bauaufsicht. Die Bauordnungen der einzelnen Länder bestimmten die Baubehörden, denen die B. obliegt. Die Bauaufsicht nimmt die entsprechenden Rechte wahr bei der Errichtung, Änderung und dem Abbruch oder der Beseitigung von baulichen Anlagen; ferner bei der Nutzungsänderung eines Grundstücks. Die B. erteilt Baugenehmigungen, erläßt Beseitigungsanordnungen und Baustellenstillegungen usw. Sie hat darauf zu achten, daß bei den genannten Maßnahmen, die öffentlich-rechtlichen Bauvorschriften eingehalten werden.

Baufreiheit → Baurecht im subjektiven Sinne.

Baugebot (gem. § 176 BauGB). 1. Die Gemeinde kann im Geltungsbereich eines Bebauungsplanes oder innerhalb der im Zusammenhang bebauten Ortsteile den Eigentümer durch Bescheid verpflichten, sein Grundstück innerhalb einer angemessenen Frist entsprechend den Festsetzungen des Bebauungsplanes zu bebauen (§ 176 I Nr. 1 BauGB) oder ein bereits vorhandenes Gebäude oder eine vorhandene sonstige bauliche Anlage den Festsetzungen anzupassen (§ 176 I Nr. 2 BauGB). Sinn und Zweck der Vorschrift ist die bauliche Nutzung von Grundstücken, insbesondere die Schließung von Baulücken (§ 176 II BauGB). 2. Allerdings kann die Durchführung des Bauvorhabens dann nicht verlangt werden (»die Gemeinde hat vom Baugebot abzusehen«, § 176 III BauGB), wenn die Durchführung des Vorhabens dem Eigentümer aus wirtschaftlichen Gründen nicht zuzumuten ist. 3. In einem solchen Fall kann der Eigentümer von der Gemeinde die Übernahme des Grundstücks verlangen. Allerdings muß er glaubhaft machen, daß ihm die Durchführung des Bauvorhabens wirtschaftlich nicht zumutbar ist.

Baugenehmigung ist die für ein Bauvorhaben erforderliche Zustimmung der örtlichen Bauaufsichts-Behörde. Die B. wird auf Antrag erteilt, wobei diesem Antrag die Baupläne beizufügen sind. An der B. sind die Nachbarn zu beteiligen, wozu ihnen die Bauvorlagen zur Unterschrift vorzulegen sind. Die zuständige Baubehörde prüft, ob das Vorhaben mit den öffentlich-rechtlichen Vorschriften vor allem des Bauordnungs- und Bauplanungsrechts übereinstimmt. Ist dies nicht der Fall, so kann ein Dispens erteilt werden. Steht der Antrag jedoch mit den genannten Vorschriften im Einklang, so hat der Bauherr einen Rechtsanspruch auf Erteilung der B.

Baugesetzbuch. Hier werden in einem Rahmengesetz die Bauverfahren geregelt. Das Baugesetzbuch beinhaltet sowohl das frühere Städtebauförderungsgesetz und das Bundesbaugesetz. Es werden hauptsächlich die Verfahren zur Bauleitplanung bestimmt, insbesondere zur Erstellung von → Flächennutzungsplan und → Bebauungsplan einer Gemeinde. Weiterhin enthält es Vorschriften zur Enteignung und Entschädigung, zur Erschließung von Bauland, zur städtebaulichen Sanierung, zur Wertermittlung und schließlich zu den gerichtlichen Verfahren in Bausachen.

Baukindergeld. Das Baukindergeld ist eine Zulage des Staates für die selbstgenutzte – nicht vermietete – Immobilie. Anspruch hierauf hat ein Lediger, sofern der Gesamtbetrag seiner Einkünfte nicht 81.807 EURO pro Jahr überschreitet; bei Verheirateten beträgt dieser Betrag 163.614 EURO. Der besondere Vorteil für den Erwerber einer Eigentumswohnung liegt aber gerade darin, daß die Prüfung der Einkommensgrenze nicht in jedem Jahr erneut erfolgt, sondern nur einmal: sobald der Erwerber den Antrag auf Förderung stellt, muß er die Höhe seines jährlichen Einkommens nachweisen. Maßgeblich ist hierbei der Einkommensdurchschnitt aus dem Jahr der Anschaffung und dem Vorjahr. Das Baukindergeld ist im Zusammenhang mit der → Eigenheimzulage zu sehen: Die Eigenheimzulage beträgt 8 Jahre lang je 2.556 EURO, also insgesamt 20.448 EURO. Hinzu kommt noch eine Kinderzulage. Sie beträgt pro Kind 8 Jahre lang je 767 EURO, also insgesamt 6.136 EURO. Pro Jahr kann der Erwerber und Selbstnutzer einer Immobilie also – wenn er ein Kind hat –, mit folgender Gesamtsumme an Eigenheimzulage plus Kinderzulage rechnen: Eigenheimzulage in 8 Jahren insgesamt: 20.448 EURO. Kinderzulage (1 Kind) in 8 Jahren insgesamt: 6.136 EURO. Gesamtbetrag also: 26.584 EURO. → Eigenheimzulage.

Baukosten. Die Baukosten sind die Kosten für die Errichtung eines Gebäudes selbst ohne die Grundstückskosten. Zu den → Herstellungskosten werden zusätzlich die Kosten der Außenanlagen und die Baunebenkosten gerechnet.

Baulast ist zum einen die öffentlich-rechtliche Verpflichtung zur Einhaltung besonderer Bauvorschriften oder zur Leistung von Anliegerbeiträgen. Die B. ruht auf dem Grundstück und wird ins Baulastenbuch eingetragen. Zweitens versteht man unter B. die Pflicht zur Instandhaltung der Kirchengebäude; sie ist durch Gewohnheitsrecht, Verträge sowie kirchliche oder staatliche Vorschriften geregelt.

Baulastenbuch. Das Baulastenbuch oder -verzeichnis ist ein eigenständiges öffentliches Register der Bauaufsichtsbehörde, in das jedermann, der ein berechtigtes Interesse darzulegen vermag, Einsicht nehmen kann. Ein Interesse ist gegeben, wenn jemand ein Grundstück erwerben, bebauen oder ein Recht an dem Grundstück begründen will. Für jedes Grundstück wird ein Baulastenblatt mit einer eigenen Nummer geführt. Eingetragen werden insbesondere Bebaubarkeitsbeschränkungen für ein Grundstück, häufig in Zusammenhang mit der Nichteinhaltung von Grenzabständen. Die Baulast kann mit einer Grunddienstbarkeit verglichen werden.

Bauleiter ist der vom Bauherrn mit der Überwachung der Ausführung des Bauwerkes nach der Bauvorbereitung Beauftragte. Gegenüber den Bauaufsichtsbehörden ist der B. verantwortlich.

Bauleitplanung ist der Oberbegriff für den Flächennutzungsplan und den Bebauungsplan. Der Flächennutzungsplan ist ein Spiegel hinsichtlich der gewünschten städtebaulichen Entwicklung einer Gemeinde: Aus ihm ergibt sich die beabsichtigte Art der Bodennutzung unter Berücksichtigung der voraussichtlichen Bedürfnisse der Gemeinde. Im Flächennutzungsplan werden Flächen gekennzeichnet für Gemeinbedarf, den überörtlichen Verkehr, Grünflächen und Parks, Flächen für landwirtschaftliche Nutzung, Flächen zur Bebauung mit Wohngebäuden, Schulen usw. Dagegen gilt der Bebauungsplan nur für einen Teil des Gemeindegebietes. Er wird aus dem Flächennutzungsplan entwickelt und hält bereits die rechtsverbindlichen Festsetzungen für die Nutzung der Flächen in einer Gemeinde. Der Bebauungsplan ist im Verhältnis zum Flächennutzungsplan wesentlich konkreter: Er bestimmt über die bauliche Nutzung hinaus auch die Bauweise und die exakt zu bebauenden und nicht zu bebauenden Grundstücksflächen (sogenannte Baulinie). Der als Satzung zu erlassende Bebauungsplan braucht nur bei der zuständigen Behörde angezeigt zu werden; in bestimmten Fällen ist allerdings eine Genehmigung der zuständigen Behörde erforderlich. An der B. sind die Öffentlichkeit und die Träger öffentlicher Belange zu beteiligen. Wer durch einen Bebauungsplan Nachteile erleidet, kann gegen die Satzung die verwaltungsgerichtliche Normenkontrolle erheben.

Bauliche Anlagen im Sinne des → Baurechts (Definitionen finden sich in den Landesbauordnunghen): a) Bauliche Anlagen sind mit dem Erdboden verbundene, aus Baustoffen und Bauteilen hergestellte Anlagen. Auch wenn die Anlage entsprechend schwer ist und durch ihre Schwere auf dem Boden ruht, besteht nach dem Gesetz eine Verbindung mit dem Boden. Selbst wenn die Anlage auf ortsfesten Bahnen begrenzt beweglich ist, handelt es sich um eine Anlage im baurechtlichen Sinne. 2. Als bauliche Anlagen gelten – u.a. – auch Aufschüttungen und Abgrabungen, künstliche Hohlträume unterhalb der Erdoberfläche, Lager-, Abstell- und Ausstellungsplätze, Sport-, Spiel-, Campingplätze, Zeltplätze, KFZ-Stellplätze, Gerüste.

Baunebenkosten. Hierzu zählen insbesondere Kosten der Architektenleistung und Gebühren an Banken in Zusammenhang mit der Bauerrichtung. In der Finanzierungsplanung sind zudem die Kosten für die Beschaffung der Finanzierungsmittel und die Zinsen während der Bauzeit zu berücksichtigen. Die Baunebenkosten gehören steuerlich zu den Herstellungskosten, nach der Wertermittlungsverordnung zum Wert des Gebäudes. Sie gelten steuerlich als Werbungskosten beziehungsweise als Sonderausgaben.

Baunutzungsverordnung. Die auf der Ermächtigungsgrundlage des Baugesetzbuchs ergangene B. gliedert abstrakt die Baugebiete nach dem Grad der Nutzung in reine, allgemeine und besondere Wohngebiete; ferner in Kleinsiedlungsgebiete, Dorfgebiete, Mischgebiete, Kerngebiete, Gewerbe- und Industriegebiete; Desweiteren nennt die B. Sondergebiete beispielsweise für Schulen oder große Supermärkte. In der B. wird festgelegt, welche baulichen Vorhaben im Einzelnen in den betreffenden Baugebieten zulässig sind: So z.B. ist in einem reinen Wohngebiet kein Industriebetrieb möglich, darf ein Industriegebiet nicht zu überwiegenden Wohnzwecken genutzt werden usw.

Bauordnungen sind von den einzelnen Bundesländern erlassen worden und regeln die Anforderungen an bauliche

Anlagen, z.B. hinsichtlich Standsicherheit, Brandschutz, Wärme-, Schall- und Erschütterungsschutz usw. In den B. wird die Zuständigkeit der Bauaufsicht geregelt sowie das Verfahren zur Erteilung einer → Baugenehmigung. Darüber hinaus unterscheiden die B. zwischen Anlagen, die genehmigungspflichtig, anzeigepflichtig oder genehmigungsfrei sind. Darüberhinaus sind die Anforderungen an einem Bauvorhaben – überwiegend bauplanungsrechtlicher Art – im Baugesetzbuch und in der Baunutzungsverordnung geregelt.

Bauplan. Der Bauplan oder die Bauzeichnung ist eine maßstabgerechte Zeichnung des Bauwerkes. Dazu gehören Außenansichten, Schnitte und Grundrisse der Geschosse. Einem Bauantrag wird eine Bauzeichnung im Maßstab 1:100 beigefügt.

Bausparen. Grundlage für diese Sparform ist der Abschluß eines Bausparvertrages. Sie berechtigt grundsätzlich zum Erhalt eines Darlehens für → wohnungswirtschaftliche Verwendung. Die Rechte und Pflichten des Bausparers sind von dem im Vertrag vereinbarten sogenannten Bauspartarif abhängig. Hauptvorteile des Bauspardarlehens beim Wohnungserwerb sind die Sicherheit des festen Zinssatzes bei Abschluß des Bausparvertrages und die Regelung, daß die Bausparkassen sich mit einer nachrangigen Beleihung einverstanden erklären. → Bewertungszahl→ erster Rang → Grundbuch → Verbundfinanzierung → Vermögenswirksame Leistungen→ Vorausdarlehen → Wartezeit → Wohnungsbauprämie → Zuteilung.

Bausparprämie → Wohnungsbauprämie.

Bauüberwachung ist die von den Bauordnungen der einzelnen Länder vorgeschriebene Überwachung der Baustellen genehmigter Bauvorhaben. Verantwortlich für die Ausführung ist der Bauleiter und jeder Bauhandwerker.

Bauvoranfrage. Auf schriftlichen Antrag hin kann bei Zweifeln an der Zulässigkeit des geplanten Vorhabens bereits vor der Stellung eines → Bauantrags zu Einzelfragen eine grundsätzliche Anfrage erfolgen. Dies können Fragen sein zur Gewährung von Ausnahmen, zur Bauweise, zur überbaubaren Grundstücksfläche bis zu Gestaltungsfragen, z.B. Verwendung bestimmter Baumaterialien. Wie bei der → Baugenehmigung wird ein befristeter Vorbescheid erteilt, wenn öffentlich-rechtliche Vorschriften nicht entgegenstehen. Wird innerhalb der Geltungsdauer ein Bauantrag gestellt, kann die Genehmigungsbehörde die im Vorbescheidsverfahren geklärten Fragen im Baugenehmigungsverfahren nicht anders beurteilen.

Bebauungsplan. Er legt für einen Teilbereich der Gemeinde Art und Maß der baulichen Nutzung, also Baugrenzen, Bebauungstiefen, Mindestgrößen, Tiefen und Breiten für die Bauwerke fest, ebenso die Bauweise; dazu kommen Verkehrs- und Grünflächen. Ein Bebauungsplan, der von der Gemeinde als verbindliche Satzung beschlossen wird, kann eine Weiterentwicklung eines → Flächennutzungsplanes sein. Nach der öffentlichen Bekanntmachung wird der Plan rechtskräftig.

Beleihungswert. Der Beleihungswert ist der vom Kapitalgeber für die Beleihung auf der Grundlage aller vorliegenden Angaben festgesetzte Wert. Er soll den Marktwert des Objektes nicht übersteigen. Grundlage der Berechnung ist der vom nachhaltig erzielbaren Ertrag abhängige Wert (→ Ertragswert) oder der Sachwert, der sich aus Boden- und Bauwert zusammensetzt. Die Beleihungsgrenze, bis zu der vom Kapitalgeber beliehen wird, wird in Prozentanteilen des Beleihungswertes ausgedrückt.

Bewertungszahl. Für die Rangfolge der Zuteilung von Bauspardarlehen wird eine Bewertungszahl ermittelt, die erreicht worden sein muß (Zielbewertungszahl). In den meisten Tarifarten errechnet man die individuelle Bewertungszahl des Bausparvertrages aus einer Formel, die Spardauer und Höhe der Ersparnis miteinander kombiniert (Zeit-mal-Geld-System). Alle Bauspardarlehen werden aus der sogenannten Zuteilungsmasse gegeben, die sich im wesentlichen aus den Sparbeiträgen aller Bausparer und den Tilgungsleistungen zusammensetzt. Aus dieser Zuteilungsmasse wird in meist halbjährlichen Zeitabständen errechnet, welchen Bausparverträgen die Bausparsumme zugeteilt wird. → Bausparen

Bewirtschaftungskosten. Bewirtschaftungskosten im Sinne der Wertermittlungsverordnung sind Betriebs-, Instandhaltungs- und Verwaltungskosten, → Abschreibung und das Mietausfallwagnis. Bei → Eigentumswohnungen werden die Bewirtschaftskosten auf die Eigentümer im Umlageverfahren verteilt. Betriebskosten sind im wesentlichen öffentliche Lasten, Wasserversorgung, Heizung, Müllabfuhr, Gartenpflege, Versicherungen.

Damnum bezeichnet den Unterschied zwischen dem vereinbarten und zu tilgenden Darlehensbetrag und dem geringeren Auszahlungsbetrag. D. wird zwischen den Darlehensgeber und dem Darlehensnehmer vereinbart, um die einmaligen Kosten der Darlehensvergabe für den Geldgeber zu decken. Außerdem bedeutet D. eine Art Zinsstundung. Durch das Damnum vermindert sich die jährlich zu zahlende Zinslast: Allerdings verlängert dies die Gesamtlaufzeit des Darlehens.

Dauernutzungsrecht. Das Dauernutzungsrecht ist dem → Dauerwohnrecht nachgebildet: Der Unterschied besteht lediglich darin, daß es sich nicht auf Räume bezieht, die Wohnzwecken dienen, sondern ähnlich dem Teileigentum auf solche Räume bezieht, die beispielsweise gewerblich genutzt werden. Ansonsten gelten für das Dauernutzungsrecht die für das Dauerwohnrecht bestehenden Vorschriften entsprechend.

Dauerwohnrecht. Das von § 31 ff. WEG vorgesehene Dauerwohnrecht ist eine weitere Möglichkeit, neben Wohnungseigentum eine Art Eigentum zu erlangen: Hierzu muß ein Grundstück in der Weise belastet werden, daß derjenige, zu dessen Gunsten die Belastung erfolgt, berechtigt ist, eine bestimmte Wohnung in einem Gebäude auf diesem Grundstück zu bewohnen oder zu nutzen. Das Dauerwohnrecht ist veräußerlich und vererblich und kann auch vermietet und verpachtet werden. Über die Dauer dieses Wohnrechts sagt das Gesetz nichts: Dies kann zwischen dem Grundstückeigentümer und dem Dauerwohnberechtigten vereinbart werden.

Degressive Abschreibung wird angewendet bei neu erstellten Eigentumswohnungen. Im Gegensatz zur → linearen Abschreibung handelt es sich um eine Abschreibung mit von Jahr zu Jahr fallenden Sätzen, die vom Gesetzgeber mit Wirkung zum 1. Januar 1996 reduziert wurden. Sie müssen daher unterscheiden zwischen alter und neuer Regelung. Die alte Regelung nach § 7 Abs. 4, Satz 1, Nr. 2 EStG kommt zur Anwendung, wenn nach dem 28. Februar 1989 und vor dem 1. Januar 1996 der Bauantrag gestellt oder der Kaufvertrag abgeschlossen wurde. Wichtig ist, daß diese »alte« Abschreibungsmethode solange angewendet wird, bis die Abschreibung beendet ist. Die ab dem 1.1. 1996 geltende Neuregelung ändert diese laufende Abschreibung nicht. Die alte Regelung sieht folgende Abschreibungsquoten vor: je 7 % im 1. bis 4. Jahr, je 5 % im 5. bis 10. Jahr, je 2 % im 11. bis 16. Jahr und je 1,25 % im 17. bis 40. Jahr. Die neue Regelung nach § 7 Abs. 5, Nr. 2 EStG kommt zur Anwendung, wenn nach dem 31.12. 1995 der Bauantrag gestellt wurde oder der Kaufvertrag abgeschlossen wurde. Die Abschreibung gliedert sich wie folgt: je 5 % im 1. bis 8 Jahr, je 2,5 % im 9. bis 14. Jahr und je 1,25 % im 15. bis 50. Jahr.

Disagio → Damnum.

Diskont, lat. Begriff, spielte erstmals im 30jährigen Krieg (1618-1648) eine Rolle. Es handelt sich um einen bei Krediten im voraus vom Nennbetrag abgezogenen Zinsbetrag.

Hauptanwendungsfall ist der Ankauf von Wechseln, der als sogenanntes Diskontgeschäft ein wichtiges Bankgeschäft ist. Hierbei diskontieren die Banken, d. h. sie kaufen den Wechsel ihrer Kunden unter Abzug der Zinsen bis zum Verfalltage an. Diese Wechsel (Diskonten) behält die Bank bis zum Einzug am Verfalltag und werden dann an die Deutsche Bundesbank weiterverkauft (=rediskontiert). Der Zinssatz, zu dem die Bundesbank Wechsel diskontiert, wird von ihr in der *Sitzung des Zentralbankrates* je nach wirtschaftlicher Lage festgelegt. Dagegen diskontieren die anderen Banken meist zu einem über dem Diskontsatz liegenden Zinssatz. Die Diskontrechnung erfolgt nach den gleichen Grundsätzen wie die Zinsrechnung. Hierbei wird das Jahr mit 360 Tagen und der Monat mit 30 Tagen angesetzt. Beispielsweise ergibt sich folgende Diskontrechnung, wenn eine Bank von ihrem Kunden einen über 10.000,-- EURO lautenden Wechsel 60 Tage vor Fälligkeit kauft und dabei der Diskontsatz 5 % beträgt: Vereinfachte Formel: (Kapital : 100) x Tage = Zinszahl. Zinszahl x (5 : 360) = abzuziehende Zinsen. Konkret also: *(10.000,-- EURO : 100) x 60 = 6000,-- EURO. 6.000,-- EURO x (5 : 360) = 83,33 EURO.* Der Kredit (Wechsel) wird dem Kunden also mit 10.000,- EURO minus 83,33 EURO = *9.916,67 EURO* ausgezahlt. Dazu kommen die bei fast allen Banken üblichen Spesen sowie eine Provision. → Damnum

Eigenheimzulage ist eine Zulage des Staates für die selbstgenutzte – nicht vermietete – Immobilie. Sie setzt sich aus einem Grundbetrag und einer Kinderzulage zusammen. Anspruch hierauf hat ein Lediger, sofern der Gesamtbetrag seiner Einkünfte nicht 81.807 EURO pro Jahr überschreitet; bei Verheirateten beträgt dieser Betrag 163.614 EURO. Der besondere Vorteil für den Erwerber einer Eigentumswohnung liegt aber gerade darin, daß die Prüfung der Einkommensgrenze nicht in jedem Jahr erneut erfolgt, sondern nur einmal: sobald der Erwerber den Antrag auf Förderung stellt, muß er die Höhe seines jährlichen Einkommens nachweisen. Maßgeblich ist hierbei der Einkommensdurchschnitt aus dem Jahr der Anschaffung und dem Vorjahr. Die Eigenheimzulage beträgt 8 Jahre lang je 2.556 EURO, also insgesamt 20.448 EURO. Hinzu kommt noch eine Kinderzulage. Sie beträgt pro Kind 8 Jahre lang je 767 EURO, also insgesamt 6.136 EURO. Pro Jahr kann der Erwerber und Selbstnutzer einer Immobilie also – wenn er ein Kind hat –, mit folgender Gesamtsumme an Eigenheimzulage plus Kinderzulage rechnen: Eigenheimzulage in 8 Jahren insgesamt: 20.448 EURO. Kinderzulage (1 Kind) in 8 Jahren insgesamt: 6.136 EURO. Gesamtbetrag also: 26.584 EURO.

Eigenmittel/Eigenkapital sind Grundlage jeder Baufinanzierung. Der Begriff ist nicht identisch mit "Vermögen", wozu etwa auch Teppiche oder Münzen zählen: Vielmehr sind E. die Mittel, die für Bauzwecke auch tatsächlich zur Verfügung stehen, und dem Bauherrn zustehen. Hierzu zählen: Bargeld, Sparguthaben, veräußerungsfähige Wertpapiere, Bausparguthaben, vorhandene Grundstücke, aber auch erbrachte Eigenleistungen. Als indirekte Eigenmittel gelten Verwandten- und Arbeitgeberdarlehen, da diese in der Regel nicht der Sicherung durch die Kreditinstitute vorangehen, sondern nachrangig sind. Für die klassische Baufinanzierung sollte der Anteil der E. an den Gesamtkosten etwa 1/3 betragen.

Eigentumswohnung. Wohnung, an der ein Eigentümer im Sinne des Wohnungseigentumsgesetzes begründet worden ist. Das Wohnungseigentum wird in einem eigenen Wohnungsgrundbuch nachgewiesen. Eine Wohnanlage besteht aus dem Gemeinschaftseigentum am Grundstück und den wesentlichen Bestandteilen des Gebäudes, dem Teileigentum an Kellern und Garagen und dem Sondereigentum an den Innenräumen der Wohnung. → Teilungserklärung.

Erbbaurecht. Rechtsgrundlage für das Erbbaurecht ist neben den §§ 1012 bis 1017 BGB die Erbbaurechtsverordnung. E ist das selbständige und grundstücksgleiche Recht an einem fremden Grundstück, auf diesem ein Bauwerk errichten und für meist zwischen 66 bis 99 Jahre nutzen zu dürfen. Das Bauwerk steht im alleinigen Eigentum des Erbbauberechtigten. Es ist sowohl veräußerlich wie vererblich. Für das Erbbaurecht wird ein besonderes Grundbuch gebildet. Als Entgelt für die Überlassung des Grundstücks wird als wiederkehrende Zahlung regelmäßig ein Erbbauzins vereinbart, der zwischen 4 und 8 % des Grundstückswertes liegt. Nach dem Ablauf des E. fällt das Gebäude in das Eigentum des Grundstückseigentümers.

Erbbaurechtsvertrag. Das → Erbbaurecht ist das vererbliche und veräußerliche Recht, ein Bauwerk auf fremdem Grund und Boden errichten und nutzen zu dürfen. Grundlage ist ein notariell beurkundeter Vertrag zwischen dem Grundstückseigentümer und dem Erbbaurechtserwerber. Das E. wird im Grundbuch des belasteten Grundstücks in der zweiten Abteilung an erster Rangstelle eingetragen. Gleichzeitig legt das Grundbuchamt das Erbbaugrundbuch als besonderes Grundbuchblatt an.

Erschließungskosten. Nach den landesrechtlichen Kommunalabgaben-Gesetzen und den darauf beruhenden gemeindlichen Abgabensatzungen können von den Eigentümern der Grundstücke die Erschließungskosten als sogenannte Anliegerbeiträge verlangt werden. Zu den E. zählen die Erschließungsbeiträge für Straßen, Parkflächen usw. und die → Anschlußkosten für die Ver- und Entsorgung. Die Erschließungskosten gehören steuerrechtlich zu den Anschaffungskosten des Grundstücks und werden deshalb zu den Kosten addiert.

Erster Rang. Im → Grundbuch eingetragene Rechte gehen einander in der Rangfolge der Eintragung vor. Die in der dritten Abteilung eingetragenen → Grundpfandrechte werden im Falle der Zwangsversteigerung in der Reihenfolge ihrer Eintragung nacheinander so lange befriedigt, wie der Erlös der Zwangsversteigerung ausreicht. Deshalb wird ein an erster Stelle eingetragenes Grundpfandrecht als erstrangig bezeichnet, so daß der Darlehensgeber in einem solchen Fall relativ gut gesichert ist. Banken bestehen in der Regel auf einer Sicherung ihres Darlehens im ersten Rang, wogegen sich Bausparkassen mit dem nicht mehr ganz so sicheren zweiten Rang zufrieden geben.

Ertragswert. Der Ertragswert eines Gebäudes ist z.B. dann von Bedeutung, wenn es sich um eine vermietete Immobilie handelt und deren Wert an der Höhe der Miete orientiert werden soll. Der E. kann durch Kapitalisierung des Nettoertrages festgelegt werden. Der Nettoertrag entspricht der um die Bewirtschaftungskosten verminderten erzielten (oder erzielbaren) Jahresmiete. Bei der Kapitalisierung gilt er als der erzielbare Ertrag, der sich als Prozentsatz des Ertragswertes ergibt. Der Kapitalisierungszinssatz wird meistens auf 5-6 % festgelegt. Mit folgender Formel wird der E. bestimmt: [jährliche Nettomiete X 100] geteilt durch den [Kapitalisierungszinssatz]. Beispiel für einen Zinssatz von 5 % und eine Jahresnettomiete von 12.000 EURO: Der Ertragswert beträgt danach 240.000 EURO.

Exposé ist die schriftliche Beschreibung der wesentlichen Merkmale einer Immobilie – oftmals mit Foto – in übersichtlicher Form zur Information für Kauf- oder Mietinteressenten.

Festdarlehen. Ein Darlehen, das zu einem vorher bestimmten Termin oder bei Eintritt einer bestimmten Bedingung, z.B. der → Zuteilung eines Bausparvertrages, durch eine einmalige Zahlung zurückgezahlt wird. Während der Laufzeit wird also nicht getilgt. In Zusammenhang mit der Baufinanzierung kommt es als → Vorausdarlehen oder als → Policendarlehen vor.

Flächennutzungsplan. Der Flächennutzungsplan ist der vorbereitende → Bebauungsplan. In ihm wird für das gesamte Gemeindegebiet die Art und Bodennutzung dargestellt. Der Flächennutzungsplan soll die sich aus der beabsichtigten städtebaulichen Entwicklung ergebende Art der Bodennutzung in den Grundzügen darstellen. Die für die

Bebauung vorgesehenen Flächen werden im F. nach der Art ihrer baulichen Nutzung sowie nach dem Maß ihrer baulichen Nutzung als Baugebiete dargestellt.

Gebäude im Sinne des → Baurechts (Definitionen finden sich in den Landesbauordnungen) sind selbständig benutzbare, überdeckte → bauliche Anlagen, die von Menschen betreten werden können und geeignet sind, dem Schutz von Menschen, Tieren und Sachen zu dienen.

Gebäudeversicherung. Ein Gebäude wird nur beliehen, wenn es gegen die üblichen Risiken mit einer Gebäudeversicherung versichert ist. Der Umfang der in einer Gebäudeversicherung abgedeckten Risiken kann teilweise gewählt werden, in manchen Bundesländern besteht eine Pflichtversicherung ohne Wahlmöglichkeit.

Gebühren. Jeder Erwerb von Wohneigentum löst die Zahlung von Gebühren an staatliche und halbstaatliche Stellen aus: Gebühren für die Baugenehmigung, für die Eintragungen im Grundbuch, für die notwendigen Beurkundungen durch den Notar. Beim Erwerb über Makler wird deren Provision häufig auch als Maklergebühr bezeichnet. Alle Gebühren und Provisionen sind in eine ordentliche Finanzierungsplanung einzubeziehen.

Gesamthypothek. Sie entsteht, wenn eine → Hypothek an mehreren Grundstücken lastet (§ 1132 BGB), entweder weil sie so bestellt oder weil das belastete Grundstück später geteilt wurde. Es kommt nicht darauf an, ob die belasteten Grundstücke einem oder verschiedenen Eigentümern gehören. Der Gläubiger kann sich aussuchen, ob er die → Zwangsvollstreckung aus dem Recht in eines der Grundstücke oder in alle betreibt.

Gewährleistung ist die gesetzliche Verpflichtung eines Schuldners, für die Mangelfreiheit einer Sache oder eines Werkes einzustehen (vgl. u.a. §§ 459 ff., 633 ff. BGB). Diese Verpflichtung kann beim Kauf oder der Herstellung neuer

Sachen durch Allgemeine Geschäftsbedingungen (das sogen. »Kleingedruckte«) nicht endgültig ausgeschlossen oder eingeschränkt werden. So ist es unzulässig, eine Gewährleistung generell auszuschließen. Bei Bauwerken liegen Mängel insbesondere dann vor, wenn das Werk unter Verstaue gegen die sogenannten anerkannten Regeln der Baukunst und Technik erstellt wurde. Die Mangelhaftigkeit kann sich aus Fehlern bei der Bauausführung und Planung und aus der Verwendung ungeeigneter Materialien ergeben. Der Gewährleistungsanspruch beginnt mit der Gefahrenübergabe, also beispielsweise der Wohnungsübergabe oder Abnahme bei einem Haus. Ein Anspruch muß innerhalb der Gewährleistungsfrist durchgesetzt werden, danach verjährt er. Die Frist beträgt bei Arbeiten an einem Grundstück nach allgemeinem bürgerlichen Recht fünf Jahre. Vertraglich wurde früher häufig eine Frist von zwei Jahren vereinbart, so, wenn die Verdingungsordnung für Bauleistungen (VOB) zugrunde gelegt wurde. Dies ist heute nicht mehr zulässig: Es bleibt bei 5 Jahren.

Grundbuch. Ein beim Amtsgericht (Grundbuchamt) geführtes Register, in das alle → Grundstücke innerhalb eines Bezirks und alle an ihnen bestehenden Rechtsverhältnisse eingetragen sind. Es gliedert sich in das Bestandsverzeichnis, in dem die Grundstücke nach Nutzungsart und Fläche beschrieben sind, und weiteren drei Abteilungen, aus denen sich die Eigentums- und Belastungsverhältnisse ergeben. Geführt wird das G. vom Grundbuchamt. Es steht jedem zur Einsicht, der ein berechtigtes Interesse darlegen kann (§ 12 Grundbuchordnung). Materiellrechtliche Bedeutung hat es, weil Rechtsänderungen an Grundstücken in der Regel die Eintragung voraussetzen (§ 873 Abs. 1 BGB). Das G. hat sogen. positive Publizitätswirkung (sogen. öffentlicher Glaube des G.) mit z.B. der Folge, daß unrichtige Eintragungen zu gutgläubigem Erwerb führen können. Das Grundbuch gliedert sich in: Bestandsverzeichnis, Eigentümer (Abteilung I), Lasten und Beschränkungen (Abteilung II) und → Grundpfandrecht (Abteilung III). Die Eintragung im Grundbuch *ist* erforderlich bei der Eigentumsübertragung und der Belastung mit Grundpfandrechten. Kataster.

Grunddienstbarkeit ist eine → Dienstbarkeit, bei der Rechtsinhaber der jeweilige Eigentümer eines anderen Grundstücks ist (herrschendes Grundstück). Von besonderer Bedeutung sind Geh- und Fahrtrechte, Versorgungsleitungsrechte und Bebauungsbeschränkungen.

Grunderwerbsteuer fällt beim Erwerb von bebauten und unbebauten Grundstücken durch Kauf, Schenkung, Tausch oder Zwangsversteigerung an: Die G. beträgt 2% des Wertes. Steuerrechtlich zählt die Grunderwerbsteuer zu den → Anschaffungskosten.

Grundpfandrechte. Grundstücke können in der Weise belastet werden, daß der Inhaber des Rechtes sich wegen einer Geldzahlung letztlich aus dem Verwertungserlös des Grundstücks befriedigen kann. Diese Rechte sind in der dritten Abteilung des → Grundbuchs als → Hypothek, → Grundschuld und → Rentenschuld eingetragen.

Grundschuld ist ein Pfandrecht an einem → Grundstück (→ Grundpfandrecht), das i.d.R. zur Absicherung eines Darlehens bestellt wird. Zur Sicherung der G. erfolgt die Belastung eines Grundstücks in der Weise, daß an denjenigen, zu dessen Gunsten die Belastung erfolgt, eine bestimmte Geldsumme aus dem Grundstück zu zahlen ist (§ 1191 BGB), d.h. das *Grundstück haftet* und nicht der jeweilige Eigentümer. Im Gegensatz zur Hypothek ist die G. nicht vom Bestand einer zu sichernden Forderung abhängig; so kann z.B. von vornherein für den Eigentümer eine G. bestellt werden: sogen. Eigentümer-G. Wird aber eine G. als Sicherheit für ein Darlehen bestellt und wird das Darlehen zurückbezahlt, so bleibt die Grundschuld unverändert bestehen (Eigentümer-G.) und kann später als Sicherheit für ein neues Darlehen wiederverwendet werden. Die G. entsteht durch Einigung und Eintragung im Grundbuch (§ 873 Abs.1 BGB); die Erteilung eines Grundschuldbriefes wird in der Praxis überwiegend ausgeschlossen (Buchgrundschuld). Sie kann an mehreren Grundstücken lasten (Gesamtgrundschuld), ist auf einen neuen Gläubiger übertragbar und kann auch als → Eigentümergrundschuld bestehen. In der Praxis kommt die G. wegen ihrer Vorzüge weitaus häufiger vor als die Hypothek, die heutzutage weit in den Hintergrund gerückt ist.

Grundsteuer. Die Grundsteuer ist eine Besitzsteuer und wird von den Gemeinden erhoben. Bemessungsgrundlage für die Steuer ist der sogenannte Einheitswert. Je nach dem Hebesatz kann die Grundsteuer in den Gemeinden unterschiedlich sein.

Grundstück im juristischen Sinne ist ein räumlich abgegrenzter Teil der Erdoberfläche, der im Bestandsverzeichnis eines Grundbuchblattes (→ Grundbuch) unter einer eigenen laufenden Nummer eingetragen ist. Im Gegensatz zur beweglichen Sache (Fahrnis bzw. Mobilie genannt) ist das G. eine Immobilie. Zum G. gehören als wesentliche Bestandteile die darauf errichteten Bauwerke. Das *Flurstück* (Katasterparzelle) ist eine vermessungstechnische Einheit und begrifflich nicht mit dem G. gleichzusetzen: ein G. kann aus einer oder mehreren Flurstücken bestehen. Das → Eigentum am G. kann erheblichen öffentlich-rechtlichen Beschränkungen unterliegen (Bau- und Bodenrecht). Steuerrechtlich werden G. bevorzugt behandelt: Der Wert eines G. wird im Erbfall für die Erbschaftssteuer lediglich mit 140 % seines Einheitswertes (= allenfalls 30 % des Verkehrswertes) angesetzt; ebenso bei Schenkungen. Dies gilt auch für die Vermögenssteuer. Aus diesem Grunde kann bei der Belastung eines G. mit z.B. 40% seines Verkehrswertes steuerrechtlich ein sogen. Minusvermögen entstehen, das mit anderen Vermögenwerten (Geldvermögen, Bildersammlung usw.) aufgerechnet werden kann. U.a. auch daraus erklärt sich die Beliebtheit von G. unter Anlagegesichtspunkten.

Grundstückskaufvertrag ist ein Kauf mit einem → Grundstück als Kaufgegenstand. Durch den G. verpflichtet sich der Verkäufer, dem Käufer das Eigentum an einem Grundstück zu verschaffen. Nach § 313 BGB bedarf der G. der notariellen Beurkundung. Die durch Verstoß gegen diese Formvorschrift folgende Unwirksamkeit des G. wird geheilt, wenn die Auflassung und die Eintragung ins → Grundbuch trotzdem erfolgt sind.

Grundstücksrechte sind die an einem → Grundstück bestehenden Rechte. Es handelt sich um das → Eigentum und das → Erbbaurecht, ferner die beschränkten dinglichen Rechte, nämlich → Nießbrauch-, → Reallast-, → Grundpfandrecht, → Grunddienstbarkeiten, dingliches Verkaufsrecht. Ebenso gehört zu den G. auch das Grundbuchrecht. Zur Entstehung, Übertragung, Veränderung und das Erlöschen von G. siehe §§ 873 ff. BGB.

Hausordnung. Durch die Hausordnung soll ein reibungsloses Zusammenleben der Wohnungseigentümer gewährleistet werden; desweiteren wird dadurch der Zweck verfolgt, das Gebäude zu schützen. Hierdurch werden in der Hausordnung Verhaltensmaßregeln aufgestellt, die sowohl für Wohnungseigentümer, Mieter als auch für Besucher der Bewohner gelten. Aufgestellt wird die Hausordnung grundsätzlich vom Verwalter, kann jedoch jederzeit von der Eigentümerversammlung mit Mehrheitsbeschluß geändert oder ergänzt werden.

Herstellungskosten sind die Aufwendungen, die bei der Vorbereitung und Durchführung eines Bauvorhabens entstehen: → Baukosten, Kosten für den Anschluß an das Stromversorgungsnetz, Kosten für die Anlagen zur Ableitung von Abwässern, Kosten für Einbauküchen, Einbauschränke, Saunen, Herde, Öfen, offene Kamine usw., ferner Kosten der Außenanlagen. Dagegen zählen die → Erschließungskosten für das Grundstück nicht zu den Herstellungskosten des Gebäudes. Für den Käufer einer »schlüsselfertigen« Immobilie sind nicht die H. sondern in erster Linie die Anschaffungskosten von Bedeutung: Das ist der Kaufpreis für die Immobilie. Die Herstellungs- oder Anschaffungskosten sind Grundlage der → Abschreibung, wobei nicht der Grundstückanteil, sondern nur der Anteil des Gebäudes an den Gesamtkosten Grundlage für die Abschreibung ist.

Hypothek ist ein Pfandrecht, mit dem ein → Grundstück belastet wird. Die Belastung erfolgt in der Weise, daß an denjenigen, zu dessen Gunsten die Belastung erfolgt, eine bestimmte Geldsumme zu zahlen ist, und zwar zur Erfüllung einer ihm zustehenden Forderung (§ 1113 BGB). Durch die H. wird ein Kredit oder eine sonstige Geldforderung abgesichert. Im Gegensatz zur → Grundschuld ist sie eng mit der gesicherten Forderung verbunden (akzessorisch), verändert sich die Forderung, hat dies unmittelbar Auswirkungen auf die H.: wird z.B. das gesicherte Darlehen zurückbezahlt, wandelt sie sich kraft Gesetzes in eine → Eigentümergrundschuld (§§ 1163, 1177 BGB). Die H. entsteht durch Einigung und Eintragung aller wesentlichen Umstände (z.B. Höhe der Forderung, Zinssatz) im Grundbuch (sogen. Buchhypothek; § 873 Abs. 1 BGB); zusätzlich muß der Gläubiger wegen der strengen Akzessorietät Inhaber der zu sichernden Forderung sein. Die Briefhypothek (§ 1116 BGB) entsteht mit der Übergabe des Hypothekenbriefes an den H.-Gläubiger. In der Praxis spielt die Briefhypothek kaum eine Rolle. Bei Abtretung der durch die H. gesicherten Forderung geht auch die H. auf den neuen Gläubiger über (§ 401 BGB). Erfüllt der Schuldner seine Forderung nicht, so kann der Gläubiger seine Ansprüche aus dem belasteten Grundstück durch die → Zwangsvollstreckung befriedigen. Nach Durchführung der Zwangsvollstreckung erlischt die H. (§ 1181 BGB). Eine H. erlischt u.a. auch bei Ausfall in der Zwangsvollstreckung, wenn also der Erlös nicht zur Befriedigung einer (nachrangigen) H. ausreicht (§ 52 ZVG). Heutzutage hat die → Grundschuld (insbesondere wegen der nicht erforderlichen Akzessorietät) der H. den Rang abgelaufen.

Hypothekenbank ist ein Kreditinstitut, dessen hauptsächlicher Geschäftsbetrieb darin besteht, durch → Hypotheken abgesicherte Darlehen zu gewähren, die durch die Ausgabe von Schuldverschreibungen (sogen. Hypothekenpfandbriefe) finanziert werden. Eine H. kann nur in der Rechtsform der Aktiengesellschaft oder Kommanditgesellschaft auf Aktien betrieben werden. Über H. wacht das Bundesaufsichtsamt für das Kreditwesen. Rechtsgrundlagen einer H. sind das H-.Gesetz und das Kreditwesengesetz. Eine wichtige Sicherheitsnorm für die Beleihung eines → Grundstücks mit einer Hypothek enthält § 11 Hypothekenbank-Gesetz: Die Hypothekenbeleihung darf 3/5 des Grundstückswertes nicht übersteigen.

Hypothekenbrief. Er wird über eine → Hypothek erteilt, falls die Beteiligten nicht den Ausschluß der Erteilung vereinbaren (§ 1116 BGB). Der Brief gibt den wesentlichen Inhalt des Rechtes wieder, er dient zum Nachweis der Gläubigerstellung und erleichtert die Übertragung des Rechtes, weil er sie von der Eintragung im Grundbuch unabhängig macht (§ 1154 BGB).

Instandhaltungsrücklage. Die Instandhaltungsrücklage gehört zu einer ordnungsgemäßen Verwaltung: Hierunter versteht man insbesondere die Ansammlung einer angemessenen Instandhaltungsrückstellung (§ 21, Abs. 5, Nr. 4 WEG). Durch die Ansammlung der entsprechenden Gelder soll die Wohnungseigentümergemeinschaft in die Lage versetzt werden, regelmäßig oder auch unerwartet anfallende kleinere Reparaturen bezahlen zu können. Ob eine solche Rückstellung erfolgen soll und in welcher Höhe wird von der Eigentümerversammlung mit Stimmenmehrheit beschlossen. → Sonderumlage.

Kataster ist ein öffentliches amtliches Register, das alle Angaben über die Vermessungsergebnisse für alle → Grundstücke z.B. einer Gemeinde enthält. Die vermessenen Flurstücke sind nach Nummern geordnet. Das K. befindet sich im Gegensatz zum → Grundbuch nicht beim Amtsgericht, sondern beim Katasteramt.

Kauf (§§ 433ff. BGB) ist ein gegenseitiger Vertrag, durch den sich der Verkäufer verpflichtet, dem Käufer die Kaufsache zu übergeben und das Eigentum daran zu übertragen. Der Käufer hat den vereinbarten Kaufpreis zu zahlen und daneben die Pflicht, die Sache abzunehmen. Gegenstand eines K. können neben Sachen auch Rechte sein. Grundsätzlich ist der K. formfrei, wobei es jedoch für den Kaufvertrag über → Grundstücke folgende Besonderheit gibt: Dieser muß notariell beurkundet sein. Er verpflichtet den Käufer zur Zahlung des Kaufpreises, den Verkäufer zur Übertragung des Eigentums → Auflassung.

Kinderzulage. → Baukindergeld. →Eigenheimzulage.

Konsumgut. Vom Eigentümer selbst genutztes Wohneigentum wird wie andere Konsumgüter behandelt, da es nicht mit Einkünften verbunden ist. Deshalb gibt es auch beim Erwerb keine »Abschreibung« als Werbungskosten. Die nach § 10e EStG abzuziehenden Beträge werden deshalb bei der Berechnung des zu versteuernden Einkommens »wie Sonderausgaben« abgezogen und durchbrechen damit den Grundsatz, daß die Anschaffung von Konsumgütern die zu zahlenden Steuern nicht mindern kann.

Lasten und Kosten. Jeder Wohnungseigentümer ist verpflichtet, die Lasten des gemeinschaftlichen Eigentums so wie die Kosten der Instandhaltung, Instandsetzung, sonstige Verwaltung und eines gemeinschaftlichen Gebrauchs des gemeinschaftlichen Eigentums zu tragen: Die Höhe seiner finanziellen Verpflichtung ergibt sich aus dem Verhältnis seines Anteils (§ 16, Abs. 2 WEG). Grundsätzlich zählen zu den Lasten Zinsen für Hypotheken und Grundschulden. Neben diesen sind auch sogenannte öffentliche Lasten zu tragen, so z. B. Gebühren und Abgaben. Dagegen ist die Grundsteuer nicht anteilsmäßig zu entrichten: Diese lastet auf dem einzelnen Wohnungseigentum und muß vom jeweiligen Wohnungseigentümer allein aufgebracht werden (§ 61 WEG).

Lineare Abschreibung. Die lineare Abschreibung nach § 7 Absatz 4 Nr. 2 EStG, die für gebrauchte Objekte angewendet wird. Abgeschrieben wird im Gegensatz zur → degressiven Abschreibung mit gleichmäßigen Abschreibungsbeträgen pro Jahr und zwar mit 2,5 %, wenn die Immobilie vor dem 1.1.1925 fertiggestellt wurde, mit 2,0 %, wenn die Immobilie nach dem 31.12.1924 fertiggestellt wurde.

Maisonette-Wohnung ist eine Wohnung, die sich über zwei Ebenen erstreckt. Die Wohnebenen sind innerhalb der Wohnung durch eine Treppe verbunden. Die M. ist vom → Penthouse strikt zu unterscheiden.

Makler. Immobilienmakler werden in vielen Fällen zur Vermittlung von → Eigentumswohnungen entweder zum Verkauf oder zur Vermietung eingeschaltet. Grundsätzlich ist der Auftraggeber nur dann zur Zahlung einer Vergütung verpflichtet, wenn es zum Abschluß eines Vertrages kommt, also der Wohnungseigentümer seine Wohnung vermietet oder verkauft hat. Die meisten Verträge mit Maklern sehen vor, daß nicht der Vermieter oder Verkäufer einer Wohnung, sondern der Mieter oder Käufer die Vergütung bezahlt. Bei einem Mietobjekt besteht die Vergütung in maximal zwei Monatsmieten, beim Verkauf sind regelmäßig 5,8 % Provision vom Kaufpreis zu entrichten.

Maklervertrag → Alleinauftrag.

Notar. Der Notar ist ein Amtsträger, der bei der Beurkundung von Kaufverträgen über → Wohnungseigentum oder → Teileigentum eine öffentliche Funktion ausübt. Neben der Beurkundung von Verträgen hat er auch eine umfassende Belehrungspflicht. Er soll seinen Willen nicht den beteiligten Parteien aufzwängen, sondern diese aufklären. Begeht der Notar bei seiner Tätigkeit eine schuldhafte Amtspflichtverletzung, so haftet nicht der Staat, sondern

– da der Notar ein reiner Gebührenbeamter ist – dieser selbst (§ 19 Bundesnotarordnung).

Notarielle Beurkundung. Grundsätzlich muß ein Vertrag über den Verkauf von → Wohnungseigentum oder → Teileigentum notariell beurkundet werden (§ 311b BGB; vgl. § 4, Abs. 3 WEG).

Objektbeschränkung/Objektverbrauch. Jeder Steuerpflichtige kann die Förderung des Wohnungserwerbs nach § 10e EStG nur einmal in seinem Leben in Anspruch nehmen; gemeinsam veranlagte Ehegatten bei gemeinsamem Erwerb zweimal, jedoch nur für zwei verschiedene Objekte.

Penthouse ist eine bungalowähnliche Wohnung auf dem Flachdach eines mehrstöckigen Gebäudes. Meist gehört zum P. auch noch eine angrenzende Dachterrasse. Das P. ist von einer → Maisonettewohnung strikt zu unterscheiden.

Policendarlehen sind von Lebensversicherungen gewährte Darlehen, wobei der sogen. Rückkaufswert von Lebensversicherungen - der als Sicherheit behandelt wird - beliehen wird. P. gelten als Ersatz für Eigenmittel/Eigenkapitel. Besteht die Lebensversicherung jedoch noch nicht lange, oder wurde sie gar erst kürzlich abgeschlossen, ist der Rückkaufswert natürlich noch äußerst gering: In derartigen Fällen gewährt die Versicherung zwar dennoch das Policendarlehen, verlangt jedoch eine erstrangige grundbuchliche Absicherung. Das dann in Höhe der Lebensversicherungssumme gegebene Darlehen gilt als → Festdarlehen bis zum Ablauf der Lebensversicherung.

Rücklagen. Die Wohnungseigentümer können Rücklagen in der Form der → Instandhaltungsrücklage oder auch der → Sonderumlage bilden. Es sind aber auch Rücklagen denkbar, die sich auf einzelne Bestandteile des Gebäudes bzw. Gerätes beziehen: So z. B. auf eine Waschmaschine, eine Trockenschleuder oder Sportgeräte in einem der Wohnungseigentümergemeinschaft gehörenden Fitnessraum. Wichtig ist, daß sich diese Rücklage auf die speziellen Geräte bezieht. Die Rücklage wird dabei so gebildet, daß für die jeweilige Benutzung eine geringe Gebühr erhoben wird, welche auf einem Sparkonto angesammelt wird. Da derartige Rücklagen zweckgebunden sind, dürfen sie auch nur für die entsprechenden Geräte verwendet werden.

Sachwert eines bebauten Grundstückes ist die Summe aus dem Bodenwert, Gebäudewert und Wert der Außenanlagen. Während bei der Beleihung vermieteter Immobilien der → Ertragswert maßgebend ist, kommt es bei selbst genutzten Immobilien nur auf den Sachwert an: Allerdings reduziert sich der S. in diesem Fall durch die Abschreibung des Gebäudes, so daß der S. einer älteren Immobilie geringer ist als der einer vergleichbaren neueren.

Sondereigentum ist das → Wohnungseigentum an einer Wohnung verbunden mit einem Miteigentumsanteil an dem gemeinschaftlichen Eigentum. Neben der → Eigentumswohnung kann sich → Sondereigentum auch auf Balkone, Terrassen oder Loggien erstrecken. → Teileigentum ist das Sondereigentum an Räumen eines Gebäudes, die nicht Wohnzwecken dienen sollen. So z.B. kann Teileigentum an Büro- oder Praxisräumen bestehen. Auch für das Teileigentum gelten die Vorschriften über das Wohnungseigentum entsprechend (§ 1 Abs. 3, 5 WEG). Desweiteren kann Teileigentum auch an Läden, Werkstätten, Lagerräumen, Magazinen oder Garagen bestehen. Grundsätzlich kann der Inhaber von Sondereigentum oder Wohneigentum mit seinem Eigentum innerhalb der durch Recht und Gesetz gebildeten Schranken nach belieben verfahren. Hält er sich nicht an diese Schranken, so hat die Gemeinschaft der Eigentümer eine äußerst wirksame Waffe in der Hand, die jedoch nicht oft eingesetzt wird: Es handelt sich um die Entziehung von Wohnungseigentum. Diese kommt dann in Frage, wenn ein Wohnungseigentümer sich einer so schweren Verletzung der ihm gegenüber anderen Wohnungseigentümern obliegenden Verpflichtungen schuldig macht, daß diesen die Fortsetzung der Gemeinschaft mit ihm nicht mehr zugemutet werden kann. Die in § 18 WEG vorgesehene Möglichkeit der Entziehung des Wohnungseigentums ist die letzte Möglichkeit, gegen störende Wohnungseigentümer oder solche vorzugehen, die ihren Verpflichtungen nicht nachkommen. Als Grund kommen zum einen wiederholte und grobe Verstöße gegen die sich aus § 14 WEG ergebenden Verpflichtungen, also z.B. das Sondereigentum instand zu halten und das gemeinschaftliche Eigentum so zu benutzen, daß keinem anderen Wohnungseigentümer daraus ein Nachteil entsteht. Grundsätzlich muß das Fehlverhalten des Wohnungseigentümers jedoch abgemahnt worden sein. Nach der Rechtsprechung sind mindestens zwei Verstöße erforderlich, um das Verfahren der Entziehung einzuleiten. Die zweite Möglichkeit, sich von einem Wohnungseigentümer auf die genannte Weise zu trennen, ist dessen Zahlungsverzug von drei Monaten mit mehr als 3 % des Einheitswertes. Das Verfahren selbst, das zur Entziehung des Wohnungseigentums führt, ist kompliziert, langwierig und hat sich in der Praxis kaum durchgesetzt.

Sondernutzungsrecht ist das Recht des einzelnen Wohnungseigentümers (→ Sondereigentum) oder Teileigentümers (→ Teileigentum) einen Teil des Gemeinschaftseigentums ausschließlich zu nutzen. Ein S. kann sich z. B. beziehen auf einen Teil des Gartens, einen Abstellplatz, Garagenplatz usw. Was Gegenstand des S. ist, ergibt sich aus der → Teilungserklärung.

Sonderumlage. Reicht die Höhe der → Instandhaltungsrücklage für z. B. eine größere Reparatur oder Sanierung des Gebäudes nicht aus, so kann die Wohnungseigentümergemeinschaft mit Stimmenmehrheit eine sogenannte S. beschließen. In der Praxis hat sich gezeigt, daß Sonderumlagen besonders bei sehr alten Gebäuden oder insbesondere solchen aus den 60er und 70er Jahren mit Flachdach notwendig wurden. Ebenso spielt die S. bei Gebäuden aus Fertigteilen eine Rolle, etwa wenn der Stahl in einer aus Betonfertigteilen bestehenden Außenfassade zu rosten beginnt.

Sozialer Wohnungsbau ist der durch den Einsatz öffentlicher Mittel – z.B. in Form von Darlehen und Zinszuschüssen – geförderte Wohnungsbau. Die Höhe der Förderung hängt von bestimmten Einkommensgrenzen, aber auch sonstigen Bedingungen (z.B. Spätaussiedler) ab.

Teileigentum. An Wohnungen, die zu Wohnzwecken dienen, kann → Wohnungseigentum gebildet werden. Dienen Räume jedoch nicht Wohnzwecken – wie z.B. eine Arztpraxis – so kann an diesen Teileigentum begründet werden (vgl. § 1 Abs. 1 WEG). Die Unterscheidung zwischen Wohnungseigentum und Teileigentum ist in der Praxis kaum von Bedeutung, da gemäß § 1 Abs. 1 WEG auf Teileigentum die für das Wohnungseigentum geltenden Vorschriften entsprechend anwendbar sind.

Teilungserklärung ist die Grundlage für die Schaffung von → Eigentumswohnungen. Dabei erklärt der Grundstückseigentümer eines aus mehreren Wohnungen bestehenden Objektes gegenüber dem Grundbuchamt die Aufteilung der Wohnungen und die damit verbundenen Bedingungen, z.B. ob die einzelnen Einheiten nur Wohnzwecken oder aber gewerblichen Zwecken dienen sollen.

Tilgungsstreckungsdarlehen. Da durch die Vereinbarung eines → Damnums eine Finanzierungslücke entstehe, bieten Banken die Gewährung eines Darlehens in Höhe des Damnums, welches meist innerhalb von wenigen Jahren getilgt wird. Während der Laufzeit des Damnums sind für das eigentliche Darlehen (sogen. Hauptdarlehen) nur Zinsen, jedoch keine Tilgung zu zahlen, wodurch sich die Gesamtlaufzeit des Darlehens allerdings verlängert.

Treuhandauftrag. Wenn der Zahlungspflichtige erst zahlen will, wenn bestimmte Bedingungen eines Vertrages erfüllt sind, der Vertragspartner aber seinerseits eine Sicherheit haben will, daß das Geld zur Verfügung steht, wenn er seine Pflichten erfüllt hat, kann ein Treuhänder eingeschaltet werden. Einem Notar oder einem Kreditinstitut wird das Geld mit der Auflage übergeben, nur unter den genannten Voraussetzungen, zum Beispiel Nachweis der Fertigstellung eines bestimmten Bauabschnittes, dem Empfänger zu übertragen. Der Treuhänder kann für seine Tätigkeit Gebühren, zum Beispiel 0,5 % des Wertes, verlangen.

Verbundfinanzierung. Finanzierung eines Objektes durch mehrere Darlehensgeber, die bei der Darlehensvergabe und -sicherung zusammenarbeiten, so z.B. Banken und Bausparkassen. Für den Darlehensnehmer hat dies den Vorteil, daß er nur mit einer Stelle verhandeln und nur einmal die Unterlagen für die Absicherung stellen muß. Über die Rangordnung der Sicherheiten einigen sich die Verbundpartner untereinander.

Verkehrswert. Nach dem Baugesetzbuch wird der Verkehrswert durch den Preis bestimmt, der in dem Zeitpunkt, auf den sich die Ermittlung bezieht, im gewöhnlichen Geschäftsverkehr nach den rechtlichen Gegebenheiten und tatsächlichen Eigenschaften, der sonstigen Beschaffenheit und der Lage des → Grundstucks oder des sonstigen Gegenstands der Wertermittlung ohne Rücksicht auf ungewöhnliche oder persönliche Verhältnisse zu erzielen wäre. Der Verkehrswert gibt stichtagsbezogen die Marktverhältnisse wieder. Auch bei Zwangsversteigerungen von Immobilien wird der V. zugrunde gelegt.

Vermögenswirksame Leistungen. Arbeitnehmer können einen Teil ihres Lohnes oder den vom Arbeitgeber tariflich zusätzlich gezahlten Lohn vermögenswirksam anlegen. Sie erhalten dann eine Arbeitnehmersparzulage, wenn ihr zu versteuerndes Einkommen die Grenze von 17.900 EURO für Ledige und 35.800 EURO für Verheiratete nicht überschreitet. Die genaue Höhe Ihres zu versteuernden Einkommens erfahren Sie durch einen Blick in Ihrem Einkommenssteuerbescheid, der vom Finanzamt erstellt wird. Wird auf einen Bausparvertrag eingezahlt oder die Beträge zur Entschuldung für Wohnungserwerb verwendet, beträgt die Zulage 10% aus maximal 480 EURO jährlich. Bei Verheirateten gilt der doppelte Betrag.

Versicherungen gehören zu einer ordnungsgemäßen Verwaltung. Nach § 21 Abs. 5, Nr. 3 WEG sind neben einer Feuerversicherung des gemeinschaftlichen Eigentums zum Neuwert auch Versicherungen der Wohnungseigentümer gegen Haus- und Grundbesitzerhaftpflicht abzuschließen. Abgeschlossen werden diese Versicherungen grundsätzlich vom Verwalter. Neben diesen gesetzlich vorgeschriebenen Versicherungen empfehlen sich auch weitere Versicherungen: So eine Sturm- und Leitungswasserschaden-Versicherung, eine verbundene Feuer-, Sturm-, Leitungswasserschaden-Versicherung, eine Gebäude-Pauschal-Glas-Versicherung, eine Gewässerschaden-Haftpflicht-Versicherung. Da die Tätigkeit des Verwalters von erheblichem Risiko für das Eigentum der Gemeinschaft und dem einzelnen Wohnungseigentümer verbunden ist, empfiehlt sich für den Verwalter auch der Abschluß einer Haftpflichtversicherung, die sich auf Vermögensschäden bezieht.

Verteilungsschlüssel. Die Berechnung der von dem einzelnen Wohnungseigentümer zu zahlenden → Lasten und Kosten ergibt sich nach dem Verhältnis seines Anteils (§ 16 Abs. 2, WEG). Hierbei können aber auch Abweichungen geboten sein, so z.B. kann der Wasserverbrauch in einer Eigentumswohnung, die nur zu Wohnzwecken benutzt wird, wesentlich geringer sein, als der einer anderen Wohnung, die z.B. von einem Zahnarzt benutzt wird. Ebenso muß bedacht werden, ob die Parterrewohnung tatsächlich mit den Kosten am gemeinsamen Aufzug zu beteiligen ist, obwohl eine Nutzung der Bewohner in keinem Fall in Betracht kommt. Ebenso kann ein Wohnungseigentümer möglicherweise deshalb von der Kostentragung am gemeinsamen Schwimmbad ausgeschlossen sein, weil er unter einer Chlorallergie leidet, die es ihm nicht gestattet, ein Schwimmbad zu benutzen.

Verwalter. Grundsätzlich gibt es für die Tätigkeit als Verwalter kein besonderes Berufsbild und auch keine Qualifikation. Jede natürliche Person aber auch juristische Person kommt als Verwalter in Betracht. Über seine Bestellung und Abberufung beschließen die Wohnungseigentümer mit Stimmenmehrheit. Nach einem entsprechenden Beschluß wird mit dem Verwalter ein sogenannter Verwaltervertrag abgeschlossen, aus denen sich seine Verpflichtungen im einzelnen ergeben aber auch sein Recht auf eine Verwaltervergütung. Die Bestellung ist auf maximal 5 Jahre zulässig, wobei jedoch eine wiederholte Bestellung möglich ist: Hierzu bedarf es jedoch eines erneuten Beschlusses der Wohnungseigentümer. Im Beschluß auf die Bestellung des Verwalters beziehen sich die Wohnungseigentümer auch meist auf die Möglichkeit seiner Abberufung: In der Praxis wird dies auf einen sogenannten wichtigen Grund beschränkt, der dann auch Gegenstand des Verwaltervertrages wird. Als wichtiger Grund gelten z.B.: Die Mißachtung des Willens der Wohnungseigentümer, die Verletzung der dem Verwalter obliegenden Pflichten (§ 27 WEG), die Weigerung, eine Eigentümerversammlung einzuberufen (§ 24 Abs. 3 WEG), die verzögerte Vorlage von Wirtschaftsplan und Abrechnung (§ 28 WEG) usw. Die Aufgaben des V. regelt § 27 WEG. Er hat insbesondere Beschlüsse der Wohnungseigentümer durchzuführen und für die Durchführung der Hausordnung zu sorgen. Er muß die für eine ordnungsgemäße Instandsetzung und Instandhaltung des gemeinschaftlichen Eigentums erforderlichen Maßnahmen ergreifen. Zu den Aufgaben zählt es auch, die gemeinschaftlichen Gelder zu verwalten. Die weiteren Aufgaben und Befugnisse sind in einem Katalog des § 27 WEG detailliert geregelt.

Vorausdarlehen ist ein → Festdarlehen, das bei → Zuteilung eines Bausparvertrages (→ Bausparen) durch die dann ausgezahlte Bausparsumme abgelöst wird.

Vorkosten sind solche finanziellen Aufwendungen für den Erwerb von Wohneigentum, die nicht zu → Herstellungs- oder Anschaffungskosten gehören und vor der Bezugsfertigkeit angefallen sind. Herzu zählen u.a. Renovierungskosten oder Geldbeschaffungskosten. Vorkosten können bei Vermietung als → Werbungskosten, bei Eigennutzung wie Sonderausgaben steuerlich abgesetzt werden. → Damnum.

Wartezeit ist die Zeit, die vom Abschluß eines Bausparvertrages (→ Bausparen) bis zu seiner → Zuteilung vergeht. Es gibt bei einigen Bausparkassen Mindestwartezeiten von z.B. 18 Monaten. Stärker durchgesetzt haben sich allerdings sogen. Mindestbewertungszahlen, die teilweise von den Bausparkassen 1/4jährlich aktuell ermittelt und bekannt gegeben werden; sie sind abhängig von der Einzahlung des betreffenden Bausparers, der Einzahlung aller Bausparer ein und derselben Bausparkasse und der Auszahlung von Geldern durch die Bausparkasse. Da die Mindestbewertungszahlen und damit die Wartezeit stark schwanken können, dürfen Bausparkassen bei Vertragsbeginn keine bindenden festen Wartezeiten zusagen.

Werbungskosten sind Aufwendungen, die der Steuerpflichtige zum Erwerb und zur Sicherung von Einkünften tätigt. Bei Einkünften aus Vermietung und Verpachtung sind beispielsweise Darlehenszinsen und Erhaltungsaufwendungen (z.B. für Reparaturen) Werbungskosten.

Wohnungsbauprämie. Zur Klarstellung: Teilweise wird von Bausparprämie, teilweise von Wohnungsbauprämie gesprochen. Dies sind lediglich unterschiedliche Bezeichnungen, die ein- und dasselbe meinen: Der Bausparer erhält vom Finanzamt auf seine eigenen Einzahlungen auf den Bausparvertrag bis zur jährlichen Höhe von 512 EURO als Alleinstehender und bis zu einer Höhe von 1.024 EURO als Verheirateter vom Finanzamt eine Prämie, die sogen. Wohnungsbauprämie, abgekürzt als WOP bezeichnet. Die Höhe dieser Prämie beträgt jährlich 10 % auf die soeben erwähnte Einzahlung. Damit erhält ein Lediger jährlich maximal 51 EURO und ein Verheirateter maximal 102 EURO. Allerdings ist die Gewährung der Wohnungsbauprämie davon abhängig, daß bestimmte Einkommensgrenzen nicht überschritten werden. Doch Achtung vor Verwechslungen: Für die Gewährung der Arbeitnehmersparzulage und der Wohnungsbauprämie gelten die folgenden unterschiedlichen jährlichen Einkommensgrenzen, wobei nicht das tatsächliche Einkommen, sondern das zu versteuernde Einkommen gilt. Es sind die folgenden Beträge maßgeblich: Arbeitnehmersparzulage: 17.900 EURO für Ledige und 35.800 EURO für Verheiratete. Wohnungsbauprämie: 25.600 EURO für Ledige und 51.200 EURO für Verheiratete. Die genaue Höhe des zu versteuernden Einkommens erfährt der Bausparer durch einen Blick in seinen Einkommenssteuerbescheid, der vom Finanzamt erstellt wird.

Wohnungseigentum → Eigentumswohnung.

Wohnungswirtschaftliche Verwendung. Der Begriff umschreibt die Zweckbindung von Bauspardarlehen (→ Bausparen): Solche Darlehen werden nur gegeben, wenn die Mittel unverzüglich wohnungswirtschaftlich verwendet werden. Hierzu zählen u.a. der Erwerb von Baugrundstükken (→ Grundstück), der Erwerb und die Errichtung von Wohneigentum (→ Eigentumswohnung), die Ablösung von Verbindlichkeiten aus früheren Erwerbsfällen, der Einkauf in Altenheime.

Zubehör sind bewegliche Sachen, die, ohne Bestandteile der Sache (Hauptsache) zu sein, ihrem wirtschaftlichen Zweck zu dienen bestimmt sind und in einem entsprechenden räumlichen Verhältnis zur Hauptsache stehen (§ 97ff BGB; z.B. die Fertigungsmaschinen in einer Fabrik; das auf einem Baugrundstück lagernde Baumaterial; der Traktor auf dem Bauernhof; die Alarmanlage in der Eigentumswohnung; der Verbandskasten im Pkw). Das Z. ist zwar rechtlich eine selbständige Sache, wird aber in der Regel mit der Hauptsache veräußert (Vgl. §§ 314, 926 BGB). Eine auf einem Grundstück lastende → Hypothek erfaßt gem. § 1120 BGB auch das Z. (vgl. die vorgenannten Beispiele). Solange die Hypothek besteht, unterliegt das Z. auch der Immobiliarzwangsvollstreckung (§ 865 Abs. 2 ZPO).

Zuschlag ist in der → Versteigerung nach dreimaligem Aufruf (»zum Ersten, zum Zweiten und zum Dritten«) die Erklärung des Versteigerers, das letzte Höchstgebot anzunehmen, so daß der Vertrag zustande kommt und die Sache übereignet werden muß (§ 817 ZPO). Dagegen geht bei der → Zwangsversteigerung von → Grundstücken mit dem Z. bereits das Eigentum am Grundstück an den Ersteigerer über (§ 90 ZVG).

Zuteilung. Wurde vom Bausparer (→ Bausparen) die → Wartezeit bzw. die für die Auszahlung des Bausparguthabens und – darlehens nowendige → Bewertungszahl erreicht, so wird der Bausparvertrag zugeteilt; d.h., daß nunmehr über die Bausparsumme verfügt werden kann. Voraussetzung hierfür ist jedoch, daß der Sparer bei seiner Bausparkasse nach erfolgter und ihm schriftlich mitgeteilter Zuteilung die Auszahlung des Bausparguthabens und des Bauspardarlehens beantragt hat.

Zwangshypothek ist neben der → Zwangsverwaltung oder der → Zwangsversteigerung die dritte Möglichkeit, in ein → Grundstück zu vollstrecken. Die Z. ist eine Sicherungshypothek (→ Hypothek), die bei der → Zwangsvollstrekkung in ein Grundstück auf Antrag des Gläubigers ins → Grundbuch eingetragen wird (§§ 866, 867 ZPO). Erst für einen Betrag von über 250 EURO darf eine Z. eingetragen werden, wobei Zinsen unberücksichtigt bleiben. Es ist aber möglich, mehrere demselben Gläubiger zustehende Schuldtitel zusammenzulegen (§§ 866, 867 ZPO).

Zwangsversteigerung dient der Verwertung eines bebauten oder unbebauten → Grundstücks, auch einer → Eigentumswohnung. Die Z. wird vom Gläubiger betrieben (§ 15

Gesetz über die Zwangsversteigerung und Zwangsverwaltung (ZVG), sogen. Zwangsversteigerungsgesetz).

Zwangsverwaltung. Während bei der → Zwangsversteigerung dem Schuldner das → Grundstück abgenommen werden soll, damit der Gläubiger finanziell befriedigt werden kann, bleibt bei der Zwangsverwaltung der Gläubiger grundsätzlich Eigentümer seines Grundstücks: Lediglich aus den laufenden Erträgen des Grundstücks werden die Gläubiger befriedigt. Rechtsgrundlage ist das Gesetz über die Zwangsversteigerung und Zwangsverwaltung (ZVG), sogen. Zwangsversteigerungsgesetz.

Zwangsvollstreckung. Wegen Schuldung des Wohnungseigentümers bzw. Teileigentümers ist die Zwangsvollstrekkung in sein Vermögen möglich. Zum Vermögen zählt auch Wohnungseigentum oder Teileigentum. In Frage kommen die Zwangsversteigerung, Zwangsverwaltung sowie die Eintragung einer Zwangshypothek. Eine Zwangsvollstreckung am Anteil des Wohnungs- bzw. Teileigentümers an der Gemeinschaft ist dagegen unzulässig.

Verzeichnis der Musterbriefe und -formulierungen

(Die angegebenen Zahlen bezeichnen die Seiten des Buches)

Wohnungsangebote der Makler:
Exposé 41 f.
Ankündigung einer Zwangsversteigerung 99 f.
Hausordnung und Mietvertrag:
Ergänzungsklausel 139

Stichwortverzeichnis

(Die angegebenen Zahlen bezeichnen die Seiten des Buches)

Abkürzungen und Beschreibungen 46
Abkürzungen, gebräuchliche 46
Ablauf der Bieterstunde 107
Ablauf der Wohnungseigentümerversammlung 129
Abschläge und versteckte Gebühren bei Finanzierung 92
Abschreibung 186, 206
- degressive 189, 217
- lineare 188, 230
Absetzung für Abnutzung (AfA) 207
Abwicklung des Kaufs der Eigentumswohnung 97
Alleinauftrag 206
Allgemeinauftrag 206
Altbau, Definition 180
Altbauförderung 179
Altbaupreise 71
Alterssicherung durch Eigentumswohnung als Alterssicherung 20
Anfechtung von Eigentümerbeschlüssen 140
Angebote von Eigentumswohnungen 33
Annuitätendarlehen 206 f.
Annuitätenzuschuß 207
Anschaffungskosten 186, 207
Anschlußkosten 208
Anteilige Kosten 160
Arbeitnehmersparzulage 85
Arbeitnehmersparzulage/Vermögenswirksame Leistungen 207 f.
Architektenvertrag 208
Auflassung 208
Aufspüren von Bauschäden 60
Auszahlungstermin der Eigenheimzulage 183

Bank/Sparkasse (Finanzierung) 74
Bankdarlehen 208
Bauabnahme 208
Bauantrag 208 f.
Bauarbeiten 209
Bauaufsicht 209
Baufreiheit 209
Baugebot 209 f.
Baugenehmigung 210
Baugesetzbuch 210
Baukindergeld 210 f.
Baukosten 211
Baulast 211
Baulastenbuch 211
Bauleiter 212
Bauleitplanung 212
Bauliche Anlagen 213
bauliche Veränderungen (Checkliste) 145
bauliche Veränderungen 142
bauliche Veränderungen nach Beschluß 144
Baumangel und Schadstoffe 60
Baunebenkosten 213
Baunutzungsverordnung 213
Bauordnungen 213 f.
Bauplan 214
Bauschäden, Checkliste 64
Bausparen 79, 214
Bausparfinanzierung 77
Bausparförderung 85
Bausparförderung als Finanzierungsmöglichkeit 91
Bausparprämie 214
Bausparprämie/Wohnungsbauprämie 86

Bausparsumme 84
Bauspartarife 82
Bausparvertrag 81
Bausparvertrag zur Finanzierung 77
Bauüberwachung 214
Bauvoranfrage 215
Bebauungsplan 215
Beleihungsgrenze 94
Beleihungswert 215
Beleihungswert der Wohnung 92
Beschluß oder Vereinbarung 132
Beschluß über bauliche Veränderungen 144
Besichtigung und deren Nutzen 52
Besichtigung von Eigentumswohnungen 52
Bewertungszahl 215 f.
Bewirtschaftungskosten 216

Damnum 216
Darlehensfinanzierung 74
Dauernutzungsrecht 216
Dauerwohnrecht 216 f.
Dauerwohnrecht und Dauernutzungsrecht 26
Disagio 217
Diskont 217 f.

Eigenheimzulage 177, 218
– Termin der Auszahlung 183
Eigenmittel/Eigenkapital 219
Eigentümerbeschlüsse, Anfechtung 140
Eigentümerversammlung 128
Eigentumserwerb und Eintragung im Grundbuch 108
Eigentumswohnung 219
Eigentumswohnung als Alterssicherung 20
Einkommenserhöhung während der Förderungsdauer 180
Einkommenssteuer 201 f.
Eintragung des Erwerbs im Grundbuch 108
Ende der Bieterstunde 106
Entstehen/Entstehung einer Wohnungseigentümergemeinschaft 111
Erbbaurecht 219 f.
Erbbaurechtsvertrag 220
Erbpacht 28
Erbschafts- oder Schenkungssteuer 194
Erbschaftssteuer / Steuertabelle 195
Erhöhung des Einkommens während der Förderungsdauer 180
Erschließungskosten 220
Ersteigerung einer Eigentumswohnung 99
Ersteigerungskosten 109
Erster Rang 220 f.
Ertragswert 221
Exposé 221

Festdarlehen 221
Finanzierung der Eigentumswohnung mit Darlehen 74
Finanzierung durch Bank/Sparkasse 74
Finanzierung durch Bausparvertrag 77, 87
Finanzierung durch Versicherungen 75
Finanzierungskosten 186
Finanzierungsmöglichkeit über Bausparförderung 91
Flächennutzungsplan 221 f.
Förderung des Bausparens 85
Förderung von Neubau und Altbau 179
Förderung von Wohneigentum 177
Funktionieren des Bausparens 79

Gebäude 222
Gebäudeversicherung 222
Gebühren (versteckte) und Abschläge bei Finanzierung 92
Gebühren 222
Geheimsprache der Immobilienbranche 43
Gemeinschaftliches Eigentum, dessen Verwaltung von A bis Z 162
Gemeinschaftseigentum, Definition 113
Gemeinschaftseigentum/Sondereigentum (Checkliste) 113
Gemeinschaftseigentum/Sondereigentum 112
Gesamthypothek 222
Geschlossener Immobilienfonds 21
Gewährleistung 108, 220 f.
Grundbuch 223
Grundbuch, Eintragung des Erwerbs im GB 108
Grunddienstbarkeit 224
Grunderwerbssteuer 192, 224
Grundpfandrechte 224
Grundschuld 224 f.
Grundsteuer 199, 225
Grundstück 225
Grundstückskaufvertrag 226
Grundstücksrechte 226

Haftung der Wohnungseigentümer 151
Haftung für Nebenkosten 152
Hausordnung 135
Hausordnung 226
Herstellungskosten 186, 226 f.
Höhe der Bausparsumme 84
Hypothek 227
Hypothekenbank 228
Hypothekenbrief 228

Immobilienfonds, geschlossener 21
Infrastruktur der Eigentumswohnung 55
Infrastruktur und Lage der Eigentumswohnung, Checkliste 55
Instandhaltungskosten 185
Instandhaltungsrücklage 154, 228

Kataster 228 f.
Kauf 229
Kauf der Eigentumswohnung 33
Kauf einer Servicewohnung/Seniorenwohnung in der Rechtsform des Wohnungseigentums, Checkliste 23
Kaufabwicklung der Eigentumswohnung 97
Kinderzulage 177, 229
Konsumgut 229
Kosten bei Ersteigerung 109
Kosten der Verwaltung 157
Kosten für Instandhaltung und Renovierung 185
Kosten, anteilige 160
Kreditanstalt für Wiederaufbau (KfW) 181

Lage der Eigentumswohnung 55
Lage und Infrastruktur der Eigentumswohnung, Checkliste 55
Langzeit- und Optionstarif (Bausparen) 83
Lasten und Kosten 229 f.
Lebensversicherungshypothek 75

Maisonette-Wohnung 230
Makler 230
Maklervertrag 230
Meistgebot 109
Miete, steuerrechtlich 184

Modellrechnungen zur Finanzierung durch Bausparvertrag 88

Nachbarn, Rücksicht auf N. 123
Nachteile der Eigentumswohnung 15
Nebenkosten 185
Nebenkosten beim Kauf 95
Nebenkosten, Haftung für 152
Neubau, Definition 179
Neubauförderung 179
Neubaupreise 69
Notar 230
Notarielle Beurkundung 231

Objektbeschränkung/Objektverbrauch 231
Options- und Langzeittarif (Bausparen) 83

Penthouse 231
Pflichten und Rechte als Wohnungseigentümer 111
Policendarlehen 231
Preise von Eigentumswohnungen 69
Publikation einer Versteigerung 101

Quadratmeter-Preise von Eigentumswohnungen 69

Räumung des ersteigerten Objekts 107
Rechte und Pflichten als Wohnungseigentümer 111
Renovierungskosten 185
Riesterrente 182
Rücklage für Instandhaltung 154
Rücklagen 231 f.
Rücksicht auf den Nachbarn 123

Sachwert 232
Schadstoffe und Baumängel 60
Schnelltarif (Bausparen) 83
Seniorenwohnung/Servicewohnung/ 23
Servicewohnung/Seniorenwohnung 23
Sonderabschreibung in den neuen Bundesländern 191
Sondereigentum 232 f.
Sondereigentum, Definition 112
Sondereigentum/Gemeinschaftseigentum (Checkliste) 113
Sondereigentum/Gemeinschaftseigentum 112
Sondernutzungsrecht 122, 233
Sonderumlage 233 f.
Sozialer Wohnungsbau 234
Sparkasse/Bank (Finanzierung) 74
staatliche Bausparförderung als Finanzierungsmöglichkeit 91
Staatliche Förderung des Bausparens 85
Standardtarif (Bausparen) 82
steuerrechtliche Behandlung der Miete 184

Tarife beim Bausparen 82
Teileigentum 234
Teilungserklärung 234
Termin der Auszahlung der Eigenheimzulage 183
Tilgungsstreckungsdarlehen 234
Treuhandauftrag 234 f.
Tricks der Geldinstitute: Abschläge und versteckte Gebühren 92

Veränderungen, bauliche (Checkliste) 145
Veränderungen, bauliche 142
Verbundfinanzierung 235
Vereinbarung oder Beschluß 132

Verhalten (richtiges V.) im Termin 105
Verkehrswert 235
Vermögenssteuer 204 f.
Vermögenswirksame Leistungen 235 f.
Veröffentlichung einer Versteigerung 101
Versammlung der Eigentümer 128
Versicherungen 236
Versicherungsdarlehen 75
Versicherungsfinanzierung 75
versteckte Gebühren und Abschläge bei Finanzierung 92
Versteigerung, Veröffentlichung 101
Versteigerungsarten 100
Versteigerungstermin, Vorbereitung darauf 104
Verteilungsschlüssel 236 f.
Verwalter 237
Verwaltung der Wohnung, deren Kosten 157
Vorausdarlehen 237
Vorbereitung auf Versteigerungstermin 104
Vorkosten 238
Vorteile der Eigentumswohnung 15

Wartezeit 238
Werbungskosten 185, 238
Wohnungsbauprämie (Bausparprämie) 86
Wohnungsbauprämie 238
Wohnungsbeschreibungen 43
- Beispiele 44
- gebräuchliche 48
Wohnungseigentum 22, 239
Wohnungseigentümer
- anteilige Kosten 160
- deren Haftung 151
- dessen Rechte und Pflichten 111
Wohnungseigentümergemeinschaft, Entstehung 111
Wohnungseigentümerversammlung, Ablauf 129
Wohnungswirtschaftliche Verwendung 239

Zahlung des Meistgebotes 109
Zubehör 239 f.
Zuschlag 240
Zuständigkeit des Amtsgerichts bei Versteigerungen 100
Zuteilung 240
Zwangshypothek 240
Zwangsversteigerung 240 f.
Zwangsverwaltung 241
Zwangsvollstreckung 241